L'Histoire Politique de L'Ile Maurice

SUBHAS

Commander ce livre en ligne à www.trafford.com
Ou par courriel à orders@trafford.com

La plupart de nos titres sont aussi disponibles dans les librairies en ligne majeures.

Imprimé à United States of America.

ISBN: 978-1-4251-1006-2

*Notre mission est de fournir le service d'édition le plus complet et de permettre
à nos auteurs d'avoir du succès. Pour découvrir comment publier votre livre à
votre façon, veillez visiter notre site web à www.trafford.com*

Trafford rev. 08/12/2010

www.trafford.com

Amérique du Nord & international
sans frais: 1 888 232 4444 (États-Unis et Canada)
téléphone: 250 383 6864 ♦ télécopieur: 812 355 4082

Préface

Quand on lit les grands ouvrages et les encyclopédies sur l'histoire de l'Afrique on constate, non sans étonnement, combien les auteurs sont quelque peu laconiques sur le cas de l'Ile Maurice.[1]

Ce Pays membre de l'O.U.A. et du Commonwealth semble être connu au monde d'aujord'hui sous le seul angle touristique.

Et pourtant cette Nation présente aujourd'hui des aspects sociaux, culturels, politiques, religieux, économiques, pour ne citer que ceux-là, capables d'inspirer les autres pays du Continent africain et ceux du monde non africain. Maurice n'est-elle pas le point de rencontre des races noire, asiatique, et blanche, partant un milieu où s'est effectué le brassage des peuples dans une harmonie que les autres peuples voisins et lointains devraient envier et imiter. De même la rencontre des religions du monde advenue grâce à la rencontre des mondes africain, asiatique at européen semble s'être opérée sous l'insigne d'intégration harmonieuse.

Dans ce livre intitulé "Histoire politique de l'Ile Maurice (1886-1986)," l'Auteur, Mr. Shushi B.P. Ramdahen que j'ai connu comme Ambassadeur de Maurice au Pakistan, nous donne une masse d'informations sur la vie politique de son Pays, en étendant son champ d'investigations sur une période de cent ans.

Dans un style engagé, Mr. Ramdahen analyse, critique, sans fausse honte et sand détours, les différentes données socio-politiques de la période déterminée et propose des voies concrètes de solution à certains problèmes qu'affronte actuellement son Pays. Il invite le lecteur mauricien à ne pas s'offusquer devant les situations politiques qu'il décrit et parfois dénonce, mais plutôt à penser et à s'engager pour qu'ensemble toutes les générations présentes préparent un avenir meilleur pour celles qui viennent encore. En se proposant décrire ce livre, l'Auteur ne prétend aucunement présenter "L'histoire" de la vie politique à Maurice, mais *une* historie" de la vie socio-politique. C'est donc un effort d'interprétation, une tentative qui reconnaît ses limites et partant, son ouverture.

Le lecteur découvrira dans ce livre que "l'histoire c'est l'homme, toujours l'homme, et

---

1   Dans son ouvrage "Histoire de l'Afrique. D'Hier à Demain," Hatier, Paris, 1978, Joseph Ki-Zerbo ne consacre que 17 lignes à l'Ile Maurice (cft. Pp. 557-558); P.F. Gonidec, "Les Systèmes politiques africains," Librairie Générale de Droit et de Jurisprudence, Paris, 1978, ne fait qu'une simple allusion au Système politique de Maurice, le tout en neuf lignes seulement (cfr. pp. 178-179). Le Livre de l'Ambassadeur de Maurice vient donc combler cette lacune.

ses admirables efforts."[2] "Histoire politique de l'Ile Maurice" est une contribution à l'histoire de l'Afrique, elle est une page ajoutée à l'histoire de l'Asie, elle est aussi un apport à l'histoire universelle.

Islamabad, le 5 Août 1987.

Mgr. Kalumbu Ngindu Gilbert,
Dr. in Iure Canonico,
Etudes à l'Académie Pontificale
Ecclésiastique (Rome)
Secrétaire de Nonciature.

---

2   F. Braudel, in Joseph Ki-Zerbo, op.cit., p.1.

En Guise De Preface

"Lisez donc, mais pensez, et ne lisez pas si vous ne voulez pas penser après avoir lu."
—VINET.[3]

"Qu'est-ce que tous ceux-la? Vous êtes mille? Ah! Je vous reconnais, tous mes
vieux ennemis! Le mensonge.....les compromis, Les Préjugés, les lâchetés... Que
je pactise? Jamais! Jamais! – Ah te voilà, toi la Sottise! – Je sais bien qu'à la fin
vous me mettrez à bas; N'importe: je me bats! Je me bats! Je me bats!

Que dites-vous? C'est inutile? Je le sais! Mais on ne se bat pas dans l'espoir
du succès. Non! Non! C'est bien plus beau, lorsque c'est inutile!"
—EDMOND ROSTAND.[4]

"Pourquoi les vers immortels d'Edmond Rostand chantent-ils en mémoire dès
le seuil du temple où je t'invite, lecteur, à venir te recueillir avec moi?
Parce que ce siècle de névrose, qui conduit à la dérive le monde et l'humanité, est celui de l'hystérie,
de la débauche, et de la luxure, traitreusement affublées du masque de la vertu. Et je pourrais
dire, moi aussi: "Je n'ai jamais vu un masque sur un visage sans être tenté de l'arracher."
—RICHTER (CITÉ PAR GEORGES-ANQUETIL).[5]

"Dire ce qu'on pense est un plaisir couteux, mais trop vif pour que j'y renonce jamais."
—ANATOLE FRANCE.[6]

"Un livre bien neuf et bien original serait celui qui ferait aimer les vieilles vérités."
—VAUVENARGUES.[7]

---

3   Cf. G. Anquetil, *Satan Conduit le Bal*, Op.Cit., p.1. Agence Parisienne de Distribution, 8, Rue du Croissant, 8, Paris (2ᵉ), 1925, Edition 1952.
4   Cf. **Ibid**.
5   Cf. G. Anquetil, **Op.cit.**, p.2
6   Cf. **Ibid**.
7   Cf. **Ibid**.

Introduction

"Il ne s'agit pas de faire lire, mais de faire penser."
—MONTESQUIEU.[8]

L'ILE Maurice est à la croisée de son destin. Quarante-deux ans après l'indépendance[9] le pays est en passe de devenir une île exemplaire non seulement pour l'Afrique mais aussi pour le Tiers Monde. C'est un pays qui a accompli des miracles économiques et qui en ces années post-indépendances a réussi un tour de force majeure.[10] Toujours considérée comme l'exemple parfait de la monoculture, elle a réussi à se doter d'une vaste gamme d'industries et elle a diversifié son agriculture et son économie d'une façon qui fait braquer les yeux du monde entier sur elle.

Face aux éxigences du Fond Monétaire International et de la Banque Mondiale, l'Ile Maurice fut forcé de choisir entre leurs dictats et son indépendance. Elle a choisi le dernier malgré le fait qu'elle se trouvait endettée telle qu'elle ne l'avait jamais eté jadis. La clairevoyance de ses dirigeants et leur prévoyance ont fait qu'en très peu de temps ce pays qui vivait un marasme économique a su se remettre sur les rails alors que tout le monde la vouait à l'échec. Aujourd'hui on est unanime à dire qu'elle a fait de sa relance un éclatant succès. Le gouvernement de l'Alliance (1983 à 1987)[11] a du prendre des décisions courageuses qui disait-on ne réussiraient jamais à résoudre les graves problèmes du pays. Mais guidé par une volonté sincère il a pu renverser la vapeur.

L'Ile Maurice d'aujourd'hui est sur la bonne route. Les circonstances au pays n'étaient pas favorables, le peuple perdait vite l'espoir d'un avenir meilleur. Le chômage paralysait le pays. Le taux d'inflation était très élevé. Le capital manquait, et son peuple faisait des sacrifices énormes pour épargner, pour pouvoir investir et pour créer d'emplois pour les milliers qui grouillaient dans le chômage. En trois années on créera plus de 75,000 emplois,[12] et les balances des paiements et la balance commerciale amélioreraient à tel point que la confiance reveindrait, malgré les découragements qui furent engendrés de part et d'autres.

L'Ile Maurice est devenue très populaire comme un haut lieu touristique et attire de

---

8   Cf. G. Anquetil, **Op.Cit.**, p.1
9   A laquelle elle accéda le 12 Mars 1968.
10   Celle du sucre.
11   L'Alliance des partis Mouvement Socialiste Mauricien/Parti Travailliste/Le Parti Mauricien Social Démocrate et l'Organisation du Peuple Rodriguais et le Rassemblement des Travaillistes Mauriciens.
12   Représentant 25% de la force active des travailleurs du pays.

nombreux visiteurs[13] ces dernières années durant, et l'apport en devises étrangères est grandement supérieur aujoud'hui à celui du passé pas si lontain. Mais tout ne vas pas bien à Maurice.

L'affluence a aussi apporté l'opulence et la décadence. La drogue a fait son appartition sur une grande échelle, et elle est devenue une plaque tournante. La mafia de la drogue sévit partout, et grâce à ses activitiés illégales elle opére une économie parallèle,[14] qui menace de détruire le progrès fragile du pays. On ne sait plus en qui faire confiance maintenant, car ceux-là mêmes qui devaient protéger la Société mauricienne se sont vus corrompus soit par le pouvoir soit par ceux qui veulent vite s'enrichir en faisant de la vente de la mort.[15] La mafia a bénéficié des protections occultes et a presque réussi à pourrir à jamais la jeunesse mauricienne.

Il a fallu au gouvernement beaucoup de courage pour combattre cette mafia, et la bataille n'a fait que comencer. Mais déjà on connait les grands caïds de la drogue, on connait ceux qui leur offraient de la protection occulte, et nombreux sont détenus aux fins d'interrogatories et attendent leur porcés.[16] La population a compris qu'il faut aller jusqu'au bout dans cette lutte. Mais certains politiciens conspirateurs de ces caïds de la drogue tentent de semer la confusion dans le pays, et le peuple devra demeurer fort vigilant pour ne pas leur laisser faire.

Dans cet ouvrage, l'auteur analyse les donnée historiques qui ont dominé l'actualité mauricienne pendant ce dernier siècle et fait l'historique socio-politique de l'Ile Maurice pour la période (1886 à 1986) et cherche à situer certaines responsabilités et a trouver une lueur à travers tous les points noirs qui tentent d'offusquer le peuple mauricien.

Il demandera à ses lecteurs de faire preuve d'indulgence, car il voudrait demander qu'ils lisent, pensent et après fassent ce qu'ils peuvent pour aider à ce que non seulement l'Ils Maurice rétablit sa réputation de l'île Paradis mais que le climat de violence dans tous les sens du mot devienne demain moins dévastateur. Bâtir un monde meilleur a toujours été le rêve de ceux qui ont eu le progrès de l'humanité à coeur. Faut-il encore que chacun fasse de son mieux pour qu'on puisse léguer un avenir meilleur à nos enfants.

L'histoire politique et sociale de l'Ile Maurice est aussi une historie exemplaire de laquelle l'auteur, est convaincu, les pays en voie de développement, du Tiers-Monde plus que tout autres, en puisse tirer d'exemple, et de leçon.[17] L'auteur croit fermement que l'effort s'il y en a ne doit être fait à demi-coeur. Il faut qu'on s'engage pleinement ou pas du tout, si on veut d'un avenir sain pur que nos enfants ne nous damnent pas dans les années qui viennent, et ue crachent sur nos tombeaux.

---

13   Près de 230,000 chaque année.

14   En 1978, le montant de "Black Money" circulant dans le pays fut estimé à Rs 800 millions par le Ministère des Finances d'alors.

15   Six députés ont été impliqués dans le trafic de la drogue et 34 haut-gradés de la Force Policière furent suspendus car accusés d'avoir été complices dans ce trafic infernal.

16   Grâce à la Commission Rault sur la drogue instituée par le Premier Ministre, Anerood Jugnauth.

17   L. Senghor décrit l'Ile Maurice comme "l'Ile Exemplaire Pour l'Afrique" dans son discours prononcé à l'Assemblée de l'OCAM en 1973, lors de sa visite au pays.

Chapitre 1

UN APERÇU GÉORAPHIQUE DE L'ILE MAURICE

L'OCEAN Indien connut des troubles volcaniques immenses quelques 70 millions[18] d'années de cela, et la mer accoucha d'une île d'une superficie de 1843 kilomètres carrés aux Mascareignes, au sud-sud-est de l'Océan, entre les latitudes 19°50 et 20°51 sud et les longitides 27°18 et 57°48 est, aux environs de 230 kilomètres de l'Ile de la Réunion, 2500 kilomètres de la cote est Africaine, avec l'Inde qui se trouve a 4000 kilomètres au nord et la côte ouest de l'Australie quelque 5800 kilomètres.[19] L'Ile Maurice est d'origine volcanique mais les activités volcaniques dans l'île semblent avoir cessé depuis plus d'un million d'années de cela, quoique chez sa soeur voisine, l'Ile de la Réunion,[20] des activités volcaniques continuent jusqu'a aujourd'hui.

L'Ile Maurice a un relief fascinant et on peut y tracer deux periodes d'activités volcaniques distinctes qui ont chacune laissé leurs propres caractéristiques dans leur train. La première série d'activités a donné à l'île, dans les fonds duquel florit une faune uniquement mauricienne.

Les eaux de ce grand lagon caressent une vaste étendue de belles plages le long de toute la côte de l'île, qui est longue de 140 kilomètres.[2118a]

Les plaines côtières qui se trouvent à un niveau de 180 mètres de la mer varient d'un à douze kilomètres de large, dépendant des régions où elles se trouvent. Le plateau central s'élève a presque 600 mètres d'altitude[22], au dessus du niveau de la mer, et il est entouré de trois chaînes de mantagnes, qui ajoutent à la beauté de l'île et donne l'impression que l'île est beaucoup plus grande qu'elle ne l'est.

Les pointes de ces montagnes paraissent plus hautes qu'elles ne le sont à cause de leurs contours irréguliers quoique la plus haute pointe de l'île ne s'élève qu'à 900[23] mètres. Elle fait partie de la chaîne de Riviére-Noire/Savanne, et s'appelle Le Piton de la riviere-Noire. La chaîne appellée Moka-Montagne Longue est au nord-ouest tandis que celle du Grand Port est à l'est de l'île Le Pieter Both qui atteint 850 mètres et le Pouce 826 mètres sont les

---

18 D'après '**Maurice 81, Almanach des Années 80**', Imprimé par Lemwee Graphics, Port Louis, Ile Maurice, Cf. p.3.
19 Cf. **Ibid**.
20 L'Ile de la Réunion est aussi connue comme l'Ile Soeur à Maurice.
21 [18a] **Maurice 83**, p.3.
22 Cf. **Ibid**.
23 Cf. **Ibid**.

autres pointes élevées de l'île.[24] Mais il y en a d'autres aussi qui sont très connues. La ville de Port-Louis est dominée par les belles montagnes dites "Signaux" et "la Citadelle" qui donnent à cette ville un caractère imposant.

Du haut de ces montagnes on peut avoir une vue magnifique de toute la ville et du port, lequel est toujours rempli de vaisseaux de tous les pays. Le Pouce qui doit son nom à sa forme, fut rendu célèbre par Bernardin de Saint-Pierre, car ce fut au pied de cette montagne que Paul aperçut le vaisseau qui emmenait Virginie.[25]

De nombreuses rivières traversent l'île et assurent en grande partie son irrigation. La Grande Rivière Sud Est mesure 39 kilomètres et la Rivière du Poste est de 24 kilomètres de long. Ces rivières aux abords ombragés et pittoresques ne sont pas navigables quoique dans certaines régions on voit des pêcheurs créoles en train de pêcher des crévices et des poissons d'eau douce, dans leurs petites pirogues, ou simplement ils pêchent à la ligne. Les rivières les plus connues de l'île, outre ces deux, sont Rivière de la Chaux (21 km), Grande-Rivière Nord Ouest (21 km), Rivière-des-Créoles (18 km), Rivière Tamarin (15 km), Rivière Pamplemousses (13 km), Rivière-Noir (8 km), et la plus courte (6 km), est la Rivière des Lataniers.[26] Ces rivières prennent leur source dans le plateau central et reçoivent de nombreux affluents des montagnes. Elles traversent de porfondes ravines et forment dans leurs cours de belles cascades dont la plus haute est la cascade de Tamarin qui a une chute de quelque 300 mètres.

L'Ile Maurice est peut-être la plus verte de toutes les îles de l'Océan Indien, voire de toutes les îles, et quoique la végétation autrefois très dense ait souffert des mains des hommes, les vastes forêts indigènes représentent un cinquième de la superficie de l'île. On a tenté de préserver des réserves naturelles dans diverses régions de l'île pour ne pas détruire la faune locale, qui est très rare.

Il n'en reste que neuf espèces d'origine dont pigeons et lézards d'au moins douze milles espèces. La faune mauricienne est très riche et a un interêt scientifique indéniable. La faune marine est aussi très riche, le coquillage mauricien étant très prisé par les touristes et par les chercheurs. L'Ile est considérée comme un paradis pour les naturalistes dont le plus célèbre de tout temps, Charles Darwin,[27] a dit que Dieu a dû créer l'Ile Maurice avant de créer le paradis, afin de se servir d'elle pour modèle.

L'Ile Maurice a un climat maritime qui varie entre le tropical en été et le sub-tropical en hiver, avec une variance de température de l'ordre de 17°C et de 24°C. En été, de nombreux cyclones visitent le pays soit de loin ou de près. Les grandes pluies viennent surtout entre les mois de janvier et de mai. L'humidité varie entre 60% et 90%. La moyenne de lumière par jour est de 8 heures dans le nord-ouest et de 6 heures dans le sud.[28]

Malgré que l'île se trouve loin des continents elle jouit de bonnes facilités de communi-

---

24 Cf. **Ibid.**

25 De. St. Pierre, B., *Paut Et Virginie*, Garnier-Flammarion, Paris, Edition 8467, 1966.

26 Cf. Rossool, S.H.A., *L'Ile Maurice Creuset de l'Ocean Indien*, Fernand Nathan, Paris, 1965, p. 22.

27 Cf. Darwin, C., - *Theory of Evolution*, Panguin Series, Middlesex, England, 1967, Avant Propos.

28 Maurice 83, p.3.

cations internes comme internationales. De nombreuses lignes aériennes désservent l'île Maurice.

Chapitre 2

UN APERCU HISTORIQUE

"….L'Ile de France n'est pas morte,
En son présent le passé luit,
Son épaule sans ployer porte
Le poids d'hier et d'aujourd'hui."
—CLÉMENT CHAROUX.[29]

L'HISTOIRE de l'Ile Maurice est un peu l'histoire de l'Europe qui venait de s'émerger du moyen âge durant lequel toute l'Europe s'était engloutie dans une léthargie difficile à expliquer. Mais il a suffi que la renaissance vint pour que les européens se réveillèrent. Ils commencerent alors à étudier de nouveau tout ce qui les entourait et ils commencèrent aussi à se poser des questions sur la nature des choses. Ils devinrent plus curieux, et pour satisfaire cette curiosité croissante ils se mirent à explorer les eaux lointaines et à chercher. C'est ainsi que les Européens se mirent a étudier les classiques, s'inspirèrent de leurs écrits, et essayérent des exploits qui feraient d'eux les nouveaux maîtres du monde.

LA DÉCOUVERTE DE L'ILE

Si la découverte de l'Ile Maurice est attribué aux Portugais au début du 16ᵉ Siècle, on se souvient seulement du nom qu'ils avaient donné à cette île, car même la date exacte de sa decouverte n'est pas connue jusqu'à aujourd'hui.

L'Ile Maurice appartient au groupe des Mascareignes, comprenant la Réunion et Rodrigues, et on dit que le navigateur portugais, Pedro Mascarenhas l'a découverte entre 1505 et 1507.[30] On dit aussi qu'il l'appella Cerné (Ilha do Cirno ou do Cisné)[31] à cause du Dodo ou dronte qu'il aurait décrit comme un oiseau aussi grand que le cygne. Or, dit-on, ce navigateur ne pouvait être celui qui découvrit l'île parcequ'il ne se trouvait pas dans les parages entre ces années là. Il n'arrive au Mozambique que le 11 mars 1512[32] avec la flotte Garcia

---

29 Clément Charoux, *Guide Illustre De L'Ile Maurice*, Port-Louis, General Printing and Stationery Cy. Ltd. 1936, d'après Rassool S.H.A., Op.cit., p.36.

30 Cf. Rassool, S.H.A., Op.Cit., p. 38

31 Cf. **Ibid.**

32 Cf. **Ibid.**

de Noronha, dont il commandait le vaisseau.

On sait cependant que S. de Burgh Edwardes a découvert une carte dréssée par Ruysh en 1508, ou il fait mention du fait qu'il est supposé avoir découvert l'île le 20 février 1507,[33] et lui, il était pilote du vaisseau Cerné, appartenant à la flotte d'Alphonse d'Albuquerque qui fut envoyé en mission à Merlinde, qui arriva à Mozambique en novembre 1506.[34] Par contre, on sait que des Arabes et des Malais auraient visité l'île plusieurs fois durant leurs voyages bien avant cela, et qu'ils le nommérent *Kamar* (L'Ile de la Lune).[35] D'autres cher-cheurs, dont Noël D'Unienville,[36] disent que d'après une carte qui éxiste à la bibliothèque d'Este, à Modane, une carte de Madagascar dite de Cantino, datée de l'an 1501, où l'île Maurice est désignée par le nom de Dina Arobi. Un autre historien Mauricien, Serge de Visdelou-Guimbeau nous apprend que le morchand Sulliman al Mahra l'appela vers 1498 par le nom de *Tirrakha*. Certains disent que les Arabes cachaient leurs butins dans l'île et qu'ils continuèrent de le faire même après que les Hollandais s'étaient initialement établis dans l'île.[37]

L'Ile Maurice fut connu par les Européens au XVIᵉ Siècle sous le nom d'Ile do Cerné et fut dès le début considérée comme une possession de valeur, car elle occupait une posi-tion stratégique dans l'océan indien. En 1580, elle tomba sous l'autorité du roi d'Espagne,[38] Phillippe II, mais les Espagnols n'y accordèrent pas une attention particulière, car ils étaient beaucoup plus intéressés avec leurs intérêts dans l'Amérique, qu'on avait nouvel-lement découverte. Quoique les Portugais ne s'installèrent pas sur l'île, ils y laissèrent des porcs, des chèvres, des singes et des rats. Ils vinrent à l'Ile Maurice occasionellement pour se ravitailler et se reposer soit quand ils voyageaient vers l'Inde ou quand ils retournaient chez eux, leurs vaisseaux remplis d'épices et des fabriques diverses qu'ils rapportaient de l'Inde.

33 Cf. **Ibid**.
34 Cf. **Ibid**.
35 Cf. Rassool, S.H.A., **Op,Cit.**, p. 39
36 Cf. **Ibid**.
37 Cf. **Ibid**.
38 Cf. **Ibid**.

Les Hollandais à Maurice

LES Hollandais furent les premiers à venir habiter l'Ile Maurice qu'ils appelèrent "*Mauritius*,"[39] en l'honneur de Maurice de Nasseau, frère de Guillaume de Nasseau. Ils appartenaient aux membres de l'expédition envoyée par la Compagnie d'Amsterdam aux Indes Orientales. Il est curieux que la connection Maurice-Amsterdam débutât aussi longtemps que cela. Cette connection revêt une importance différente ces jours-ci pour les Mauriciens.

Le 1er mai 1598,[40] une expédition comprenant huit vaisseaux, dont le "*Mauritius*," dirigée par l'amiral James Cornélius van Neck qui était en route vers l'Inde, aborda l'Ile de la Réunion, alors connue sous le nom de Mascarenhas, prit possession de cette île et de celle de Do Cerné au nom de la Compagnie des Indes. On sait que cette expédition ne resta pas longtemps dans l'île car ses gens la quittèrent vers la mi octobre, après avoir planté des arbres nouveaux, et semé quelques légumes et lâcher quelques volailles et animaux domestiques. Les Hollandais continuèrent leurs voyages et retournèrent vers "*Mauritius*" de temps en temps.

Le 12 août 1601, le Gouverneur du Cap de Bonne-Espérance envoya l'amiral Hermansen voir si l'île valait la peine d'être colonisée, mais apparemment rien ne transpira, car quand en janvier 1606, les amiraux hollandais Matelief et Van der Nagen vinrent dans l'île, ils n'y trouvèrent aucune trace d'Européen. En février 1615, quand le premier gouverneur général de la Compagnie des Indes Néerlandaise regagnait l'Europe avec quatre navires, il fit naufrage à "*Mauritius*." Il s'appellait Pieter both, et c'est pour marquer cet événement qu'on appela une des montagnes de l'île par ce nom.[41]

Quand Mauritius fut finalement occupé par les Hollandais, ils administrèrent l'île à partir de la Compagnie des Indes Néerlandaise à Batavia, et ils l'utilisèrent comme camp de prisonniers qui étaient des condamnés de toutes les races. Ce sont eux qui, avec l'aide de certains esclaves importés de Madagascar, oeuvraient à couper les ébéniers que l'île possédait en abondance. La condition de vie de ces derniers n'étant pas salubre devait encourager ces derniers à s'évader, et ils finirent par vivre dans les régions broussailleuses de l'île en tant que sauvages et bandits, qu'on appelait des "Noirs-Marrons."[42]

Les Hollandais tentèrent à deux reprises de coloniser Mauritius mais ile furent obligés de se raviser et d'abandonner l'île vers 1644 pour la prenière fois et vers 1710 pour la deux-

---

39   Cf. Rassool, S.H.A., **Op,Cit.**, p. 40.

40   Cf. **Ibid.** p.41.

41   Cf. Rassool, S.H.A., **Op,Cit.**, p. 43.

42   Probablement des évadés de l'Ile de Bourbon ou de Madagascar. L'Ile de Bourbon fut nommée l'Ile de la Réunion plus tard.

iéme fois.[43] On eut, durant la première période, six gouverneurs holldandais et durant la deuxième période neuf au total.

Les premières installations hollandaises consistèrent en un fort (Fréderic-Henri), la demeure du gouverneur (La Loge), les magasins et les habitations des officiers et des commis de la compagnie. Le premìer commandeur de Mauritius fut Gooyer qui y apporta une douzaine de colons, y compris des femmes, et il leur donna des terres pour la culture des légumes, qu'ils vendaient à la Compagnie ainsi qu'aux pirates et aux équipages anglais et français qui rôdaient dans les alentours de Mauritius. Les Hollandais détruisirent leurs plantations et leurs bâtiments, y compris les vaisseaux avariés qui auraient pu être utiles aux Anglais ou aux Français qui cherchaient à occuper l'île. Ils quittèrent définitivement l'île en 1710[44] après avoir transporté quelque trois cents personnes, laissant derrière eux quelques marrons, qui furent longtemps après découverts par les Français. En attendant, ils avaient détruit presque toutes les forêts d'ébènes. On dit aussi que ce sont eux qui exterminèrent les "Dodos," oiseaux rares qui ne se trouvaient qu'à l'Ile Maurice en ces temps là.

---

43 Cf. Rassool, S.H.A., **Op,Cit.**, p. 42.
44 Cf. **Ibid**. p.45.

La Période Française (1710 à 1810)

LA période Française à Maurice débuta définitivement en 1715 quand le Capitaine Guillaume Dufrèsne d'Arsel prit possession de l'île au nom du roi Louis XIV et il la nomma "Isle de France." Le 2 avril 1721, le Chevalier Jean Baptiste Garnier de Fougeraie visita l'Isle de france et alla ensuite à Bourbon (L'Ile de la Rèunion), autrefois appelée Mascarenhas, et persuada le gouverneur d'y envoyer un groupe de colons pour que les Anglais et les pirates ne puissent l'occuper. C'est ainsi que l'Isle de France fut occupée par les Français à partir de la premiére semaine de la même année. Les premiers colons furent des bourbonais, qui comptaient une douzaine et ils établirent leur premier établissement dans l'île.[45]

En janvier 1722,[46] le Chevalier de Nyon vint à Maurice accompagné de 210 hommes Suisses, des artisans, des officiers dont certains furent accompagnés de leurs femmes et de leurs enfants. Ils construisirent un fort à Port-Louis auquel on donna ce nom. On eut besoin des esclaves. Les premiers vinrent de Bourbon, et puis de Madagascar et ensuite de la côte Africaine et d'autres régions Africaines.[47] Et voilà, l'Isle de France était colonisée, et bientôt elle reçut son premier commandant indépendant, appelé "de Maupin."[48]

La Compagnie envoys un ingénieur, Cossigny,[49] qui décida avec l'autorisation de la Compagnie de développer l'Ile. De 1731 à 1792, l'Isle de France, qui fut ensuite nommée "Ile Maurice" fut gouvernée par un total de 21 différents gouverneurs Français.[50]

De Maupin fut le gouverneur qui décida que le lieu principal de l'île soit Port-Louis.[51] C'est lui qui fit fortifier les deux ports, Grand Port au sud-est de l'île et Port-Louis, au nord-ouest. Mahé de Labourdonnais[52] qui fut gouverneur entre 1735 et 1747, était officier des vaisseaux du roi, et il était le gouverneur français le plus connu de l'Isle de France. Il y arriva le 4 juin 1735. Il fut le vrai fondateur de la colonie et il fut largement responsable pour la construction de Port-Louis[53] qui devint vite la capitale de l'île. Il prit beaucoup d'initiatives et c'est lui qui introduisit du brésil le manioc, fit planter la canne a sucre, du maïs, des arbres fruitiers, de l'indigo. Il construisit avec l'aide de Villebague une usine à sucre près de Port-Louis et de moulins à poudre et de farine, et installa à Caudan une saline.[54] Il nomma le conseil, dit Conseil Supérieur, et réorganisa le gouvernement de l'île. Il créa le

---

45   Cf. Rassool, S.H.A., **Op,Cit.**, p. 49.
46   Cf. **Ibid**. p.50.
47   Cf. **Ibid**.
48   Cf. **Ibid**.
49   Cf. Rassool, S.H.A., **Op,Cit.**, p. 50.
50   **Maurice 83**, p. 19.
51   Cf. Rassool, S.H.A., **Op,Cit.**, p. 51.
52   Cf. **Ibid**.
53   Cf. **Ibid**.
54   Cf. **Ibid**.

Jardin des Pamplemousses, il construisit deux hôpitaux, des quais, des magasins, des arsenaux, des ponts, des chantiers navals et aussi l'Hôtel du Gouvernement.[55] Son successeur, David Barthélémy,[56] construisit "Le Réduit" qui devint le château de tous les gouverneurs français, anglais, mauriciens et maintenant des presidents mauriciens. Il développera aussi l'agriculture.

Le gouverneur René Magon[57] fit construire "les Casernes Centrales" à Port-Louis. Louis Charles d'Arzac de Ternay[58] développa la Savanne et il fit de cette région une des lus riches du pays. De Souillac[59] fit construire la Chaussée. Toutes ces réalisations sont encore là en témoignage de leur dévouement. C'est sous le gouverneur Comte de Malartic[60] que l'abolition de l'esclavage fut proclamée à Maurice mais ne put se faire traduire en réalité. It mourut le 28 juillet 1800 et fut enterré au Champs de Mars ou son tombeau demeure toujours. Le dernier gouverneur français fut De Caen[61] qui développa la ville de Mahebourg, le Collège Royal (Le Lycée Colonial), it il changea le nom de Port-Louis en celui du "Port Napoléon." Quand l'île fut attaquée par les Anglais en 1810, elle capitula, et ensuite fut cédée aux Anglais aux termes du Traité de Paris, en 1814.

L'Ile Maurice était devenue une colonie florissante quand elle fut cédée aux Anglais. Il est bon de se souvenir les mots de de Maupin à Labourdonnais, quand ce dernier vint à Maurice en 1735, et en lui rendant compte de l'état de faillite de l'Isle de France il dit:

"Je crois que Dieu a répandu sa malédiction sur ce coin de terre – Isle de France. Excepté quelques maïs, un peu de vin, des patates, on ne tirera rien de la terre. Elle n'a que l'écorce. Le fond ne vaut rien. Ceux qui ont vanté la bonté et la prospérité de cette île ont plongé la Compagnie dans un abîme.[62]

Quand Mahé de Labourdannais quitta l'île, elle était développée!

L'arrivée de Mahé de Labourdonnais transforma l'île en une colonie agricole et en une excellente base navale pendant les années ou l'Angleterre et la France s'entrebattaient pour la suprémacie dans l'Inde. Labourdonna fit venir de l'Inde des artisans dont des Musulmans du Bengale, des Tamoules de Pondichéry, qui étaient des hommes libres et des ouvriers spécialisés, menuisiers, cordonniers, tailleurs, orfévres, maçons. Il forma lui-même des charpentiers, des maçons et les chefs pour le seconder. En 1740 il y avait 137 artisans indiens et 67 africains, aussi bien que 72 apprentis africains.[63] L'ingénieur français qui y travaillait fut remplacé par un indien.

Mahé de Labourdonnais fit son travail si bein qu'il éveilla la jalousie de son compatriote Dupleix qui en 1742[64] venait d'être nommé gouverneur de Pondichéry, et grâce à ses

55 Qui siège toujours dans le même batîment renové jusqu'à aujourd'hui.
56 Il fut le 4ième Gouverneur Francais de l'Ile Maurice (1747-1757).
57 Le sixième Gouverneur Francais, (1765-1759).
58 Le neuvième Gouverneur Francais, (1772-1776).
59 Le Vicomte de Souillac fut le onzième Gouverneur Francais (1779-1787).
60 Le Comte de Malartic fur le treizième Gouverneur Francais (1792-1800).
61 Le dernier Gouverneur Francais de l'Ile Maurice (1803-1810).
62 Cf. Rassool, S.H.A., **Op. Cit.,** p. 51.
63 Cf. **Ibid.**, p. 52.
64 Cf. Rassool, S.H.A., **Op. Cit.,** p. 55.

mesures libérales il fit des ennemis chez les colons français à l'Isle de France, ce qui lui valut beaucoup de soucis. Il fut rappellé à Paris pour répondre à toute une serie de fausses accusations que ses ennemis avaient porté contre lui et il fut emprisonné à la Bastille pendant trois ans. Quand on le lava des accusations faites contre lui il était déjà trop tard. Sa santé s'était détériorée et il mourut peu de temps après. Les mauriciens se souviennent de lui en tant que le fondateur de la nation mauricienne et en reconnaissance de ce qu'il a fait pour eux, ils érigèrent une statue de ce grand homme à la Place D'Armes, face au port, devant l'Assemblée Législative. C'est malheureux que ses travaux et ses grands efforts ne fussent pas appréciés à leurs justes valeurs de son vivant.

L'Isle de France devint formellement une colonie française en 1766 quand la Compagnie des Indes rétrocédât les Mascareignes au roi de France, afin de satisfaire à ses créanciers.[65] Il y eut au début des conflits d'intérêt entre le corps militaire et le service administratif, et pour concilier les intérêts opposés, le gouvernement nomma un gouverneur et un Intendant. Le premier eut pour tâche de s'occuper de la police, de la défencse de L'Isle de France et de Bourbon et controllait aussi les forces navales stationnées dans les ports de ces deux îles. L'Intendant devait s'occuper des finances. Il présidait aussi le Conseil Supérieur. Le gouverneur Jean Daniel Dumas et l'Intendant Pierre Poivre entrérent en fonction à partir du 14 juillet 1767.[66]

Pierre Poivre était un grand administrateur aussi bien qu'un naturaliste. Il développa davantage l'agriculture et contribua aux efforts faits par Labourdonnais en sa capacité de naturaliste en introduisant dans l'île grand nombre de plantes. Sa contribution au développement du Jardin des Pamplemousses fut grande. Ce jardin botanique jouit d'une renommée internationale et est l'un des trois plus grands et plus anciens jardins botaniques du monde. C'était durant la période de Pierre Poivre que L'isle de France devint un grand centre de commerce dans l'océan indien; des navires français, américains, allemands, suédois, hollandais, espagnols, arabes, persans venaient vers cette petite île et les marins échangeaient et vendaient leurs marchandises.[67] C'est aussi vers cette époque que l'Isle de France fut appellée "L'Etoile et la Clé de l'Océan Indien," (Stella Clavisque Maris Indici), inscription qui figure toujours sur l'armoirie de l'Ile Maurice. Mais en même temps le percement du canal de Suez à l'initiative de Ferdinand de Lesseps en 1769 devint une menace pour l'île et lui ravit grand nombre de ses commerces; les commercants traditionelles cessèrent de fréquenter l'île. La fermeture du canal de Suez durant les guerres Israëlo-arabes en 1965 ramena beaucoup de ces commerces vers l'île Maurice. Le port dût être réaménagé, des nouveaux quais furent construits, et ce port est aujourd'hui devenu un des centres de transbordement maritime des plus importants dans l'Océan Indien, et ceci grâce à la redécouverte de l'île Maurice suite aux guerres Israëlo-arabes de 1965. Mais en attendant le traffic aérien avait déjà été développé à Maurice, et ouvrait pour cette île de nouvelles possibilités de communication avec le monde entier.

---

65 Cf. **Ibid.**, p. 55.
66 Cf. Rassool, S.H.A., **Op. Cit.,** p. 59.
67 Cf. **Ibid.**

Par un décret de Louis XVI daté du 9 avril 1790, la colonie fut autorisée de former sa propre constitution. Le 29 juillet le gouverneur démissionna de ses fonctions ne voulant pas se mettre d'accord avec De Fleury, qui le remplaça pour être à son tour remplacé par le Colonel D.C. Francois de Cossigny qui lui, se retira en 1792.[68] Le 21 avril 1791, une constitution adoptée par l'Assemblée Coloniale et ratifiée par le gouvernement de France, fut mise en application. Une résolution décréta que désormais aucune loi émanant de la Métropole n'aurait force de loi dans la colonie.

L'Histoire politique de l'Isle de France a été l'objet d'une étude très approfondie par R. D'Unienville dans son ouvrage intitulé, "L'Histoire Politique de l'Isle de France," (1789-91). Cette période de l'histoire de l'île revêt une importance suprême pour ce pays. Le 17 juin 1792 le comte H.H. de Maurès de Malartic débarqua à l'Isle de France en tant que gouverneur. Il réforma plusieurs abus dont un décret abolissant la traite des noirs et un second proclamant l'égalité politique entre les blancs et les hommes de couleurs affranchis. Mais cela ne se fit pas sans problème ni opposition.

La Révolution Française en 1789 apporta dans son sillage des changements très importantes pour l'Ile Maurice. Il inspira de grands hommes politiques et littéraires mauriciens de l'époque à rechercher plus d'autonomies, plus de liberté garanties par la nouvelle Constitution française, et finirent par abolir l'esclavage en 1835. L'Ile Maurice fut la dernière des colonies à le faire et ce après 25 ans de l'occupation britannique.

Puisque l'histoire de chaque pays est une longue série d'événements, il n'est pas possible de séparer, par exemple, l'Ile Maurice d'aujourd'hui d'avec la France de 1789, tout comme il est totalement irréaliste de tenter de séparer la France d'aujourd'hui d'avec celle de la Révolution. Il y eut une interruption avec l'avènement de Napoléon, mais les efforts des habitants de L'Ile de France avaient déjà revendiqué une Consitiution pour cette île depuis le 2 avril 1791, et donc on avait déjà essayé d'établir une démocratie dans l'île depuis cette époque. Il fallut pourtant attendre jusqu'à 1885 pour qu'on reussît à restaurer un principe électoral quoique l'île eût déjà, depuis 1850, sa première municipalité.[69] Les habitants de l'île avaient poursuivi leur lutte pour installer les formes rudimentaires de la démocratie avec une fermeté déconcertante.

L'Assemblée Générale de 1885 comptait le même nombre de membres que celui de nos jours. Elle avait 70 membres plus un président qui était un membre indépendant, et disposait de 71 voix en tout, comme c'est le cas dans l'Assemblée Législative d'aujourd'hui,[70] ou il y a 70 députés et le président de l'Assemblée qui est un membre élu, a droit à deux voix, donnant à l'Assemblée un total de 71 voix.

Les problèmes qui préoccupaient les membres de l'Assemblée Générale en 1885-86[71] étaient les mêmes questions de brûlantes actualités qui continuent à occuper les esprits

---

68 Cf. Rassool, S.H.A., **Op. Cit.,** p. 62.

69 Cf. D'Unienville, R. – *L'Histoire Politique de L'Ile Maurice,* (1789-1791), Carl Achille, Imprimeur du Gouvernement, Port-Louis – 1976 – Introduction. Para. 3.

70 Cf. **Ibid.**

71 Cf. D'Unienville, R., **Op.Cit.,** Introduction, para. 4.

aujourd'hui, dont la plaec des gens de couleurs (les métis) et ceux des nègres qui étaient les esclaves dans la société. L'aparteid sud-africaine continua à occuper l'esprit des députés mauriciens en tant que députés d'un pays membre de l'O.U.A. (l'Organisation de l'Unité Africaine), dont l'Ile Maurice a à deux reprises assumé la présidence. On parlait en 1885 de la dévaluation, de la hausse des prix, et on cherchait les moyens d'établir une vraie démocratie où chaque fils du sol aurait sa place sous le soleil. On en fait de même en 1985-86. Les réformes du code Pénale étaient discutés dans l'Assemblée Générale en 1985-86, et on l'a récemment amendé pour répondre aux besoins d'Ile Maurice d'aujourd'hui comme on l'avait fait autrefois, en 1886.[72]

L'Article du Code Noir faisait de l'homme de couleur, dès l'affranchissement, un français sous réserve de ne pouvoir rien recevoir des blancs par donation ou par testament. L'Article 53 leur accordait les mêmes droits, privilèges et immunités dont jouissaient les hommes nés libres.

Il était évident dans toutes les colonies et on savait que l'émancipation politique des hommes libres devraient eventuellement débaucher sur un affranchissement général, mais certains voulurent à tout prix l'empêcher de se matérialiser.

"Il y a des temps où les hommes sont si différents les un des autres que l'idée même qu'une loi applicable à tous est pour eux imcompréhensible. Il y en a d'autres où il suffit de leur montrer de loin et confusément l'image d'une telle loi pour qu'ils la reconnaissent aussitôt et courent vers elle." (Tocqueville – L'Ancien Régime et la Révolution).[73]

L'Ile de France demandait alors l'émancipation politique immédiate de tous les noirs libres mais condamnait un affranchissement général et subit des esclaves.[74] Robespierre sentait que l'abolition de l'esclavage était impossible si on voulait le faire subitement. Il ne voulut pas que le mot "esclave" soit inclus dans aucun décret car cela embarasserait le le métropole à qui on pourrait un jour dire "Vous nous alléguez sans cesse La Déclaration des Droits de l'Homme, les principes de la liberté; et vous y avez si peu cru, vous-même." C'est après cette déclaration de Robespierre à l'Assemblée Nationale qu'on remplacait le mot "esclave" par le terme "Personnes non libres." Les esclaves ne furent affranchis qu'en 1835, car une loi de Bonaparte vint rétablir dans la colonie le traffic des esclaves. L'Ile Maurice fêtait les cent-cinquantièmes anniversaires de l'abolition de l'esclavage en 1985!

C'est le 18 juillet 1790 que les colons apprirent la nouvelle de la Révolution en France. Ils mirent sur pied une Assemblée Coloniale et produisirent une nouvelle constitution. Des élus au Parlement français furent désignés et des comités locaux furent institués. En septembre 1803, Napoléon dissout tous les comites de la révolution et il nomma un nouveau gouvernement à l'Isle de France.[75]

Sous l'Empire l'Isle de France connut un sort très différent. Par un Traité signé entre

---

72   Cf. **Ibid**.

73   Cf. D'Unienville, R., **Op.Cit.**, p.76. para. 3 (cité par l'auteur).

74   Cf. **Ibid**., p.76. "J. Raymond, le leader des hommes de couleur en France disait que l'idée de liberté générale n'était pas encore né dans l'esprit des noirs esclaves, et s'écris "Eh! Messieurs," à la barre de l'Assemblée Nationale, "quelle idée un esclave peut-il se former de la dignité d'un citoyen actif?....c'est pour eux l'idée la plus métaphysique."

75   Cf. Rassool, S.H.A., **Op.Cit.**, p. 64.

Bonaparte et les Anglais en 1801, l'Angleterre avait reconnu les conquêtes françaises en Eurpoe et avait promis de rendre à la France les établissements français, et d'ailleurs la guere avait recommencé entre l'Angleterre et la France. De Caen retourna à l'Isle de France où il prit les rennes du gouvernement en mains. Par une proclamation de douze lignes, il abolit tout ce qui existait des vestiges de la Révolution, et promulga une nouvelle constitution élaborée par Bonaparte, et il exerça sur l'île une dictature complète. Les Codes Decaen furent mis en pratique, les gens de couleurs furent de nouveau séparés des blancs; ils n'avaient plus accès à l'administration.

Decaen réorganisa la défense de l'île, construisit des batteries et des fortifications, et fonda plusieurs écoles ou on enseignait le français, le latin, le grec et les mathématiques. Il créa aussi une école pour filles et deux écoles pour la population de couleur. Il fonda la ville de Mahébourg et renomma "Ile Maurice" cette île qui fut connue sous le nom de l'Isle de France pendant presqu'un siècle. Ce nom est resté et on l'appelle encore "Ile Maurice," en anglais "Mauritius."

Ce fur encore Decaen qui capitula aux Anglais le 4 décembre 1810, quand le drapeau anglais flotta pour la première fois sur le sol de cette île, qui comptait alors quelque 75,000 habitants dont environ 65,000 escalves.[76]

En 1815 quelques Bonapartistes essayèrent de renverser le gouvernement pour favoriser le retour de l'Ile Maurice à la France. Le complot échoua comme d'autres qui s'en suivirent. L'Ile Maurice fur définitivement cédée aux Anglais par le Traité de Paris qui fut signé entre les Anglais et les Français en 1814. Elle demeurera une colonie Britannique jusqu'à 12 mars 1968, quand l'Ile Maurice deviendra un état indépendant au sein du Commonwealth. L'Occupation français de l'île dura just un siècle – de 1710 à 1810.

76   Cf. Rassool, S.H.A., **Op.Cit.**, p. 78.

I. La Période Britannique (1810 – 1968)

(A) DE 1810 1835 – DÉBUT DE LA PÉRIODE BRITANNIQUE JUSQU'À L'ABOLITION DE L'ESCLAVAGE

L'OCCUPATION de l'Ile Maurice par les Anglais débuta avec l'acte de la capitulation signé par Decaen en 1810, et fut ratifiée par le Traité de Paris signé en Mai 1814. Maurice fut cédée à la Grande-Bretagne et Bourbon rendue à la France. On appelle l'administration de l'Ile Maurice "occupation" plutôt que "colonisation" car l'île fut plus ou moins "une colonie française administrée par les britanniques."

En acceptant l'acte de capitulation les anglais avaient garanti aux habitants de l'île qu'ils allaient respecter leur langue, leur religion, leurs coutumes et leurs lois. Le Code Napoléon demeura en vigueur à l'Ile Maurice durant toute la période de l'occupation de l'île par les britanniques et demeure toujours en vigueur, quoique quelque peu modifié jusqu'à aujourd'hui. L'Isle de France conserva son nom jusqu'au 5 Septembre 1811,[77] car ce n'est que ce jour-là que les Anglais restituèrent son appellation originelle, "*Mauritius*," mais l'île est toujours connue sous le nom de "Ile Maurice" en français.

L'Ile Maurice conserva pendant plusieurs années après sa prise le titre de "L'Etoile et la Clé de l'Océan Indien;" cette réputation ne sombrant qu'avec l'ouverture du Canal de Suez en 1869.

L'Ile Maurice était devenue un grand centre de commerce dans l'océan indien, et des navires venant de tous les coins du monde y faissaient escale. L'Ile Maurice produisait toute une gamme d'épices et d'autres produits agricoles, tels le girofle, le maïs, l'indigo, mais surtout la canne à sucre. C'est ce dernier produit, le sucre, qui deviendra au fil du temps le produit principal de l'île.[78] Depuis cette époque l'île est surtout connue pour sa monoculture et finalement pour sa dépendance quasi-totale sur le sucre.

Le gouverneur Farquar, qui prit les rennes du gouvernement suite au transfert de l'île aux Anglais, compris dès le début qu'il serait bon pour la paix de confier certaines postes importantes aux gens appartenant à la classe moyenne. Le changement d'administration se fut dans l'ordre et dans le calme. Si les fonctionnaires du gouvernement impérial et les colons ne voulurent pas accepter le changement de drapeau sans amertumes, les hommes de couleurs et les esclaves se montrèrent indifférents.[79]

Farquar déconseilla la culture du café, des épices et du coton aussi bein que l'indigo à cause des fréquents cyclones qui les ravageaient, mais il s'intéressa à beaucoup d'autre cho-

---

77 Cf. Rassool, S.H.A., **Op.Cit.**, p. 74.
78 Cf. Rassool, S.H.A., **Op.Cit.**, p. 76.
79 Cf. **Ibid.**

ses aussi.[80]

C'est sous son gouvernement que furent fondées les bourses du collège Royal. Il signa un traité avec Madagascar abolissant l'exportation des esclaves de la grande île voisine et il fit construire le Théatre de Port Louis dont il posa la première pierre en 1820. Il fit bâtir des routes; jusqu'alors les gens voyageaient en palanquin ou à cheval, ou en calèche. Ces idées progressites lui valurent bien d'ennemis et il fut rappelé à Londres pour répondre à certaines accusations portées contre lui et quitta "Mauritius" pour Londres en 1817. Ce n'est qu'en 1820 qu'il retournera après avoir été lavé de ces accusations. A son retour il essaya de concilier les demandes de l'Angleterre concernant les esclaves qu'on voulait affranchir repidement et les protestations des colons. Son administration prit fin en 1823 et il laissa derrière du bon travail. Farquar fut suivi par le gouverneur Cole qui fit des amis chez les colons; il resta froid à l'égard des gens de couleurs et demanda même qu'on le relevât de ses fonctions si on devait insister sur la question de l'abolition de l'esclavage.[81]

On se souvient de Cole pour avoir été le premier gouverneur à faire éclairer les routes de la ville de Port-Louis à l'huile de coco.[82] Son administration dura cinq ans.

Sir Charles Colville arriva à Maurice en 1828 et aussitôt arrivé il travailla à la perfection de l'éclairage de la ville et modifia les services de la voierie. C'est lui qui fit installer l'observatoire météorologique et il inaugura le pont de la Rivière du Poste. Deux journaux furent fondés sous son administration a savoir "Le Cernéen"[83] et "La Palance" qui remplacèrent le "Journal Général." "Le Cernéen" fut fondé par Adrien d'Epinay et c'est à lui que l'île doit la liberté de la presse. Des Mauriciens siégeaient déjà au Conseil de gouvernement en 1832, mais ce n'est que la constitution de 1885 qui permit à des membres élus par la population d'y siéger. En attendant l'esclavage fut aboli en 1835 et sitôt après commença l'émigration indienne qui changerait plus tard la structure de la population de l'Ile Maurice.

80   Cf. Rassool, S.H.A., **Op.Cit.**, p. 76.

81   Cf. **Ibid**.

82   Cf. **Maurice 83.**, p. 20., L'administration de Sir Lowry Cole (1823 a 1828).

83   Le Cernéen fut fondé en 1832 et cessera de paraître après avoir célébré son 150ième anniversaire en 1983.

II. La Période Britannique

(B) L'ABOLITION DE L'ESCLAVAGE, ET L'ARRIVÉE DES IMMIGRANTS INDIENS

L'ANGLETERRE fit pression pour que l'esclavage fût aboli; elle envoya une Commission d'Enquête à Maurice en 1826. Il y avait alors dans le pays 77,000 esclaves desquels au moins 50,000 avaient été importés après 1813, délai qu'avait accordé la Grande Bretagne.[84] Ce n'est que quand le gouverneur Cole fut remplacé en 1828 par Sir Charles Colville qu'on fonda l'Office de la protection des esclaves et aussitôt le rapport de la Commission fut publié, l'émancipation des esclaves fut immédiatement ordonnée, surtout de ceux qui furent importés après 1813.

Sir William Nocolay devint gouverneur de Maurice en 1833 et déjà l'acte de l'abolition de l'esclavage avait été promulgué au Parlement, et entra en vigueur en février de 1835.[85] Le 1er février 1835 est une date mémorable pour l'Ile Maurice, car elle fut la dernière de toutes les colonies qui abolit l'esclavage. N'oublions pas que la France avait promulgué une loi similaire en 1794, et qu'on envoya en 1796 Etienne Brunel et Basco de la Chapelle à Maurice avec un décret abolissant l'esclavage, mais qu'ils furent molestés et déportés par les colons.[86] Cette fois-ci l'abolition eut lieu assez pacifiquement quoique les abus continuèrent à se manifester çà et là.

Le nombre d'esclaves qui furent libérés s'élevait à environ 72,000 sur une population de 96,000. Les planteurs estimèrent que leurs esclaves valaient £4,000,000; ils reçurent un dédommagement de £2,112,632.10 shs. (£29.342 par esclave!).[87] Mais après avoir été affranchis ceux-ci durent rester avec leur maîtres comme ouvriers salariés pendant quatre années d'apprentissage, durant lesquels ils étaient censés apprendre un métier utile avant d'être complétement libérés. Ce qui ne fut pas le cas généralement, car les esclaves affranchis refusèrent de retourner chez leurs maîtres pour travailler le sol qui était pour eux synonyme de l'esclavage.

C'est ainsi que les colons se tournèrent vers l'Inde et firent venir les premiers travailleurs indiens qui étaient de 18,500 environ, dont quelques femmes seulement; ces travailleurs vinrent à Maurice pour une période de 3 ans sous contrat.[88] Ils étaient des provinces de Bihar, Uttar Pradesh, Bengale, Orissa, Madras et de Bombay. Leurs salaires étaient fixés à

---

84   Cf. Rassool, S.H.A., **Op.Cit.**, p. 78.

85   Cf. **Ibid.**

86   Cf. **Ibid.**

87   Cf. Rassool, S.H.A., **Op.Cit.**, p. 80.

88   Cf. **Ibid.**

cinq roupies par mois.[89] Ce n'est qu'en 1922 qu'on passa une loi à Maurice pour mettre fin à cette abomination.

Mais déjà en 1838, il y avait à Maurice 24,000[90] travailleurs indiens. En 1840, la population totale de l'ile était de 110,000, en 1861 elle devint 310,000 dont 200,000 immigrés indiens. L'immigration indienne continua jusqu'à 1925, et il y avait alors près de 450,000 indiens dans l'île.[91] Certains qui ont survécu et leurs descendants représentent aujourd'hui plus de la moitié de la population de l'Ile Maurice.

89   Cf. **Ibid.**
90   Cf. **Maurice 81**, p.7.
91   Cf. Rassool, S.H.A., **Op.Cit.**, p. 81.

III. *La Période Britannique*

(C) L'IMMIGRATION INDIENNE – VISITE DE GANDHI, DU R. MANILALL ET LA CONTRIBUTION INDIENNE A MAURICE.

DANS son livre intitulé "*Mauritius*," "The Development of a Plural Society," A.R. Mannick[92] dit que, "Following the abolition of slavery , the slaves, detesting field work, drifted into the urban areas, while the newly arrived Indians took over in the sugar-cane fields and have done much to develop the industry of the country: sugar is the mainstay of the economy. The French settlers, however, remained in complete economic and political control." (page 14, paragraph 6. Edition – Spokesman, 1979).

Dans son livre écrit en 1844, intitulé "A Narrative of a visit to Mauritius and South Africa," J. Blackhouse nous dit que, "If ever the Indians came to Port Louis to complain of their masters they were lodged in the Bagne Prison, till the masters were summoned. They had great advantages over their servants, the latter being foreign. Few of them could speak French and they had no one to assist them in pleading their cause. They universally represented themselves as having been deceived with respect to the kind of labour to be expected from them."[93]

Le fils du Premier Ministre Britannique Lord Aberdeen, Sir Arthur Hamilton Gordon avait témoigné beaucoup d'intérêts pour les immigrants indiens les conditions de vie desquels il décrivit dans ses écrits volumineux, alors qu'il était à l'Ile Maurice.

Il dit que ceux qui habitaient sur les établissement sucriers, "lived in rows of huts with doors three feet high, a bed of rope, a pot for cooking and a good pick-axe," et que les conditions de vie qui éxistaient dans les prisons étaient meilleures que celles dans lesquelles vivaient ces travailleurs indiens. Il décrit comment il détestait l'attitude des policiers, des magistrats et des planteurs envers ces indiens qu'ils considéraient comme des conscrits qui devaient toujours se rapporter à la police tous mouvements. Ils étaient forcés d'obéir comme ce fut le cas pour les esclaves autrefois.

Adolf Von Plévitz, un planteur Allemend à Maurice devint le protecteur inofficiel de ces indiens là et on l'injuria, on l'appela "le coolie blanc"[94] et il fut attaqué à plusieurs reprises. Quand les colons à Maurice demandèrent au gouverneur Gordon de l'expulser de l'Ile Maurice et ce dernier refusa d'en faire autant, les colons insistèrent sur l'établissement

---

92 Auteur Mauricien établi en Angleterre. Auteur de plusieurs oeuvres et articles sur l'Ile Maurice, et les autres îles de l'Océan, surtout sur les Seychelles.

93 Cité par A.R. Mannick, **Op.Cit.**, p. 15.

94 Le terme "malbar coolie" est utilisé à l'Ile Maurice en tant que terme de dénigrement pour décrire les indo-mauriciens.

d'une commission d'enquête sur toute l'affaire. Cette commission qui fut ordonnée finalement par Gordon fit certaines recommandations que les colons furent obligés de mettre en vigueur, et ce n'est qu'en 1922 qu'une loi règlant les conditions d'emplois des immigrants indiens fut statuée; pour garantir qu'ils soient payés à temps et qu'ils soient donnés leurs rations à temps; et le "double cut" fut abolie.

D'après le système de "double cut" les planteurs déduisaient deux jours de paie de chaque laboureur immigrant indien qui s'absentait pour un jour, quelle que fut la cause de leurs absences. Mais ces laboureurs n'avaient quand même jamais assez d'argent qui leur restait à la fin de leur contrat pour payer les frais de leurs retours aux Indes. C'est ainsi que des milliers d'immigrants se virent obligés de rester à Maurice quand leurs contrats terminaient, quoique la Commission avait aussi recommandé que ces gens la soient permis de retourner chez eux s'ils le désiraient.

C'est ainsi que les petites économies qu'ils firent à travers les années permirent à certains immigrants de devenir petits planteurs à leur tour, initialement en s'occupant des terres marginales, et devinrent même des petits propriétaires,[95] quoique la grande majorité de ces immigrants durent continuer a vivre dans des conditions sub-humaines.

Mohandas Karamchand Gandhi vint à Maurice en 1901 en route de l'Afrique du Sud vers l'Inde, et là après avoir pris note des conditions de vie de ses compatriotes, il décida de soutenir leurs causes. Il passa une nuit chez le gouverneur, Sir Charles Bruce et le reste de des trois semaines à Maurice chez des amis indiens dans différentes parties de l'Ile.[96] Il mena une campagne de mobilisation pour améliorer le sort des immigrants indiens et il fit campagne auprès des parents des jeunes indiens afin que ces derniers recoivent une certaine éducation. Il n'oublia pas ses compatriotes à Maurice.

Il devait peu après retourner aux Indes ou il continua sa longue lutte pour l'émancipation de son peuple. Ce n'est qu'en 1947 qu'il réussit à obtenir l'indépendance de son pays, les Britanniques ayant finalement accepté l'inévitable.

Le Docteur Maganlal Manilall, un homme de loi vint de l'Inde pour pratiquer le droit à Maurice. Il fut épris de ce qu'il vit à Maurice. Il devait constater que le sort des immigrants indiens n'avait nullement amélioré et il fonda un journal, "The Hindustani"[97] et lui aussi mena une campagne assidue pour affranchir les indiens à Maurice. C'est grâce à lui qu'on réussit d'obtenir l'institution d'une Commission Royale en 1909. Mais les recommandations de cette Commission ne furent jamais mis en pratique.

Ecoeuré par le sort des ressortissants indiens à Maurice, le gouvernement indien envoya un prince Indien nommé Kunwar Maharaj Singh pour s'enquérir sur place, des conditions de vie de ces derniers. Suite à son rapport après ses retours au gouvernement Indien, émigration des laboureurs vers Maurice fut terminé. Ce n'est qu'en 1922 que le "Labour law," le premier depuis 1878, permit aux laboureurs indiens de travailler là où ils voulaient, sous des contrats à courts termes. C'est alors que ces laboureurs purent quitter les "camps"

---

95   De nos jours ils sont plus de 35,000 cultivant en canne à sucre quelques 97,000 arpents de terre.
96   Cf. Rassool, S.H.A., **Op.Cit.**, p. 85.
97   Cf. Maurice 81, **Op.Cit.**, p.83.

pour s'établir, durant les années qui suivirent, dans les villages en dehors des établissements sucriers.

Si l'Industrie Sucrière devint la première industrie de l'île ce fut grâce à la sueur de ces immigrants indiens, qui en faisant des efforts surhumains réussirent à convertir l'île d'une masse de terre pierreuse en un jardin magnifique, en l'île la plus verte qu'on connait dans ce monde. La contribution indienne à Maurice est si grande qu'il est impossible de l'évaluer. C'est de la sueur de leur front et de leur sang qu'ils ont bâti cette île Maurice qui émerveille tous ceux qui viennent la visiter des terres lointaines, en tant que touristes.

Il se trouve qu'il y a pas une seule domaine là où on ne peut déceler leur influence. Ils sont dans tous les métiers, dans toutes les professions, et demeurent le groupe le plus laborieux de l'île. Pourtant les écoles n'ouvrirent leurs portes à leurs enfants qu'en 1948 et qu'au niveau primaire seulement. Ce n'est qu'en 1976 que l'éducation secondaire devint gratuite à l'île Maurice. Aujourd'hui, le plus grand nombre de professionels, de gradués, d'administrateurs, d'enseignants, de légistes et de parlementaires sont les descendants de ces mêmes immigrants indiens de jadis, dont le sort était nullement meilleur à ceux des esclaves qu'ils étaient venus remplacer dans les champs de canne. Le plus grand nombre de laboureurs travaillant les champs de canne d'aujourd'jui sont aussi les indiens à Maurice. Ils continuent à épauler l'industrie sucrière mauricienne qui est devenue la meilleure du monde. Mais dans beaucoup de cas ils préservent encore cette mentalité d'esclave ou de quasi-esclaves qu'ils ont adopté pour mode de vie. Certains appellent cela de la modestie!

La communauté indienne était minoritaire à l'île Maurice jusqu'à 1830. Ce n'est qu'entre les années 1851 et 1861 qu'elle deviendra subitement majoritaire, avec l'arrivée de grands nombres d'immigrants indiens. Vers 1871 la population générale ne comptait que le nombre de 102,000 éléments contre 192,000 indo-mauriciens. Quelques temps après, entre les années 1880 et 1890, le nombre de ceux appartenent à la communauté "population générale" était de 97,000 contre 250,000 indo-mauriciens. L'Immigration indienne continua jusqu'au 1924 quand elle fut stoppée. En 1972 le nombre d'indo-mauriciens avait dépassé 500,000.[98] Mais déjà depuis 1949-50 un fort mouvement indo-mauricien avait pris bonne allure, et prenait l'ampleur dans les années 50. On avait alors commencé à avoir peur de cette grande augmentation des indiens à Maurice, on avait déjà oublié ou déjoué la grande contribution de cette communauté au développement de l'industrie clé du pays et d'autres secteurs encore.

La création du Parti Travailliste en 1936 par le Dr. Curé, le Pandit Sahadeo et d'autres combattants de première heure incita les barons sucriers à leur ridiculiser, et la répression des travailleurs indiens devint le pain quotidien pour eux. Vint la grève générale de 1937 et la lutte pour l'émancipation de ces travailleurs continua de belle allure. Rozemont, Seeneevassen, joignis par le Dr. S. Ramgoolam prirent le flambeau pour les travailleurs mauriciens.

Thumb Mark II, pseudonyme du Dr. S. Ramgoolam, dans son journal "Advance" mena

---

98   Cf. Maurice 81, p.7. – vide Tableau intitulé "La Population Mauricienne."

une équipe contre les perfididies écrites par Noel Marrier d'Unienville, connu sous le nom de plume de N.M.U., qui écrivait dans le Cernéen. Le combat ne fut pas facile. Le Dr. Ramgoolam et ses amis luttèrent pour hausser la dignité des travailleurs, en réclamant pour eux des droits sociaux, le droit à l'éducation pour les enfants des travailleurs, et pour la libération du peuple mauricien du joug colonial.

Les barons sucriers avaient recruté un empoisonneur d'esprit par excellence en la personne de Noel Marrier d'Unienville, dont la tâche était de diviser la population mauricienne pour préserver les acquis de ses patrons, afin qu'ils puissent continuer à dominer la scène politique et économique du pays. N.M.U. fut installé à la tête du Cernéen, ou pendant plus de dix ans il sema la haine communale à travers ses écrits. Il devait dire du Dr. Ramgoolam, "vous êtes corrompus par le mythe de l'égalité," et il exacerba les sentiments communalistes à tel point que l'île Maurice continue jusqu'à aujourd'hui de souffrir de compartimentation. Il devait écrire dans le Cernéen du 11 octobre 1954, "Il y a des hommes qui font la vie, d'autres qui aident à le faire, d'autres enfin qui se contentent de la subir…Au contraire il est juste que la bassesse, la sottise, l'inertie, l'impuissance des uns (les coolies en l'occurrence) ne neutralisent pas la grandeur, l'intélligence, la vitalité, la fécondité des autres."

Il devait continuer dans ce train et dans le Cernéen du 4 octobre 1954 il écrivait que "vous (les coolies) prenez le mythe de l'égalité et vous voulez corrompre notre société ou du moins des éléments de notre société qui n'étant que des commis, aspirent à être des princes sans y être préparés, sans avoir reçu du ciel ou de la nature les capacités nécéssaires et sans une notion même élémentaire des responsabilités et des devoirs que cet état impose…"

Dans le Cernéen du 23 août 1954 il écrivait en ces termes, "Le virus de l'égalité a proliféré dans la cervelle de cet Hindou (le Dr. Ramgoolam). Quant à la primauté du nombre (au détriment de la qualité) que réclament les subversifs du Dr. Ramgoolam, nous ne croyons pas à sa cohérence. La lutte des aveugles multitudes contre les élites dont elle vivent est une des continuités de l'histoire. Le triomphe du nombre a marqué la fin de plusierus civilisations…"

"Alors que des hommes éclairés comme Rozemont, Ramgoolam, Curé, Seeneevassen[99] leur parlaient de leurs droits, les exhortaient à se mobiliser pour sauvegarder leur dignité d'êtres humains, leur faisant comprendre qu'ils étaient tous les fils d'un même sol, N.M.U. distillait son venin contre ce qu'il appelait "le mythe de l'égalité." Il était opposé au processus d'alphabétisation des régions rurales préconisé par le gouvernement. Pour lui un Hindou lettré était une menace pour l'ordre établi. Il écrivit que "Le gouvernement devrait dépenser moins de millions à la construction d'écoles somptueuses dans les régions désertiques."

N.M.U. était hanté par ce qu'il appelait "L'hégémonie hindoue," et voici ce qu'il écrivit sur ce sujet:

"Nous nous inquiétons des perspectives de l'hégémonie hindoue. Ce que nous ne voulons

---

99 Tous des membres du Parti Travailliste fondé par le Dr. Maurice Curé en 1936.

pas c'est de l'injustice sociale et politique que constituerait la domination par les Hindous des minorités non-hindous."

Au sujet du suffrage universel pour lequel luttaient le Dr. Curé, Seeneevassen, Rozemont, Anquetil, le Pandit Sahadeo, le Dr. S. Ramgoolam et les frères Bissoondoyal, N.M.U. disait:

"Le suffrage hindou veut dire l'hégémonie hindoue. L'hégémonie hindoue signifie fatalement l'annexation dans un temps plus ou moins long de Maurice à l'Inde."[100]

Il ne croyait pas que tout le monde pouvait vivre en paix et co-éxister harmonieusement à l'île Maurice. Il écrivait que, "Le rêve d'unir tout le monde, de ne former qu'une seule grande famille mauricienne a un caractère si chimérique qu'il est préférable de n'y point penser."

Finalement, pour démontrer sa haine envers la communauté hindoue à Maurice, il écrivit ceci:

"Il y a un siècle et demi que les Britanniques nous gouvernent avec sagesse et succès. Je préfère leur autorité entière et directe à la demi-autorité de ministres qui s'appelleraient Ramgoolam, Seeneevassen, Ringadoo."

C'est ainsi que dans son article qui parut dans le Cernéen du 19 mars 1952 N.M.U. écrivait que "Pour s'opposer à la marée de la subversion dont nous sommes si gravement menacés, il faut constituer ici un Rassemblement Mauricien." Il demandait que la population blanche se mobilise contre ces fléaux que représentent les luttes des lutteurs hindous et leurs amis, et demandait que "Puisse la population blanche, souciant son apathie et mettant fin à ses lenteurs, se placer à la pointe du combat?" Et il incita les membres d'autres commanautes à Maurice pour qu'ils se soulèvent contre les hindous en ces termes:

"Que les Musulmans et les Chinois méditent la conjoncture actuelle de leurs points de vue respectifs veulent-ils devenir des asservis? Cela ne tarders point si le sommeil général continue…"[101]

Le 11 mars 1955, il révéla sa vision sur l'égalité et les libertés humaines, en ces termes:

"Il est criminel de faire accroire aux simples d'esprits que tous les hommes sont égaux. C'est susciter leur révolte contre la nature des choses qui est plus forte qu'eux. C'est à ceux qui jouissent habituellement d'un niveau de vie supérieur à celui de l'ouvrier mauricien que l'électrification des campagnes, les autoroutes et le tout-à-l'égout apporteront des satisfactions."[102]

Les indiens à l'Ile Maurice, donc la vaste majorité d'hindous et Musulmans qui étaient tous venus à Maurice comme des "Indentured Labourers,"[103] des laboureurs sous contrat, dont on a déjà parlé au début de cette analyse, et dont les enfants sont les "simples d'esprits" ne méritaient pas d'après lui, des bénéfices du suffrage universel, de l'éducation,

---

100 Cette crainte ne s'est jamais matérialisé quoiqu'on le répète jusqu'à aujourd'hui.

101 C'est surtout à partir de cette époque que le communalisme outrancier lèvera la tête à l'Ile Maurice.

102 N.M.U. reprenait les objections formulées contre l'affranchissement des esclaves comme le fit autrefois J. Raymond (vide note 71, page 39 de cet ouvrage), mais plus sauvagement.

103 Des laboureurs engagés sous contrat.

de l'électrification des campagnes où il habitaient, ni des autoroutes ou des sanitations modernes!

"Le Rassemblement Mauricien" que réclamait N.M.U. prit enfin naissance dans les années 50 et puis changea son appellation et devint le Parti Mauricien, pour finalement devenir le Parti Mauricien Social Démocrate, parti politique qui s'opposa à celui mené par le Dr. Ramgoolam, le Parti Travailliste. Ce dernier renversa la vapeur.

"La masse de travailleurs, sans distinction de race ou de religion, comme un seul homme se rassembla derrière Ramgoolam. Les premiers jalons de la nation mauricienne étaient posés."[104] La revendication ouvrière prit forme et la bataille pour libérer l'Ile Maurice avait démarré.

Mais N.M.U. continuait à semer de la haine communale à travers les colonnes du Cernéen chaque jour. Le 7 janvier 1952 il écrivait ceci:–

"Je reproche au Gouverneur d'avoir négligé de maintenir dans une île possédée par une puissance européenne, la ferme présence de la civilisation occidentale…"

Le 16 mai 1952 il écrivait; dans le même journal, "Comment concilier ce sentiment avec le plan d'une diffusion de l'hindi? Car enfin que veut dire mauricienne sinon l'attachement à cette civilisation, franco-anglaise que les indiens ont trouvée à leur arrivée dans le pays, et grâce à laquelle ils ont pu s'élever intellectuellement et matériellement? Que le Dr. Ramgoolam ne vienne donc pas nous raconter que ses compatriotes ont assimilé l'esprit mauricien; que leurs pensées et leurs aspirations sont semblables aux nôtres, en un mot qu'ils sont devenus *Mauriciens Comme Nous.*"

Les partisans du Raillement Mauricien se dressèrent contre le Parti Travailliste et à la veille des élections générales de 1953, un article paru dans le Cernéen sous le titre de "Elections Vitales 1953." Vers l'élimination des "chenilles politiques." En voici un extrait de cet article:–

"Ce qu'il faudrait qu'on retint toujours c'est que des hommes de couleur tels que Messieurs Raymond Rault, et Guy Forget ne cessent de réclamer de gouvernement responsable et le suffrage universel – agents provocateurs éventuels de l'indianisation du pays – aux côtés de ce même Dr. Ramgoolam et des autres indiens dont le nationalisme anti-créole et la naïve arrogance ne sont plus à souligner."

La conclusion de cette article signé Emmanuel *Arouff,* mérite une mention spéciale:–

"Pour l'instant, il appartient aux créoles qui se sentent et qui tiennent à demeurer ce qu'ils sont (et non pas à se blanchir ou à s'indianiser) de se servir habilement de leur arme électorale en ne votant que pour Jules Koenig et pour des hommes qui lui ressemblent par l'âme, et aussi par l'énergie." Jules Koenig était le dirigeant du Ralliement Mauricien.

Les barons sucriers voulaient à tous prix défaire le Parti Travailliste et se servirent du "Le Cernéen´et du "le Mauricien" pour faire campagne contre ceux qui pour eux étaient des "chenilles politiques'dont le but principal était l'institution du Suffrage Universel et l'Indianisation du pays. Ces mêmes personnes devraient faire cause commune pour com-

---

104 Cf. Maurice 81, **Op.Cit.**, p.12.

battre la demande de l'indépendance du pays en 1965, 1966, et 1967.[105]

La contribution indienne ne fut jamais vraiment repayée par la gratitude quoique sans eux l'île Maurice ne serait jamais devenue le pays qu'elle est qujourd'hui. Les barons sucriers ont fait tout pour empêcher l'émancipation des travailleurs indiens à Maurice, et pour que l'île accède au statut de pays indépendant, par crainte d'une hégémonie hindoue éventuelle. Ils ont semé la haine communale pendant des dizaines d'années et l'île Maurice en souffre encore, car elle est aujourd'hui plus divisée qu'elle ne l'a jamais été.

Pourtant ce fut ces mêmes indiens qui réussirent à doner l'indépendance au pays et ces mêmes "chenilles politiques," le Dr. Ramgoolam, Sookdeo Bissoondoyal et Razack Mohamed à côté de qui se trouvaient Guy Forget et autres qui prirent la barre du pays quand l'île Maurice acquit son dinépendance le 12 mars 1968. L'Ile Maurice connût ses pires moments durant les bagarres raciales et communales de 1967, après les élections d'Indépendance, et juste avant que l'Ile ne devint indépendante. Cette élection de 1967 fut une honte pour le pays, où 44% des mauriciens votèrent contre l'indépendance de leur pays tout en réclamant que l'Ile Maurice demeure un département outremer de la Grande Bretagne, chose qu'elle même ne voulait pas. Nombreux furent ceux qui quittèrent le pays pour s'installer en Afrique du Sud, à la Nouvelle Zélande, à l'Australie ou dans diverses pays d'Europe craignant cette "hégémonie hindoue" qu'ils ne voulaient pas voir s'installer à Maurice. Beaucoup de ces gens la sont retournés à Maurice quand ils constatèrent que leur pire crainte n'était que du chimère. Aujourd'hui ils sont ceux qui bénéficient le plus de l'Indépendance.[106]

---

105 Quand 44% de la population mauricienne voteront contre l'indépendance de l'Ile Maurice.

106 Il y a jusqu'à nos jours encore des milliers de Mauriciens qui demeurent dans ces pays, ayant tout vendu ou quitté à l'Ile Maurice avant de s'exiler pour une crainte qui ne se matérialisa pas.

Chapitre 3

(A) LA POPULATION MAURICIENNE

Quand l'Ile Maurice fut cédée aux Anglais en 1815 il y avait déjà plus de 100,000 habitants dans l'île. Le premier recensement qui fut tenu en 1846 révéla qu'il y avait alors 158,462 personnes qui y vivaient, dont 104,598 hommes et 53,864 femmes. Le recensement suivant fut tenu en 1851 et depuis on a tenu des recensements chaque 10 années après jusqu'à 1931. Il n'y en a eu aucun recensement entre les années 1931 et 1944 à cause de la grande guerre. Les recensements qui furent tenus eurent lieu après dans les années 1952, 1962, 1972, 1976, 1978 et le dernier en 1983. Les chiffres donnés dans le rapport de celui-ci démontrent qu'il y avait à Maurice 960,863 personnes, dont 481,368 hommes et 485,455 femmes.[107] Aujourd'hui l'Ile Maurice compte plus d'un million d'habitants.

Une forte majorité de mauriciens vivent dans des régions rurales (56%). On comptait en 1978 près de 400,000 habitants urbains. Le mouvement des habitants des régions rurales vers les villes a connu une forte remontée dans les sept dernières années surtout, avec plus de jeunes faisant le déplacement, vu le développement des nouvelles cités ouvrières et résidentielles dans les villes, surtout dans les alentours de Quatre Bornes. L'Ile Maurice est divisée en 9 districts administratifs qui sont repartis comme suit:-

LA POPULATION PAR DISTRICT

1. Plaines Wilhems 276,000
2. Port-Louis 142,000
3. Flacq 91,000
4. Grand-Port 82,000
5. Pamplemousses 75,000
6. Rivière du Rempart . . 75,000
7. Savanne 53,000
9. Rivière-Noire 30,000

VOIR: Maurice 81, (L'Almanach Moderne des Années '80, Imprimé par Lemwee Graphics.)

---

107 Cf. **Maurice 81**, p.17.

Les plus grands districts en terme d'habitants sont donc les Plaines Wilhems, Port-Louis et Falcq. La Capitale, Port-Louis est la plus peuplée des villes suivie de Beau-Bassin/Rose Hill, Curepipe, Quatre-Bornes et Vacosa/Phoenix. La ville de Quatre-Bornes a grandi le plus vite durant les dernières années.

Avec le chiffre d'un million en 1984 y compris celle de l'Ile Rodrigues, qui compte près de 50,000 habitants, l'Ile Maurice a une densité de près de 1400 habitants par mille carré, ou soit près de 875 habitants par kilomètre carré, ce qui fait qu'elle est le troisième pays ayant de si forte densité du monde.

La population mauricienne a connue une explosion durant les années qui suivirent les dernières grandes guerres. Elle a doublé depuis les années 1952. Pour chaque 22,000 naissances enregistrées dans le pays il y a environ 7,000 décès, ce qui laisse une augmentation nette moyenne de 15,000 âmes chaque année. L'Ile Maurice a une populations très jeune dont 35.2% ont moins de 15 ans, 42.9% ont moins de 18 ans et 49.8% ont moins de 21 ans. 57.2% de la population a plus de 18 ans, 50.2% ont plus de 21 ans et ceux qui ont 60 ans plus représentent 6.5% de la population. L'Ile Maurice a donc un potentiel extraordinaire en matière de jeunes et à prendre la relève dans les secteurs. A noter que ceux qui ont entre 10 et 14 ans représentent 13% de la population et forme le groupe le plus nombreux. Avec la scolarité qui dure jusqu'à au moins 18 ans, et avec ceux ayant plus de 60 ans représentant 6.5%, ces deux groupes dépendent sur ceux qui on l'âge de travailler, mais surtout sur ceux qui ont du travail dans le pays. 57.1% de la population ont plus de 18 ans et ont le droit de vote à Maurice.

Pour une Ile Maurice qui n'a pas de ressources naturelles, cette juenesse représente son seul espoir. Mais à présent elle représente aussi une source de dépense aiguë pour le pays qui doit trouver les fonds nécessaires pour sa formation et son éducation.

L'Ile Maurice a une population très diverse qui est divisée à cause des récensements en trois groupes, dont la population générales, indo-mauricienne et sino-mauricienne. C'est peut-être la plus grande insulte qu'on ait pu faire aux mauriciens car en ce faisant, les autorités ont semé les grains qui produiraient les germes de l'intolérance inter-communautiare qui de temps en temps, fait surface dans l'île, surtout durant les périodes pré-électorales. Si on avait considéré tous les mauriciens en temps que tels dès le début même on aurait évité des conflits futurs.

La "population générale" regroupe les mauriciens d'origine européene, africaine ou mixte. Le groupe indo-mauricien comprend ceux de foi hindoue et musulamane, groupe qui est sub-divisé entre hindous et musulmans, tandis que le groupe sino-mauricien comprend les mauriciens d'origine chinoise. Le groupe indo-mauricien représente près de 69% de la population. Ceux de foi hindoue sont les plus nombreux. Ils représentent 52% de toute la population. Les musulmans comptent près de 17%. Ce groupe a évolué rapidement depuis la mi du dix-neuvième siècle, une pointe ayant été atteinte pendant les années 1851 et 1861. La communauté indo-mauricienne qui était minoritaire jusque là devint subitement majoritaire avec la venue de grands nombres d'immigrants indiens pour travailler les terres en tant que laboureurs contractuels. La population générale comptait alors 102,000 âmes contre 192,000 indo-mauriciens. Vers 1871, la population générale ne comptait que 97,000, alors que la population indo-mauricienne devint 216,000 pour atteindre le chiffre de 250,000 entre les années 1880 et 1890. Elle a dépassé le chiffre de 300,000 entre 1945 et 1950 et celui de 500,000 au recensement de 1972. La population sino-mauricienne était petite au 19ᵉ siècle et ne comptait que 1552 âmes dont seulement 2 femmes! En 1920, il y avait 6,700 dont 1,500 femmes d'origine chinoise qui vinrent s'installer dans le pays. En 1972, ils étaient 24,000 avec un équilibre s'établissant entre la population homme et femme, chaque sexe comptant près de 12,000 âmes. La population sino-mauricienne prerésente aujourd'hui 3% de la population mauricienne.[108]

Les mariages à Maurice sont très colorés et on en célèbre près de 8,000 chaque année. D'après le rapport du Registrar Général, 49.5% des mariages sont célébrés d'après le rite hindou, 33,8% catholique et 15.3% musulman.[109] Les divorces sont plus rares ne comptant que 200 en moyenne chaque année. Dans 56% des cas les plaignants sont les épouses. Quoique la plupart de mariages aient lieu entre couples appartenant à leurs communautés respectives, il y a ces jours-ci, plus de mariages inter-communautaires que n'était le cas dans un passé pourtant pas trop lointain.

Les langues parlées en famille, d'après le recensement de 1972 sont comme suit:-

a.   Le Créole est parlé par 51.85%.
b.   L'Hindi (surtout le Bhojpouri) par 31.73%.
c.   Le Français par 4.74%.
d.   Le Tamoul par 3.52%.
e.   L'Ourdou par 2.79%
f.   Le Télégou par 2.13%.
g.   Le Marathi par 1.45%.
h.   Le Chinois par 1.13%.
i.   L'Anglais par 0.27%.
j.   Le Goujrati par 0.04%, et atures 0.10%.[110]

UN récent relevé du journal "Le Maruicien" fait état du fait que les Mauriciens parlent un total de 22 langues diverses et pratiquent 87 religions différentes. Le Créole (Patois) est parle par la population entière. Le bhojpouri est parlé par près de 75% de la population mais est compris par presque tout le monde. Le français est la langue sociale et pratique du pays. L'anglais est la langue officielle. L'anglais et le français sont parlés à l'Assemblée Législative (le parlement mauricien), dans les cours de Justice, et dans les bureaux aussi bien qu'aux écoles à tous les niveaux, mais surtout au niveau secondaire et tertiaire. Le créole et le bhojpouri se sont empruntés beaucoup de mots mais ont aussi adopté ceux des autres langues parlées du pays. C'est ainsi que l'Ile Maurice est devenue une vraie cosmopolite. Les relations intercommunautaires sont bonnes et harmonieuses dans l'ensemble.

---

108   Cf. **Maurice 81**, p.17.
109   Cf. **Ibid**.
110   Cf. **Maurice 81**, p.17.

B RELATIONS INTERCOMMUNAUTAIRES

LES relations intercommunautaires sont marqués d'une grande tolérance et d'une compréhension, aussi bien que d'un sens de respect pour les coutumes, très souvent partagés par tous les mauriciens lors des grandes fêtes telles que Noël, Pâques, Divali, Cavadi, eid et les fêtes de la moisson ou le Nouvel an Chinois. On fait des prières communes, où l'assistance est généralement nombreuse quand par exemple on fête le Divali ou le Holi. Pour Noël les églises sont bondées non seulement des chrétiens mais aussi par ceux appartenant aux différentes fois et communautés. C'est aussi le cas pour les fêtes du Bien-Heureux Père Laval, quand des dizaines de milliers de mauriciens vont en pélérinage au tombe du saint homme, dont le nom est tenu en grand respect par tous les maruiciens. L'esprit de la fraternité qui règne en ces moments-là sonne le glas pour les quelques méchants qui tentent parfois de semer la haine communale pour des gains personnels politiques ou autres.

Il vint même un moment durant la campagne électorale de Juin 1983 quand les mauriciens crurent avoir enterré pour jamais le conflit communal, quand d'une seule voix ils scandaient "Ene sèle le pèpe, ène sèle nation;" (un seul peuple, une seule nation), dans un grand élan patriotique.

Il n'a pas toujours été ainsi et même aujourd'hui il y a ceux qui tentent de tisser des haines communales telles qu'on le fit juste avant que l'Ile Maurice n'accédât au Statut d'état indépendant en 1967 et 1968, quand le pays connut pour la première fois des bagarres communales qui coutèrent la vie d'une centaine de personnes, sinon plus. On vit alors pendant quelques jours l'harmonie intercommunautaire mauricienne se volatiser grâce aux agissements égoistes d'un certains groupe de gens pour des motifs politiques. C'est bien durant cette période noire de l'histoire de l'île que 44% des électeurs mauriciens votèrent contre l'indépendance de leur propre pays, car ils disaient avoir peur d'une hégémonie hindoue possible après l'indépendance.

Qu'importe si chez les hindous on a tendance à se subdiviser en castes ou en groupes d'origines diverses comme le font les autres et se disent hindous, tamouls, marathis, goujerati, ou se disent Orthodox (Puranics) ou réformistes (Veidiques ou Arya Samajistes). Qu'importe si les musulmans se sub-divisent et s'appellent Sounis, Shias, Qadianis. Qu'importe si les chrétiens aussi se sub-divisent et s'appellent Catholiques, Protestants Anglais ou Presbytériens, Adventistes, Témoins de Jéhovah ou membres de la mission Salut et Guérison. Qu'importe si le Sino-mauriciens se disent boudhistes ou Chrétiens. Qu'importe si les mauriciens parlent 22 langues et pratiquent 87 diverses religions, s'ils n'oublient pas qu'ils sont mauriciens avant d'être quoi que ce soit d'autres? L'Ile Maurice leur appartient à tous. La plupart des mauriciens croient sincèrement que c'est ainsi que cela doit être, car à Maurice les gens sont fiers de leurs diversités et s'unissent en une volonté commune à vivre en paix les uns avec les autres. Bien qu'il y ait une poignée de gens sans scrupule il est bon que le pays demeure un lieu sacré de la coexistence pacifique.

Le Mauricien moyen a l'esprit très ouvert et on dit que les mauriciens ont le voyage dans le sang. C'est peut-être vrai, car ils sont tous fils des immigrants d'origines diverses, mais il demeure aussi vrai qu'ils doivent tous vivre ensemble dans ce petit coin du monde qui est leur pays, et que c'est là qu'ils doivent florir ou périr.

Cette Ile Maurice est une cosmopolite qui n'a pas de parallèle. Les Mauriciens sont connus à travers le monde pour leur bon sens, pour leur amour de la liberté, et pour leur principe de vivre et pour laisser vivre les autres. Il sont ambitieux et sont éclairés. Ils n'aiment surtout pas qu'on les force contre leurs grés. Ils aiment leur indépendance qu'ils préservent jalousement.

C'est peut-être pourquoi ils ont fait du Français leur langue sociale, pratique et favorite, car les Anglais avaient imposé leur langue et avaient rendu obligatoire l'enseignement de l'anglais dans toutes les écoles. Quoique tous les mauriciens apprennent et l'Anglais et le Français simutanément dès l'école maternelle dans bien des cas, et qu'ils continuent à le faire jusqu'à ce qu'ils quittent l'école, ils auront presque tous réussi en français dans les examens qu'ils auront pris, et avec de bonnes notes, tandis que la grande majorité aura obtenu soit de faibles notes ou aura simplement échoué les examens en Anglais. Le nombre d'étudiants qui doivent répéter les examens parcequ'ils ont échoué en Anglais, langue obligatoire, en est la preuve. Le fait qu'ils doivent obligatoirement passer leurs examens en Anglais pour obtenir leurs certificats ou diplômes et qu'il soit nécessaire pour les maruiciens de posséder un certificat dans cette matière s'ils veulent obtenir un emploi, que ce soit dans la fonction publique ou ailleurs, on voit que plus de mauriciens sont fluides en français toujours plus qu'en Anglais. Pourtant les Anglais sont restés à l'Ile Maurice pendant plus de temps que les Français, et surtout il faut ne pas oublier que la présence anglaise fut la plus récente, car le pays est resté colonie britannique jusqu'à 1968.

On note aussi un fait très commun à Maurice où les gens de communauté indo-mauricienne semblent écrire beaucoup plus l'anglais que le français, mais ils préfèrent l'usage du Français parlé. Même si tout le monde ne parle pas un francais qui soit excellent, ils le comprennent tous, car c'est la langue du média du pays. Le patois est d'ailleurs à peu près du français à 90%, et donc l'influence française persiste à Maurice.

Le français a toujours été très étroitement lié à la population générale dans le passé mais n'est plus pour eux une chassée gardée. L'adoption du français par les mauriciens de diverses communautés a agit tel un ciment pour maintenir l'unité du peuple mauricien. C'est cette même langue qui permet à l'Ile Maurice à vivre en bon voisin avec les autres iles francophones de l'Océan Indien, ou l'influence française continue a être grande surtout sur le plan socio-culturel, le plan économique et politique.

Le patois surtout est resté le fil unificateur pendant déjà près de trois siècles. Comprendre les moeurs des mauriciens et leur façon de penser est imposible sans une connaissance de ce lingua franca.

Chapitre 4

LES PARTIS POLITIQUES

L A politique à l'île Maurice est omniprésente, et son influence est presque totale. Il n'est point surprenant de voir des enfants à bas âges s'entre-quereller sur une question politique à Maurice. C'est le passe-temps de presque tout le monde, et bien sûr, tout le monde connait ses droits et les défendra en se référrant aux plus hautes instances, pour se défendre s'ils pensent qu'ils sont lésés.

Pourtant il n'a pas toujours été ainsi, même si les premières formations politiques datent du début du siècle quand les "Conservateurs"[III] s'opposèrent aux "Liberaux" à travers "Le Parti de l'Ordre" que dirigeait Sir Henry Léclezio, député de Flacq de 1886 à 1921. Dès 1918 le Dr. E. Laurent militait pour des réformes constitutionnelles et réclamait que des députés soient donnés des responsabilités certains, tandis que le gouvernement pourrait exercer le droit de veto sur les décisions du Conseil, mais sans grands succès.

Ce ne fut qu'après les visites de Gandhi au debut du siècle et ensuite de Dr. Manilall qui pousseraient certains indo-mauriciens à faire de la politique active. C'est véritablement vers 1936 que la politique ira vers les masses.

LE PARTI TRAVAILLISTE

Le Dr. Maurice Curé, inspiré par les développements qu'il avait témoigné en Angleterre, alors qu'il y faisait ses études, fonda le Parti Travailliste, aidé par ses amis sitôt après sa défaite aux élections de 1936. Ils mobilisèrent les travailleurs qui déclenchèrent une grève générale en 1937 et à travers sa presse, le Parti Travailliste réclamait le suffrage universel. En 1938 deux représentants de la classe ouvrière, dont mm. Osman et Seerbookun furent nommés au conseil pour la première fois.

Le parti Travailliste fondé en 1936 est donc le plus ancien parti politique de l'Ile Maurice et est resté le parti clé pendant des années depuis. Ce fut ce parti qui oeuvra surtout pour l'émancipation du peuple mauricien et ce parti qui a été à la pointe du combat en faveur de la promotion sociale de la classe ouvrière durant les années 1940 aux 1970, se démarquant de tous les autres partis qui suivirent après, par ses idées progressistes, serait accusé d'avoir

---

III   Cf. **Elections 82, Le Guide du Mauricien**, Publié par Le Mauricien Ltd., Port-Louis, Réalisé par Lemwee Graphics, Dec. 81, p.7.

glissé vers la droite et d'avoir épousé des tendances conservatrices depuis 1970, surtout par l'Opposition.

Le Parti Travailliste eut pour premier président le Dr. Curé qui fut succéde par Emmanuel Anquetil en 1941. Il fondera le journal "Le Peuple Mauricien" qui deviendra plus tard le journal "Advance." Guy Rozemont succédera Anquetil à la présidence du parti quand ce dernier meurt en 1948. Il fut un des plus puissants orateurs que l'île ait jamais connue, et il galvanisera le peuple et mènera le parti qu'il dirigeait à une éclatante victoire en 1948, durant les premières élections de l'après guerre. Il réclamera le Suffrage Universel et des droits accrus aux travailleurs mauriciens. Le Parti Travailliste mènera la lutte au niveau municipal aussi bien que national et deviendra le parti le plus puissant de l'île pendant des années durant lesquels il remportera plusieurs victoires électorales successives sous la présidence de Dr. Seewoosagur Ramgoolam, et dirigera le destin du pays en passant par plusieurs réformes constitutionnelles jusqu'à l'Indépendance et après. Ce parti subira une cuissante défaite aux élections de juin 1982 et se marginalisera après pour devenir le "junior partner" d'une alliance gouvernementale en août 1983. Il sera dirigé par Sir Satcam Boolell.[112]

LE PARTI MAURICIEN SOCIAL DÉMOCRATE

Ce parti fut jadis le Rassemblement Mauricien, et après le Parti Mauricien des années 50, a connu des fortunes diverses aux élections. Il remporta 5 sièges face au Parti Travailliste en 1963 pour devenir le premier parti du pays en 1967 quand il obtint 44% des voix aux élections quand il mena sa campagne anti-indépendance et fit élire sous sa bannière 27 députés au parlement. Ce parti souffrira des cassures et des défections soutenues à travers les années qui suivirent. Fondé dans les années 50 et dirigé par Jules Koenig pour contrer le Parti Travailliste suite à la grande victoire électorale de ce dernier en 1948, le Ralliement Mauricien changera de nom et s'appellera Le Parti Mauricien et sera dirigé par Gaëtan Duval[113] après la mort de Jules Koenig en 1966. Il changera d'appellation une fois de plus pour être connu par le nom du Parti Mauricien Social Démocrate. Le PMSD partagera le pouvoir en tandem avec le Parti Travailliste en 1969 jusqu'à 1973, et se marginalisera, comme le fut le Parti Travailliste en 1982, et comme ce dernier partage le pouvoir en alliance avec le MSM aujourd'hui.

LE MOUVEMENT MILITANT MAURICIEN

Ce parti fut formé suite à l'activisme d'un groupe de jeunes universitaires, Paul Bérenger, Dev Virah Sawmy et Jooneed Jeeroobarkham qui avaient formé le Club des Etudiants

---

112   Le "leadership" de Sir Satcam Boolell fut contesté par des membres du Comité Exécutif de ce parti, et 25 membres ont récemment démissionné pour former le Parti qu'il appellent désormais le Front des Travaillistes Mauriciens, ayant pour chef de fil, l'ex-Secrétaire du Parti Travailliste, M.A. Baichoo. Quatre députés dissidents se sont joints à ce nouveau parti, dont Gungoosing, Molaye, Goodoory et Soobadar, en Juin 1987.

113   Sir Gaëtan Duval a célébré ses 30 années de vie politique au mois de Mai 1987 avec faste à travers le pays.

Militants en 1968. Ils furent fortement impressionés par les courants libertaires et anarchistes traversant l'Europe après mai 68 en France, d'où Paul Bérenger fut expulsé par le gouvernement Français. Ils se transformèrent ensuite en parti politique pronant à remplacer la lutte des races en lutte de classes. La coalition Parti Travailliste/Parti Mauricien Social Démocrate/Comité d'Action Musulman créa un vide dans la scène politique mauricienne qui fut vite comblé par ce nouveau parti qui devint ensuite le mouvement anti-gouvernement en 1970.

Le MMM oeuvrera au niveau syndical et avec la General Workers Federation lancera une grève générale qui en décembre 1971 sera un grand échec pour le parti. Ses dirigeants furent arrêtés et detenus pendant une année, l'état d'urgence fut instauré, et ne sera reévoqué qu'en 1978. Suite à la victoire anti-gouvernement de Dev Virah Sawmy aux élections partielles en 1970, les élections municipales furent renvoyées et les syndicats de la G.W.F. furent interdits. Ses dirgeants serout relâchés en début de 1973 et ils revisèrent leur stratégie pour jouer à fond la carte électorale en 1976 quand, durant les élections générales de cette année-la, le MMM remporta 34 sièges sur 70 dans l'Assemblée Législative, en faisant élire 29 députés et en faisant nommer 5 d'après les termes de la Constitution mauricienne. Le MMM devint le premier parti du pays en obtenant 39% des voix et se cantonna dans l'opposition jusqu'au lendemain des élections de juin 1982, pour y retourner en 1983, après avoir partagé le pouvoir dans l'alliance MMM/PSM qui fit élire tous les 60 députés à Maurice le 11 juin 1982, et après la cassure de l'alliance MMM/PSM, le MMM [lui-même] se cassera en deux. Un groupe restera avec Paul Bérenger, l'autre avec Anerood Jugnauth qui fut le Président du MMM de 1971 à mars 1983, et fut le Premier Ministre dans le gouvernement de l'alliance MMM/PSM.

Suite à une dispute entre les dirigeants du MMM, Paul Bérenger forma un groupe d'opposition parlementaire et le groupe qui resta avec Anerood Jugnauth se forma en un nouveau parti politique, le MSM (Le Mouvement Socialiste Militant). Le PSM se dissoudra et intégrera le Mouvement Socialiste Militant pour former un nouveau parti qui sera le Mouvement Socialiste Mauricien. Paul Bérenger fut battu aux élections générales[114] d'août 1983 et est le Chef de l'Opposition Parlementaire depuis. Le MMM compte 19 députés élus et 2 nommés à l'Assemblée à ce jour.

L'INDEPENDENT FORWARD BLOCK

Ce parti fut fondé dans les années 50 et connut des années de gloire entre les 50 et 60 quand il disputa avec le Parti Travailliste le contrôle des régions rurales. Le parti fut dirige par Sookdeo Bissoondoyal et fut fondé en 1958 après qu'il eut été déjà Parlementaire depuis 1948, en tant que député de Grand Port/Savanne. Il fut aussi grand lutteur pour le suffrage universel. L'I.F.B. se joignit qu gouvernement en novembre 1963 pour la première fois et en 1967 conclut un accord électoral avec le Parti Travailliste et le Comité d'Action Musulman

---

114   Il fut ensuite nommé député correctif au terme du "Best Loser System."

pour former l'Alliance connue sous le nom de Parti de l'Indépendance. L'I.F.B. luttera avec le Parti Travailliste et le Comité d'Action Musulman pour l'indépendance et remportera les élections générales de 1967. Ce parti sera débarassé par le parti Travailliste en 1969 pour faire de la place pour le P.M.S.D. au sein du gouvernement. Son leader, Sookdeo Bissoondoyal mourut en 1978 et le Parti mourut avec son fondateur. On se souvient de ce grand leader pour sa lutte continue pour les travailleurs à l'Amssemblée Législative aussi bien que pour ses travaux en tant que travailleur social au niveau des laboureurs indo-mauriciens. Il fut aidé par son illustre frère Pandit Basdeo Bissoondayal qui est un des grands savants et écrivains que l'Ile Maurice ait produit.

L'UNION DÉMOCRATIQUE MAURICIENNE

Ce parti fut fondé par une dizaine de députés anciens membres du Parti Mauricien Social Démocrate après la grande scission de ce parti en 1970. Dirigé par Maurice Lesage, ce parti concentra ses efforts sur des actions intro-parlementaires, se coupa de la masse graduellement et disparut presque totalement de la scène politique mauricienne. L'U.D.M. fut le produit du mécontentement de ces anciens députés du P.M.S.D. qui ne regardèrent pas d'un bon oeil l'adhésion du P.M.S.D au sien de la Coalition avec le Parti Travailliste et le Comité d'Action Musulman en 1969.

L'Union Démocratique Maruicienne est aujourd'hui dirigé par Guy Ollivry. Son idéologie était axée surtout sur le "Socialisme du Partage" et sur la nécessité de la création d'une "troisième force" politique qui n'a pu se materialiser jusqu'ici. On croyait à une certaine époque ou celle-ci avait une bonne chance à Maurice pour maintenir l'équilibre des forces politiques quand le Parti Socialiste Mauricien fut fondé par Harish Boodoo en 1979. Un accord entre ces deux partis ne fut pas possible. Le négotiateur de l'U.D.M. qui fut alors Karl Offman décida de se joindre au P.S.M. Le projet d'une Troisième Force ne fut pas poursuivi après ça.

LE PARTI SOCIALISTE MAURICIEN (P.S.M.)

Ce parti fut formé par trois députés contestataires du Parti Travailliste suite à leur expulsion de ce dernier. Durant toute l'année 1978 et durant le première moitié de 1979, ces trois députés contestataires, Mm. Harish Boodoo, Rohit Beedassy et Radha Gungoosingh, avaient graduellement pris leurs distances du Parti Travailliste. Une fois expulsés du Parti Travailliste ces trois députés contestataires se lancèrent dans une série de trente-six meetings publics avant de proclamer, le Dimanche 16 septembre 1979, à la Place du Quai, Port-Louis, le lancement d'une "troisième force" à travers le Parti Socialiste Mauricien.

Le chef de file des trois contestataires, Harish Boodoo fut vedette politique des années 1978-79 et occupa en permanence le devant de la scène politique à Maurice, ayant tout d'abord contesté à l'intérieur du Parti Travailliste, puis par la dénonciation de deux ministres Badry et Daby il obtint une commission d'enquête qui trouva ces deux derniers coupable de plusieurs cas de fraudes et de corruption. Ils finirent par offrir leurs démissions au gouvernement dirigé par feu le Dr. S. Ramgoolam. Il s'était joint au Parti Travailliste en 1976 et fut désigné Chief Whip du Gouvernment, mais abandonna ces fonctions en faveur de M. Chettiar.

Il contesta sans succès le poste de Secrétaire Général du Parti Travailliste en 1977, et avec seize députés (ramené à trois quelques mois après) il exigea certaines réformes du Parti Travailliste. Ces demandes furent rejetés et il mena alors un "pélérinage – la – vérité" à travers l'île. C'est alors qu'il tint une série de 36 meetings publics, pour finalement lancer le Parti Socialiste Mauricien le 16 septembre 1979.

Le Parti Socialiste Mauricien et le Mouvement Militant Mauricien conclurent une alliance au début de 1981, alliance qui fut connue comme L'Alliance MMM/PSM. Le MMM avait obtenu le meilleur score aux élections générales de 1976, et tenant compte de leur force dans le pays l'accord électoral conclu entre le MMM et le PSM assura au MMM 70% des sièges (42 sur 60 à Maurice) et 30% des sièges, soit 18 au PSM. Des listes communes de candidatures furent publiées dès la fin de 1981 et arrêtées en fevrier-mars 1982. Cette Alliance MMM/PSM confronta l'Alliance Parti Travailliste/Le Rassemblement pour le Progrès et la Liberté/et le Groupement Mauricien. Le Parti Travailliste s'assurait 46 sièges, le RPL cinq et le Groupe François (le Groupement Mauricien) neuf.

L'Alliance MMM/PSM et l'Alliance PTR/RPL/Groupe François contestèrent tous les sièges à Maurice, mais pas ceux de Rodrigues. Les élections générales aurent lieu le 12 juin 1982 et l'Alliance MMM/PSM remporta tous les 60 sièges à Maurice. L'Ile Maurice vit un véritable coup d'état sans effusion de sang, un coup qui s'effectua démocratiquement, "uniquement à la pointe du crayon et à l'aide de plusieurs centaines de milliers de bulletin de vote."[115] La campagne électorate se déroule dans un calme parfait.

Après quatre mois au gouvernement l'Alliance MMM/PSM se voit déchirer par une crise qui allait "de rebondissement en rebondissement, tenir toute l'île Maurice en haleine pendant trois semaines, avant de connaître un développement inattendu par le replatrage de l'Alliance de gouvernement." Le PSM avait en attendant expulsé deux de ses 5 ministres, Mm. Jocelyn Seenyen et Kailash Ruhee, qui se joignirent immédiatement au MMM. Les relations MMM/PSM se détériorèrent au fil des mois qui suivirent, et suite à une deuxième crise, beaucoup plus grâve que la première, le gouvernement s'éclata quand le MMM se scinda en deux groupes, celui de Bérenger et celui de Jugnauth. Le groupe Bérenger toujours connu sous le nom du MMM ira dans l'Opposition. Le Premier Ministre, A. Jugnauth fonda un nouveau parti, le Mouvement Socialiste Militant. Le Parti Socialiste décida de se dissoudre et intégra le MSM. Il y eut un "caretaker gouvernment" et finalement le pays retourna sux urnes le 21 août 1983. Certains des membres du PSM qui n'obtinrent pas l'investiture du parti durant les élections de juin 1982 ont ravivé le PSM mais n'ont pas réussi à le relancer, tous les dirigeants de l'ancien PSM ayant opté pour rester au sein du MSM. Harish Boodoo fut vice premier ministre dans le gouvernement MMM/PSM, fut

---

115 Cf. **Maurice 83.**, **Op. Cit.**, p. 29.

réélu et s'occupa de l'office du Chief Whip du nouveau gouvernement issu des élections générales d'août 1983. Il démissionna de ses fonctions au début du mois de janvier 1986 et s'engagea dans une nouvelle contestation. Il reste maintenant seul, le nouveau PSM ne voulant pas de lui. Il ne peut se joindre au Parti Travailliste car personne n'en veut de lui là aussi. Il fut expulsé du Mouvement Socialiste Militant récemment et a démissionné de ses fonctions de député de l'Assemblée peu après.[116] Certains des dissidents ministres et députés s'étaient joignis à Harish Boodoo mais eux aussi n'en veulent pas de lui maintenant. Ces derniers compteut rejoindre le nouveau PSM pour se doter d'un parti pour contester les prochaines élections générales qui sont dûes en 1988.[117] D'autres parmi les dissidents veulent former un nouveau parti, et veulent que le PSM se dissoût pour une nouvelle fois, afin de se joindre à eux, et faire cause commune au sein de ce nouveau parti qu'ils comptent lancer.

LE MOUVEMENT SOCIALISTE MILITANT (MSM)

Fondé en 1983 suite à l'éclatement du MMM en cette même époque, est dirigé par le premier ministre, A. Jugnauth. L'homme fort de ce parti fut Harris Boodoo qui devait être responsable pour le lancement du M.S.M. à travers le pays, depuis la création de ce parti. Il attira le foudre du premier ministre après qu'il fut responsable en tant que "Campaign Manager de l'Alliance Gouvernementale" aux élections Municipales de décembre 1985, pour la défaite au'elle subît face au MMM. Harris Boodoo commença à contester le pouvoir du premier ministre en tant que chef du parti à partir de janvier 1986. Quelques jours après quatre ministres devraient démissionner et en juin 1986, trois autres en firent autant. Ils furent aidé par quelques députés de l'Alliance et ensemble, ils faillirent mettre le gouvernement de Jugnauth en minorité à l'Assemblée, et la confusion dure toujours. Certains ont regagné les rangs du MSM. D'autres continuent à faire de la dissension. Le Mouvement Socialiste Militant est né de la dissension interne au sein du gouvernement MMM/PSM et continue à être déchiré depuis.

Le premier ministre a pris en charge le lancement de son parti, le MSM à travers le pays et s'est doté d'un bureau politique, d'un comité central, des cellules régionales aussi bien que des branches à travers le pays, pour l'aider à consolider le parti. Le MSM compte toujours le plus grand nombre de députes au sein de l'Alliance gouvernementale MSM/PTR/RTM/PMSD et continue à mener son rôle de moteur au sein de cette alliance. En attendant Mr. Jugnauth est en train de consolider son équipe pour contester les prochaines élections générales. Les autres formations politiques membre de la présente Alliance gouvernementale ont souhaité le même arrangement et plateforme électorale qu'en août 1983.

---

116 Les élections partielles causées par sa démission et celle d'un autre député de l'Assemblée Législative, M.L. Ramsahok, auront lieu en Mai 1987 probablement.

117 Le Chef de file du nouveau PSM. M.J. Nundalallee a récemment annoncé qu'il ne compte pas aider les dissidents mais fera cause commune avec Aneood Jugnauth, le Premier Ministre du pays.

LE RASSEMBLEMENT DES TRAVAILLEURS MAURICIENS (RTM)

Cette formation politique dirigé par le Dr. Beergoonath Churburrun est formé uniquement des députés dissidents Travaillistes qui choisirent de demeurer au sein de l'Alliance
Gouvernementale quand Sir. S. Boolell, le leader du Parti Travailliste fut limogé de ses
fonctions de Ministre du Plan et de Développement au début de l'année 1984, quelques
mois seulement après les élections d'août 1983. Neuf députés, y compris Sir. S. Boolell se
firent élire sous la bannière du Parti Travailliste lors de ces élections, mais suite au limo-
geage du leader Travailliste, ce dernier demèura le seul parlementaire de ce parti à siéger en tant que membre indépendant à l'Assemblée. Le nouveau parti fondé par le Dr. B.
Ghurburrun comptait donc huit ex-parlementaires Travaillistes au début, mais quelques
temps après le député Yusuf Mahomed et l'ex-ministre Kailash Rurryag ont quitté le RTM
pour se rejoindre à Sir S. Boolell, qui regroupe donc un total de trois députés Travaillistes
à l'Assemblée, quoique une fois de plus Kailash Purryag et Yusuf Mahomed ont commencé
à le contester en tant que leader du Parti Travailliste. Ils veulent le rèmplacer par le fils du
feu Sir. S. Ramgoolam, M. Nuvin Ramgoolam. Sir. S. Boolell s'est rejoint au gouvernement
de l'Alliance dirigé par le premier ministre, A. Jugnauth. Il est maintenant question de
réorganiser le parti Travailliste avec ou sans le RTM, et avec Sir. S. Booless comme leader
ou Nuvin Ramgoolam pour le remplacer. Les deputés membres du RTM semblent vouloir
regagner le Parti Travailliste, mais à leurs conditions. L'Avenir du Parti Travailliste,[118] aussi
bien que celui du RTM, tout comme celui du MSM reste donc à définir.[119] Seul le PMSD
partenaire privilégié au sein de l'Alliance semble ne pas être secoué visiblement ces jours
ci.

L'ORGANISATION DU PEUPLE RODRIGUAIS (OPR)

Cette formation politique est limitée à l'Ile Rodrigues et fut dirigé par M. Serge Clair,
(Rodriguais de naissance) depuis 1976. Ce parti contesta les élections de 1976 pour la
première fois. D'inspiration socialiste, l'OPR a fait campagne pour la création d'un "Island
Council." Ce parti brigua les élections de juin 1982 et deux députés OPR, Mm. Serge Clair
et France Félicité furent élus à l'Assemblée. M. Serge Clair assuma les fonctions de Ministre
de Rodrigues et des îles, mais fut remplacé par France Félicité après les électons d'août 1983.
Mécontent de ce choix du Premier Ministre, Serge Clair choisit de siéger en Indépendant à
l'Assemblée, votant systématiquement avec le MMM, parti de l'Opposition. France Félicité
reste avec le MSM et les autres partenaires au sein de l'Alliance Gouvernementale. Il a lui
aussi contesté le leadership de Serge Clair au sein de l'OPR et l'avenir de ce parti aussi reste

---

118   Le RTM vient d'expulser 3 de ses députés pour avoir été impliqué dans le trafic de la drogue.

119   Le MSM a expulsé le député Sooren Poonith pour la même raison,et les dix dissidents Parlementaires qui ont
       formé le dernier-né des partis politiques à Maurice, Le Parti Socialiste, qui aura pour emblème une rose, fut dirigé
       par le Dr. Rohit Beedassy mais ce dernier a pris un congé de Reflexion. Il n'y reste que deux membres maintenant,
       Anil Gayan et Georgie Candahoo.

à déterminer.[120]

AUTRES PARTIS POLITIQUES À MAURICE

En 1976, trente et un partis politiques s'étaient fait enregistrer aux élections générales. Les partis politiques enrigistrer aux élections générales. Les partis politiques enregistrés le 19 avril 1982, désirant présenter des candidates aux élections générales de juin 1982 fûrent au nombre de 34. Les partis politiques enregistrés le 4 juillet 1983 pour contester les élections générales d'août 1983 furent au nombre de 33, et ils représentent des groupuscules de différentes tendances allant de l'extrême droite à l'extrême gauche.

---

120 Depuis quelque semaines déjà l'OPR est dirigé par France Félicité et il a signifié son intention de demeurer au sein de l'Alliance Gouvernementale, avec qui il compte briguer les prochaines élections génerales.

Chapitre 5

(A) "CONSTITUTION POST-INDÉPENDANCE"

L a Constitution de l'Ile Maurice date de mars 1968. Elle a doté l'Ile Maurice d'une organisation classique en régime parlementaire. Le pouvoir éxécutif est attribué à Sa Majesté et c'est en son nom que le gouverneur général exerce ses fontions. Les deux têtes de l'éxécutif sont un chef d'Etat et un cabinet ministériel. Le gouverneur est nommé par sa majesté[121] et il est nommé pour une durée illimitée. Il est un personnage clé dans le système constitutionel du pays. Le constitution lui confère le droit de nommer le Premier Ministre et sur les conseils de celui-ci, il nomme ou révoque les ministres, il dissoût l'assemblée, l'ouvre ou le cothûre sur ses conseils. Le gouverneur générel donne son assentiment aux lois qui sont votées au Parlement, qui est unicaméral. L'Asemblée Législative se compose de 70 membres dont 62 élus et 8 nommées d'après le système de "Best-Loser"[122] qui rétablit un équilibre politique et ethnique et garantit la représentation des communautés minoritaires. Le pouvoir judiciaire est indépendant de l'éxécutif et de la législative comme c'est le cas dans tous les pays du Commonwealth, et constitue le troisième pouvoir en raison de l'importance qui lui est donnée. La cour suprême qui est aussi le garant de la Constitution, a des pouvoirs très étendus. Le Chef-juge est nommé par le gouverneur-général sur les conseils du Premier Ministre; le "Chief Justice" avec l'accord du Premier nomme le "Senior Puisne Judge" et les autres juges, magistrats etc. Il y a aussi un "Ombudsman."

La Consitution mauricienne est la loi suprême du pays et toutes les lois qui sont votées à l'Assemblée Législative lui sont sub-ordonnées, et garantit tous les droits de l'homme. Elle est flexible dans le sens qu'elle peut être amendée ou modifiee mais à certaines conditions spécifiques seulement. Elle a été amendée en 1982 pour créer le poste de Vice Premier Ministre, èt récemment en 1986, pour suspendre certains droits aux personnes présumées être des traffiquants de drogues; les dernières amendements ont été déclarés anti-constitutionnelles par la cour suprême.[123] Le Gouvernement a signifié son intention de faire appel

---

121   Sa Majesté la Reine Elizabeth II, Reine de la Grande Bretagne et du Commonwealth, et donc de l'Ile Maurice aussi.

122   C'est suite aux efforts assidus du feu Sir. A.R. Mohammed, ex-dirigeant du défunt Comité d'Action Musulman que ce système de "best-loser" fut instituée à Maurice.

123   D'autres amendements qu'on a fait à ls Constitution de l'Ile Maurice ont trait à l'abolition des postes de Secrétaires Parlementaires (11 au total), et pour garantir des élections générales chaque 5 ans, les élections municipales chaque 3 ans et les élections villageoises chaque 3 ans respectivement. Un autre amendement avait trait aux termes d'emplois des hauts fonctionnai et des diplomates, et pour inclure Diégo Garcia dans la définitio de l'Etat de l'Ile Maurice.

au "Privy Council" de sa majesté contre cette décision.

Durant la période de grandes instabilités qui durèrent durant les années 70, la Constitution fut suspendue et l'Etat d'Urgence fut instaur'ee pour permettre à la rétablissement de l'Ordre dans le pays. Plusieurs députés de l'Opposition ainsi que des chefs des syndicats furent arrêtés et détenus. Elle fut restaurée en 1973.

Elle devra être amendée de nouveau si on décide finalement d'instaurer une République Mauricienne[124] dans l'avenir proche car c'est l'optique de tous les partis politiques à Maurice. Affaire à suivre.

(B) LE RÔLE DE L'ASSEMBLÉE LÉGISLATIVE

Cette assemblée, dont les statuts et les pouvoirs sont définis par la Constitution Mauricienne, est l'instance suprême du pays. Elle est composée de 62 membres élus et de 8 membres nommés d'après le "best loser system" qui assure un équilibre des forces politiques et ethniques au parlement. C'est cette assemblée qui vote les lois, qui discute des affaires de la nation, qui répartit et contrôle l'usage des fonds publics. Ses pouvoirs et les procédures de l'Assemblée législative sont définis par les sections 45 à 47 de la Constitution. Cette assemblée se réunit au moins une fois par an et cela se fait à la demande du gouverneur général qui est le représentant de la reine Elizabeth I de Maurice et II d'Angleterre. Cette assemblée demeure le point focal de l'attention du peuple mauricien.

L'Assemblée legislative est présidé par un "Speaker"[125] qui doit être un membre élu par le peuple, lors des élections générales, qui aux termes de la Constitution du pays, doivent être tenues chaque cinq années. Les lois qui y sont votées doivent avoir l'assentiment du gouverneur général pour avoir force de loi. Le gouverneur peut dissoudre le Parlement, de son propre chef si une motion de blâme contre le Chef du gouvernement a été votés et si aucun autre membre de la Chambre n'est en mesure d'obtenir le support d'une majorité des membres. Dans les circonstances normales il le dissoudra suivant les conseils du Premier Ministre. Le Parlement est normalement reconduit dans ses fonctions pour une durée d'une année, à cinq reprises au moins.

Toute personne âgée 18 ans[126] ou plus qui a résidé à l'ile Maurice pendant une période de six mois, ou deux ans à intervalles différents, avant la date des élections a le droit de se présenter en tant que candidat à condition qu'il peut lire et écrire l'anglais à un niveau qui le permettra de participer activement aux travaux de l'Assemblée. Les fonctionnaires public ou municipaux, les personnes qui n'ont pas toutes leurs facltés mentales, et ceux qui ont été condamnés pour un délit criminel a une période d'emprisonnement d'une année ou plus,

---

Tous ces amendements eurent lieu en 1982, sauf le dernier.

124 Un porjet d'amendement de la Constitution pour établir une République Mauricienne fut battu à l'Assemblée en 1984, les Partis politiques Mauriciens n'étant pas d'accord sur la formule de cette république. Le Gouvernement propose une République à l'Indienne, avec un Président, et un vice-Président. Le MMM veut une république tantôt à la Française, tantôt Autrichienne, amis n'a pas encore arrêté ses idées définitivement.

125 Qu'on appelle aussi "le Président de l'Assemblée."

126 L'âge de vot fut ramené de 21 à 18 ans à partir de 1976.

sont exclus, et ne peuvent devenir députés.

La langue officielle à l'Assemblée Législative est l'anglais, mais ceux qui veulent s'adresser a l'assemblée en francais sont libres de le faire. L'Assemblée Législative a son propre personnel, son secrétariat, et plusieurs comités. Les débats parlementaires sont publiés et résumés en un document officiel, le "Hansard."

L'Assemblée Législative à Maurice a vecu, depuis le 11 juin 1982, une situation exceptionnelle quand il y eut un gouvernement qui disposait d'une majorité absolue de 62 sièges. Seulement 4 membres furent nommés aux termes du "best loser system" pour représenter une Opposition symbolique. Cette situation ne dura que pendant 9 mois. Il y eut une rupture au sein du gouvernement, et suite aux élections générales tenues le 21 août 1983, l'Assemblée retourna à son complet de 70 membres, comme prévu par la Constitution du pays.[127]

L'Assemblée Législative qui fut modelée sur la Chambre des Communes Britannique a vu certaines innovations durant la période qui suivit les élections générales du 11 juin 1982. Le "Speaker" ne porte plus de perruque, et sa tenue d'apparat, de même que le "Sergeant-at-arms." L'hymne national est joué au début de chaque réunion parlementaire, et le drapeau national a été placé à côté du siège de la présidence.[128] Le "Public Accounts Committee,"[129] de même que 5 comités parlementaires. Finalement le poste de Chief Whip du gouvernement a été revalorisé et doté de son propre personnel.

---

127 Au 1er Mai 1987, il y a seulement 67 députés, 3 ayant récemment démissioné. Deux élections partielles sont prévus pour le 17 Mai 1987, et une pour le mois de Juillet 1987, pour les remplacer.

128 C'est Harish Boodoo qui fit cette suggestion qui fut acceptée par le Speaker de l'Assemblée.

129 Ce Comité n'a pas siégé jusqu'à aujourd'hui.

Chapitre 6

LES ELECTIONS GÉNÉRALES ET LES ELUS DE L'ASSEMBLÉE LÉGISLATIVE (1886-1986)

L'ILE Maurice vient de célébrer cent ans de vie parlementaire non-intérrompue et devient un des rares pays du Commonwealth à avoir maintenu une si longue tradition parlementaire démocratique. Les premières élections générales eurent lieu en 1886 après la création du Conseil du Peuple par les Britanniques, quand ils accédèrent aux révendications des habitants de l'île faire dans ce sens. Les élections ont eù lieu en 1886, 1891, 1896, 1901, 1906, 1911, 1916, 1921, 1926, 1931, 1936, 1948, 1953, 1959, 1963, 1967, 1976, 1982 et 1983.

Le droit de vote fut très limité au début et ne fut élargi qu'en 1948, quand les femmes purent voter pour la première fois. Le Suffrage Universel fut introduit en 1959 et 208,000 électeurs se firent inscrire. Le droit de vote fut ramené à 18 ans en 1976 et un nombre record de 552,000 électeurs se firent inscrire en 1982. Les nouvelles listes électorales en préparations dépasseront sans doute le cap de 650,000. Elles seront prêtes en Août 1987. Les élections qui sont dues en 1988 seront les vingtièmes qui seront tenues à Maurice.

L'ère moderne de la législative à Maurice débuta en 1948 grâce aux réformes constitutionnelles apportées en Septembre 1947. Le nouveau conseil aurait 34 membres dont 19 élus, dans 5 circonscriptions et 12 nommés. Il y aurait 3 fonctionnaires qui seraient responsable des finances, de l'administration et de la Justice. Le Counseil Législatif serait présidé par le Gouverneur. Le Conseil du gouvernement le serait aussi, et comprendrait 4 des 19 élus.

En 1948, l'élélctorat élargi, atteignit 71,570 électeurs, le droit de vote ayant été étendu à tous les Mauriciens capables de parler, de lire et de comprendre l'anglais et d'écrire son nom. Le Suffrage fut aussi étendu aux femmes et il y eut 15,000 femmes qui se firent inscrire. Les circonscriptions furent ramenés de 9 à 5 avec les députés repartis comme suit:

6 Députés pour Plaines Wilhems/Rivière-Noire.

4 Députés pour Port Louis.

3 Députés pour Moka/Flacq, Pamplemousses/Rivière du Rempart et Grand Port/ Savanne.[130]

Le Parlement élu en 1936 fut dissous le 5 Juin 1948 et de nouvelles élections furent or-

---

130 Cf. **Elections 82.**

ganisées les 9 et 10 Août de la même année. 52 candidats étaient en lice pour les 19 sièges, dont 14 aux Plaines Wilhems, 12 à Port Louis, 10 a Pamplemousses/Rivière du Rempart, 9 à Grand Port/Savanne et 7 à Moka/Flacq. 63,000 électeurs se rendirent aux urnes. Elles permirent au Parti Travailliste alors dirigé par Guy Rozemont de mésurer sa force réelle à Maurice, et il remporta une impréssionnante victoire, ayant pu enlever 10 des 19 sièges à l'Assemblée Législative. A Port-Louis, Rozemont et ses colistiers Seeneevassen et Millien obtinrent 58% des voix exprimés. A Pamplemousses/Rivière du Rempart, le Dr. Ramgoolam, et Mm. Vaghjee et Beejadhur se firent élire. Aux Plaines Wilhems, Jules Koenig devança les candidats travaillistes et Raoul Rivet se fit réelire, mais se font aussi élire en même temps Raymond Rault, Guy Forget, Luckeenarain et Mme. Rochecouste, tous des travaillistes.

A Moka/Flacq les deux Balgobins (Candidats Travaillistes) et Bhagwan Gujadhar (Indépendant) se font élire. Et à Grand Port/Savanne, Sookdeo Bissoondoyal remportait son premier mandat, avec Jay Narain Roy et Beedassy (PTR). Le Gouverneur nomma les membres suivants: Le Dr. M. Curé, le Dr. A. de Chazal, Mr. J. Ah Chuen, le Dr. Edgar Laurent, Mm. André Nairac, Réné Maigrot, Alfred Gellé, A.M. Osman, et H.G. Robinson. Le Dr. Laurent devint vice-président du Counseil, et Mm. Nairac, Osman, Ramgoolam et Millien furent nommés membres du Conseil Exécutif.

Les élections de 1953 furent très importantes pour le pays. La poussée Travailliste en 1948 provoquera la création du Ralliement Mauricien qui sera dirigé par Jules Koenig. Ce parti deviendra plus tard le Parti Mauricien et après quelques années deviendra le Parti Mauricien Social Démocrate, en 1965. En attendant, les personnalités clés du Ralliement Mauricien seront Mm. Jules Koenig, Razack Mohamed, Henry Ythier, le Dr. France Rivalland et Clément Dalais. Ce parti fut fondé après que Noël Marrier d'Unienville écrivit toute une série d'articles condamnant l'équipe travailliste qu'on accusait de vouloir indianiser le pays, de peur d'une possible hégémonie hindoue à Maurice, dans les colonnes du "Le Cernéen." On allait même appeler les travaillistes des "chenilles politiques" qu'il fallait à tout prix mettre hors condition de nuire. NMU réclamait donc la création du Ralliement Mauricien et demanda à ls population blanche de Maurice de se soulever contre ce fléau qu'était devenue le Parti Travailliste. Il fit aussi appel à la communauté Musulmane de ne pas se laisser berner par les hindous et les indianisateurs et de ne pas accepter d'être des asservis sous l'égide d'un groupe qui voulait à tout prix installer à Maurice une hégémonie hindoue.[131] Le Ralliement Mauricien voulut faire croire que son désir était la "promotion de la classe ouvrière et d'entente entre employeurs et employés," et ce parti condamnait "l'idée du gouvernement responsable et du suffrage universel aussi longtemps que l'instruction ne sera pas suffisamment répandue dans le pays pour permettre aux électeurs de toutes les sections de la population de choisir sans esprit communautaire ou sectaire."

Pourtant cela n'empêcha pas N.M.U. et ses acolytes à réclamer à travers les colonnes du "Le Cernéen" et du "Le Mauricien" que des millions précieux ne soient pas dépenses

---

131   On jouait ainsi sur la haine communale pour envenimer le conflit qui existait à l'époque entre hindous et musulmans suite à la création du Pakistan, et la partition.

pour la construction des écoles dans les campagnes où vivaient la majorité de la population mauricienne. Em même temps il faut ne pas oublier que le Ralliement Mauricien fut formé uniquement pour combattre les indiens (donc les hindous) à Maurice.

Le venue du Ralliement Mauricien n'empêcha nullement une autre poussée du Parti Travailliste. Le Parti de Rozemont, enleva cette fois ci 13 des 19 sièges à l'Assemblée Législative. 2 sièges iront aux Ralliement Mauriciens tandis que 4 indépendants se firent élire. Le Ralliement Mauricien fit illusion que dans les Plaines Wilhems, où il remporta 55,000 suffrages sur 60,000. Dans le reste du pays la victoire travailliste fut écrasante. Seuls Jules Koenig et Razack Mohamed[132] reussissent à se faire élire au Plaines Wilhems et à Port Louis.

Malgré le très net succès travailliste, le Gouverneur "re-équilibra" le conseil légis-latif en nommant cette fois ci, Mm. Gabriel Martial, Rédacteur-en-chef du Mauricien, Hassam Bahemia, le Dr. Abel Célestin, Mm. Duncan Taylor, J.M. Schiling, Guy Sauzier, André Nairac, A. Raffray, Q.C., le Dr. de Chazal, A.D. Maigrot, A.M. Osman et Jean Ah Chuen. Il nomma au conseil du gouvernement le Dr. S. Ramgoolam, le Dr. Millien, Ackbar Gujadhur et André Nairac. Les élus de 1953 furent Jules Koenig, Guy Forget, Dr. Bhageerutty. Dr. R. Chaperon, Raymond Rault, Francis Chadien, Sookdeo Bissoondoyal, G. Venkatasamy, P. Rozemont, A. Gujadjur, Satcam Boolell, Veerasamy Ringadoo, Dr. Seewoosagur Ramgoolam, Harilall Vaghjee, Anath Beejadhur, Guy Rozemont, Renganaden Seeneevassen, Dr. Edgar Millien, et Abdul Razack Mohamed.

Les élections de 1959 seront les permières à être tenues à l'Ile Maurice aux termes du suffrage Universel. On avait tenu une conférence constitutionnelle à Londres en Juillet 1955 et une autre en Septembre 1956 où il fut finalement décidé que le système ministériel devrait être introduit à Maurice. Après la venue de la Commission Trustam-Eve il fut dé-cidé par le gouvernement Britannique qu'on pouvait opérer un nouveau découpement des circonscriptions. On découpa l'Ile Maurice en 40 circonscriptions, chacune devant élire un représentant à l'Assemblée Législative. Il fut aussi prévu que l'administration coloniale, à travers son représentant permanent à Maurice, donc le gouverneur, nommerait 12 membres supplémentaires afin que tous les intérêts soient représentés. Trois hauts fonctionnaires continueraient à siéger comme avant.

Guy Rozemont mourut en 1956 et le Parti Travailliste perdit son Président. Il fut rem-placé par Guy Forget et Veerasamy Ringadoo devint le Secrétaire-Général du parti, tandis que le Dr. Seewoosagur Ramgoolam devint le Leader du Parti Travailliste.[133] De l'autre côté, Sookdeo Bissoondoyal devait structurer son parti, l'I.F.B. (l'Independent Forward Block) et contesterait les votes ruraux au Parti Travailliste. Le Ralliement Mauricien fit peau neuve et devint sous le leadership de Jules Koenig, le Parti Mauricien. Il contestera les sièges urbains car son audience se trouvait que dans les villes seulement.

---

132 Jules Koenig fonda le premier parti communal à Maurice et le Ralliement Mauricien comptait que des chrétiens, tandis que Razack Mohamed fonderait le second, donc le Comité d'Action Musulman, qui fut dissout en 1983 et on fonderait après le Parti Islamic Mauricien. Le Hindu Congress fut formé par Me. Dabee en 1967.

133 Il occupera cette fonction jusqu'au jour il fut nommé Gouverneur Général de l'Ile Maurice le 17 Décembre 1983.

Il y eut une augmentation dramatique du nombre d'électeurs cette fois ci. Un nombre record de 208,000 mauriciens se rendront aux urnes contre 75,000 dix ans plut tôt. 163 candidats seront on lice pour les 40 sièges à l'Assemblée. Le Comité d'Action Musulman formé par Abdool Razack Mohamed concluera un accord électoral avec le Parti Travailliste. Le parti Travailliste contestera les élections en se présentant dans 35 des 40 circonscriptions, avec le Comité d'Action Musulman. Le Parti Mauricien sera présent dans 23 des 40 circonscriptions seulement.

La victoire du parti Travailliste est totale. Il réussit à faire élire 26 députés sur 40, et son allié le CAM fait élire 5 autres. L'I.F.B. fait élire 6 députés et le Parti Mauricien ne reussit à faire élire que 3 des siens. La défaite du Parti Mauricien est totale.

Les Elus de l'Ile Maurice (1886-1936)

Date d'Elections	No.	Districts	Membres Elus
1886[1]	1.	Port Louis	Dr. O. Beaugeard
			G. De Coriolis
			W. Newton (1889)
	2.	Pamplemousses	J. Planel
	3.	Riv. Du Rempart	E. Antelme
	4.	Flacq	H. Adam
	5.	Grand Port	V. Portal
	6.	Plaines Wilhems	C. Antelme
	7.	Savanne	Sir. V. Naz
	8.	Rivière Noire	V. Geoffrey
	9.	Moka	H. Léclézio
1891	1.	Port Louis	1. W. Newton
			2. Dr. V. Rohan
	2.	Pamplemousses	Dr. A. Edwards
	3.	Riv. Du Rempart	E. Antelme
	4.	Flacq	H. Adam
	5.	Grand Port	L. de Rochecouste
	6.	Plaines Wilhems	G. Guibert
	7.	Savanne	Sir V. Naz
	8.	Rivière Noire	V. Geoffrey
	9.	Moka	H. Léclézio
1896	1.	Port Louis	1. W. Newton
			2. Dr. V. Rohan
	2.	Pamplemousses	E. Sauzier
	3.	Riv. Du Rempart	E. Antelme
	4.	Flacq	G. Bouchet
	5.	Grand Port	L. de Rochecouste
	6.	Plaines Wilhems	G. Guilbert
	7.	Savanne	Dr. A. Edwards
	8.	Rivière Noire	V. Geoffrey
	9.	Moka	H. Léclézio
1901	1.	Port Louis	1. W. Newton
			2. Dr. V. Rohan
	2.	Pamplemousses	E. Sauzier
	3.	Riv. Du Rempart	B. Souchon
	4.	Flacq	A. Duclos
	5.	Grand Port	G. Gébert

Date d'Elections	No.	Districts	Membres Elus
	6.	Plaines Wilhems	E. Antelme
	7.	Savanne	Dr. A. Edwards
	8.	Rivière Noire	T. Pilot
	9.	Moka	H. Léclézio
1906	1.	Port Louis	1. Dr. E. Laurent
			2. W. Newton
	2.	Pamplemousses	E. Sauzier
	3.	Riv. Du Rempart	L. Souchon
	4.	Flacq	A. Duclos
	5.	Grand Port	G. Gébert
	6.	Plaines Wilhems	G. Guibert
	7.	Savanne	C. Dumat
	8.	Rivière Noire	G. Antelme
	9.	Moka	H. Léclézio
1911	1.	Port Louis	1. Dr. E. Laurent
			2. E. Nairac
	2.	Pamplemousses	E. Sauzier
	3.	Riv. Du Rempart	L. Souchon
			E. Martin (1912)
	4.	Flacq	A. Duclos
	5.	Grand Port	G. Gébert
	6.	Plaines Wilhems	A. Esnouf
	7.	Savanne	C. Dumat
			L. Rouillard (1913)
	8.	Rivière Noire	G. Antelme
	9.	Moka	H. Léclézio
1916	1.	Port Louis	1. Dr. E. Laurent
			2. E. Nairac
	2.	Pamplemousses	E. Sauzier
	3.	Riv. Du Rempart	M. Martin
	4.	Flacq	A. Duclos
	5.	Grand Port	G. Gébert
	6.	Plaines Wilhems	A. Esnouf
	7.	Savanne	L. Rouillard
	8.	Rivière Noire	P. Raffray
	9.	Moka	H. Léclézio
1921	1.	Port Louis	1. E. Nairac
			2. J. Tranquille
	2.	Pamplemousses	E. Sauzier

Date d'Elections	No.	Districts	Membres Elus
	3.	Riv. Du Rempart	M. Martin
	4.	Flacq	A. Duclos
	5.	Grand Port	F. Gébert
			M. d'Unienville
	6.	Plaines Wilhems	G. Antelme
	7.	Savanne	L. Rouillard
	8.	Rivière Noire	P. Raffray
	9.	Moka	M. Noël
			L. Noël (1924
1926	1.	Port Louis	Dr. Ed. Laurent
			A. Rohan
	2.	Pamplemousses	A. Fouqueraux
	3.	Riv. Du Rempart	M. Martin
	4.	Flacq	R. Gujadhur
	5.	Grand Port	D. Lallah
	6.	Plaines Wilhems	R. Pezzani
	7.	Savanne	L. Rouillard
	8.	Rivière Noire	P. Raffray
	9.	Moka	L. Noël
1931	1.	Port Louis	Dr. Ed. Laurent
			R. Rivet
	2.	Pamplemousses	S. Fouqueraux
	3.	Riv. Du Rempart	M. Martin
	4.	Flacq	P. Montocchio
	5.	Grand Port	A. Raffray
	6.	Plaines Wilhems	R. Pezzani
			Dr. M. Curé (1934)
	7.	Savanne	Dr. H. Levieux
	8.	Rivière Noire	P. Raffray
	9.	Moka	J. Léclézio

Les Elus de 1936

Date d'Elections	No.	Districts	Membres Elus
1936	1.	Port Louis	Dr. Ed. Laurent
			R. Rivet
	2.	Pamplemousses	S. Fouqueraux
	3.	Riv. Du Rempart	T. Mallac
	4.	Flacq	P. Montocchio
			A. Nairac (1936)
			A. Gujadhur (1944)
	5.	Grand Port	A. Raffray

Date d'Elections	No.	Districts	Membres Elus
	6.	Plaines Wilhems	P. Hugnin
	7.	Savanne	R. Hein
	8.	Rivière Noire	P. Raffray
			J. Koenig (1947)
	9.	Moka	J. Léclézio

Les Elus de 1948

Date d'Elections	No.	Districts	Membres Elus
1948[2]	1.	Plaines Wilhems/Riviére Noire	Jules Koenig
			Mme. E. Rochecouste
			Raymond Rault
			Guy Forget
			D. Luckeenarain
	2.	Grand Port/Savanne	Sookdeo Bissoondoyal
			Jay Narain Roy
			Beedaysee
	3.	Moka/Flacq	S. Balgobin
			R. Balgobin
			B. Gujadhur
	4.	Pamplemousses/ Riv. Du Rempart	Seewoosagur Ramgoolam
			Harilall Vaghjee
			Anath Beejadhur
	5.	Port Louis	Guy Rozemont
			Edgar Millien
			Renganaden Seeneevasen
			Benjamin Emile

Les membres nommés sont:
1. Le Dr. M. Curé
2. Dr. A. De Chazal
3. Mme. D. de Chazal
4. M. Jean Ah Chuen
5. Dr. E. Laurent
6. M. André Nairac
7. M. Réné Maigrot
8. M. Alfred Gellé
9. M.A.M. Osman
10. M.H.G. Robinson

Le Dr. Laurent devient vice-président du Conseil. Mm. Nairac, Osman, Ramgoolam et Millien sont nommés membres du Conseil Exécutif.

Les Elus de 1953

Date d'Elections	No.	Districts	Membres Elus
1953	1.	Plaines Wilhems/Riviére Noire	Jules Koenig
			Dr. Bhageerutty
			Dr. r. Chaperon
			Raymond Rault
			Francis Chadien
	2.	Grand Port/Savanne	Sookdeo Bissoondoyal
			G. Venkstasmy
			P. Rozemont
	3.	Moka/Flacq	A. Gujadhur
			Satcam Boolell
			Veerasamy Ringadoo
	4.	Pamplemousses/ Riv. Du Rempart	Seewoosagu Ramgoolam
			Harilall Vaghjee
			Anath Beejandhur
	5.	Port Louis	Guy Rozemont
			Renganaden Seeneevassen
			Edgar Millien
			A.R. Mohamed.

Les membres nommés sont:-

1. M. Gabriel Martial
2. Hassam Bahemia
3. Dr. Abel Celestin
4. M. Duncan Taylor
5. M.J.M. Schiling
6. M. Guy Sauzier
7. M. André Nairac
8. M.A. Raffray
9. Dr. de Cahzal
10. M.A.D. Maigrot
11. M.A.M. Osman
12. M. Jean Ah Chuen

Les membres du Counseil Exécutif sont:-

1. Dr. S. Ramgoolam
2. Dr. E. Millien
3. M. Ackbar Gujadhur
4. M. André Nairac

Les Elus de 1959 sont les suivants[134]

Circonscription	Nom du Député Elu
1. Grande Riviére Nord-Ouest	A. Moignac (PTr)
2. Port Louis Ouest	Dr. W. Dupré (PTr)
3. Port Louis Sud	E. Changkye (PTr)
4. Port Louis Central	G. Issac (CAM)
5. Port Louis Maritime	Y. Ramjan (CAM)
6. Port Louis Est	A.R. Mohamed (CAM)
7. Port Louis Nord	L. Lacaze (PTr)
8. Montagne Longue	M. Foogooa (I.F.B.)
9. Grand Baie	R. Jaypal (I.F.B.)
10. Piton	H. Ramnarain (I.F.B.)
11. Pamplemousses	D. Napal (PTr)
12. Triolet	Dr. S. Ramgoolam (PTr)
13. Poudre d'Or	B. Ramlallah (PTr)
14. Rivière du Rempart	A. Beejadhur (PTr)
15. Flacq	R. Jomadhar (Ptr)
16. Bon Accueil	Dr. L. Teelock(PTr)
17. Quartier Militaire	V. Ringadoo (PTr)
18. Montagne Balnche	S. Boolell (PTr)
19. Grand Rivière Sud Est	R. Balgobin (PTr)
20. Vieux Grand Port	D. Basant Rai (I.F.B.)
21. Rose Belle	S. Bissoondoyal (I.F.B.)
22. Mahebourg	H. Walter (PTr)
23. Plaine Magnien	J.N. Roy (Ptr)
24. Rivière des Anguilles	A. Dahal (CAM)
25. Souillac	V. Govinden (PTr)
26. Rivière Noire	G. Gangaram (I.F.B.)
27. Rose Hill	H. Ythier (P.M.)
28. Beau-Bassin	J. Koenig (P.M.)
29. Moka	R. Rey (P.M.)
30. Vacoas	R. Sewgobind (P.Tr)
31. Curepipe	R. Ramsamy (PTr) remplacé er 1960 par G. Duval (P.M.)
32. Midlands	E. David (P.Tr)
33. Flor'eal	G. Kooraram (PTr)
34. La Caverne	Dr. G. Bhageerutty (PTr)
35. Phoenix	A.H. Osman (CAM)
36. Belle-Rose	G. Forget (PTr)
37. Quatre Bornes	Delaître (PTr)
38. Stanley	S. Indur (PTr)
39. Petite Rivière	K Jagatsingh (PTr)
40. Savanne	P. Dabee (PTr)

---

134 L'Ile Maurice est cette fois divisée en 40 circonscriptions élisant un député chacune.

Le premier gouvernement au système ministériel fit son apparition suite à ces élections de 1959 et un Speaker fut nommé à l'Assemblée Législative pour la première fois.

Ministre	Portefeuille
1. Dr. S. Ramgoolam	Finances
2. Harold Walter	Travaux et Communications
3. Satcam Boolell	Agriculture
4. Anauth Beejadjur	Education
5. V. Ringadoo	Travail
6. Guy Forget	Santé
7. A.R. Mohamed	Logement
8. André Nairac	Industrie et Commerce
9. Félix Laventure	Administrations Régionales

Harilall Vaghjee fut nommé Speaker de l'Assemblée le 16 Janvier 1960 et le sera jusqu'à sa mort survenue en 1979.

Les Elections de 1963

La période 1959-63 vit le renforcement du Parti Mauricien et l'Independent Forward Block tandis que le Parti Travailliste reculait. Cette fois ci le Parti Travailliste réussit à faire élir 18 de ses candidats seulement, contre 26 ans en 1959. Le Comité d'Action Musulman aussi subit un revers, en élisant que 4 de ses candidats contre 5 en 1959. L'Independent Forward Block conserve ses 6 sièges à l'Assemblée. Le Parti Mauricien progrèsse nettement et enlève 8 sièges contre 5 seulement en 1959, mais encore une fois dans les régions urbaines. La coalition Ptr/CAM remporte 40% des voix, le Parti Maruicien 20%, l'lFB. 16% et les indépendants remportent 24% des voix. Les élections de 1963 démontrent l'emprise des partis politiques à Maurice. Les independants ne pourront plus se faire élire dorénavant.

Voir la liste des Elus de 1963 à la page suivante.

Les Elus de 1963 furent:-

	Circonscription	Nom du Député Elu
1.	Grande Riviére Nord-Ouest	M. Leal (PTr)
2.	Port Louis Ouest	R. Devienne (P.M.)
3.	Port Louis Sud	G. Balancy (PTr)
4.	Port Louis Central	H. Aubdool (CAM)
5.	Port Louis Maritime	J. Ah Chuen (Ind)
6.	Port Louis Est	A.R. Mohamed (CAM)
7.	Port Louis Nord	ARima (P.M.)
8.	Montagne Longue	M. Foogooa (I.F.B.)
9.	Grand Baie	R. Jaypal (PTr)
10.	Piton	H. Ramnarain (PTr)
11.	Pamplemousses	R. Modun (PTr)
12.	Triolet	Dr. S. Ramgoolam (PTr)
13.	Poudre d'Or	B. Ramlallah (PTr)
14.	Rivière du Rempart	AJugnauth (I.F.B.)
15.	Flacq	R. Jomadhar (PTr)
16.	Bon Accueil	W. Foondun (I.F.B.)
17.	Quartier Militaire	V. Ringadoo (PTr)
18.	Montagne Balnche	S. Boolell (PTr)
19.	Grand Rivière Sud Est	R. Balgobin (PTr)
20.	Vieux Grand Port	D. Basant Rai (I.F.B.)
21.	Rose Belle	S. Bissoondayal (I.F.B.)
22.	Mahebourg	H. Walter (PTr)
23.	Plaine Magnien	J.N. Roy (PTr)
24.	Rivière des Anguilles	S. Ramjan (CAM)
25.	Souillac	V. Govinden (PTr)
26.	Rivière Noire	K. Gokulsing (PTr)
27.	Rose Hill	H. Ythier (P.M.)
28.	Beau-Bassin	J. Koenig (P.M.)
29.	Moka	R. Rey (P.M.)
30.	Vacoas	S. Sharmah (PTr)
31.	Curepipe	G. Duval (P.M.)
32.	Midlands	N. Poupard (P.M.)
33.	Flor'eal	Dr. J. Maingard (P.M.)
34.	La Caverne	Dr. Rhageerutty (PTr)
35.	Phoenix	A.H. Osman (CAM)
36.	Belle-Rose	G. Forget (PTr)
37.	Quatre Bornes	M. Lesage (P.M.)
38.	Stanley	Dr. R. Chaperon (PTr)
39.	Petite Rivière	L. Padaruth (I.F.B.)
40.	Savanne	D. Tirvengadum (I.F.B.)

Les élections de 1967

LA Conférence constitutionelle de 1965 à Lancaster House, Londres, fut la scène d'un déchirement du peuple mauricien où les délégués du Parti Travailliste, ceux du Comité d'Action Musulman et ceux de l'Independent Forward Block mèneront cause commune pour réclamer une nouvelle Constitution pour l'Ile Maurice et réclameront l'Indépendance de ce pays. Le Dr. S. Ramgoolam dirigeait la délégation Travailliste, Abdool Razack Mohamed dirigeait la délégation du Comité d'Action Musulman, tandis qu Sookdeo Bissoondoyal dirigeait ses délégués partisans de l'Independent Forward Block. Jules Koenig dirigeait la délégation du Parti Mauricien Social Démocrate, le Parti Mauricien ayant une fois de plus changé de nom. Il réclamait l'Association de l'Ile Maurice avec la Grand Bretagne où l'Ile deviendrait un département d'outremer dirigé par le Parlement Britannique où l'Ile enverrait un certain nombre de représentants élus à Maurice. Le Gouvernement Britannique accepte les points de vues du groupement pro-indépendance et formule une nouvelle constitution garantissant certains droits aux communautés minoritaires à Maurice, et demande que de nouvelles élections soient tenues pour déterminer si oui ou non l'Ile accèderait à l'Indépendance, à condition que le Gouvernement issu de ces élections en réclame.

C'est ainsi que les élections de 1967 eurent lieu après une campagne électorale telle qu'on ait rarement vu dans le pays. Une campagne des plus malpropres et des plus malsaines eut lieu. Les dirigeants du Parti Mauricien Social Démocrate, maintenant dirigé par un nouveau leader. M.G. Duval, réclamèrent que l'électorat vote pour l'Association avec la Grande Bretagne, réclamant que si l'Ile Maurice accédait au statut de pays indépendant la famine s'instaurerait au pays et que les hindous, assoiffés de pouvoir finiraient par instituer une hégémonie hindoue à Maurice, et que toutes les communatés minoritaires deviendraient des asservies. Le Parti de L'Indépendance, regroupant le P.Tr., le CAM et l'I.F.B. faisant cause commune autour de la demande d'indépendance immédiate confronta le PMSD. Les petits partis et les indépendants furent tous oubliés par l'électorat. L'Enjeu était trop important pour jouer avec le destin du pays pour leur faire confiance cette fois ci.

Donc aux termes du nouveau système électoral entré en vigueur depuis la conférence Constitutionnelle de Londres de 1965, le pays fut divisé en 20 circonscriptions. Chaque circonscription élirait trois députés à l'Assemblée Législative et 8 membres additionnels seraient nommés. Le Parti de l'Indépendance balaya les régions ruraux obtenant jusqu'à 70% des voix. Le PMSD controlla les villes et Rodrigues. Finalement le Parti de l'Indépendance obtint 56% des voix pour l'Indépendance et 44% contre, scoré par le PMSD.

La coalition pro-indépendance remporta 41 sièges, et le PMSD 29 après allocation des sièges additionnels aux termes du "best loser system." Sept mois après le pays accède à l'indépendance le 12 Mars 1968, mais pas sans avoir témoigné la plus sale des bagarres communales que le pays ait jamais connu dans toute son histoire.

Les Elus de 1967 (Voir page suivante)

Les elus de cette fois (1967) furent comme suit:

Circonscriptions	Membres Elus
1. Grande Riviere Nord Ouest-Port Louis Ouest	G. Duval (PMSD)
	M. Fakira (PMSD)
	A. Moignac (PMSD)
2. Port Louis Sud-Port Louis Central	A. Carrum (PMSD)
	Fok Seung (PMSD)
	R. Oliver (PMSD)
3. Port Louis Maritime – Port Louis Est	E. Dawood (PMSD)
	E. Ooseerally (PMSD)
	J. Ah Chuen (PMSD)
4. Port Louis Nord-Montagne Longue	M. Foogooa (P.Ind)
	R. Bundhun (P.Ind)
	R. Rault (P.Ind)
5. Pamplemousses-Triolet	S. Ramgoolam (P.Ind)
	R. Modun (P.Ind)
	A. Jugnauth (P.Ind)
6. Grand Baie-Poudre d'Or	S. Jugdambi (P.Ind)
	B. Ramlallah (P.Ind)
	R. Jaypaul (P.Ind)
7. Piton-Rivière du Rempart	H. Ramnarain (P.Ind)
	B. Ghurburrun (P.Ind)
	S. Virahsawmy (P.Ind)
8. Moka-Quartier Militaire	V. Ringadoo (P.Ind)
	M. Teeluck (P.Ind)
	Y. Mohamed (P.Ind)
9. Flacq-Bon Accueil	R. Jeetah (P.Ind)
	R. Gujadhur (P.Ind)
	G. Teeluck (P.Ind)
10. Montagne Blance-Grand Rivière Sud Est	S. Boolell (P.Ind)
	K. Jagtasing (P.Ind)
	W. Foondon (P.Ind)
11. Vieux Grand Port-Rose Belle	T. Bundhun (P.) (P.Ind)
	D. Basant Rai (P.Ind)
	S. Bissoondoyal (P.Ind)
12. Mahebourg-Plaine Magnien	L. Badry (P.Ind)
	G. Gangaram (P.Ind)
	H. Walter (P.Ind)

13. Souillac-Rivière des Anguilles	K. Sunassee (P.Ind)
	D. Ramdin (P.Ind)
	Y. Ramjan (P.Ind)
14. Savanne-Rivière Noire	K. Gokulsing (P.Ind)
	S. Bappoo (P.Ind)
	K. Tirvengadum (P.Ind)
15. La Caverne-Phoenix	M. Kisnah (P.Ind)
	R. Jomadar (P.Ind)
	A.H. Osman (P.Ind)
16. Vacoas-Floréal	A.V. Chettiar (P.Ind)
	A. Mewasingh (P.Ind)
	M. Mason (P.Ind)
17. Curepipe-Midlands	G. de Chazal (PSMD)
	G. Marchand (PSMD)
	K. Ramlugon (PSMD)
18. Belle Rose-Quatre Bernes	M. Lesage (PSMD)
	Y. St. Guillaume (PSMD)
	A. Dahal (PSMD)
19. Rose Hill/Stanley	D. Patten (PSMD)
	C. Leckning (PSMD)
	H. Ythier (PSMD)
20. Beau Bassin-P. Rivière	R. Rivet (PSMD)
	R. Devienne (PSMD)
	S. Panchoo (PSMD)
21. Rodrigues	G. Ollivry (PSMD)
	G. Roussety (PSMD)

MEMBRES NOMMÉS

1. E. Francois (P.Tr)
2. J. L'Homme (P.Tr)
3. Dr. J. Maingard (PSMD)
4. T. Narainen (PSMD)
5. E. Buissier (PSMD)
6. G. Balancy (P.Tr)
7. R. Mohamed (CAM)
8. A. Rima (PSMD)
9. G. Forget (P.Tr)

Les Elections de 1976

CES élections furent les premières à être organisées depuis l'independence, huit ans auparavent. Entretemps le paysage politique avait dramatiquement changé. Le Parti Travailliste avait à ses côtés seul le Comité d'Action Musulman comme allié. Le Parti Travailliste s'était débarrassé de l'IFB pour faire place au PMSD au sein du gouvernement en 1969. Le PMSD avait à son tour délaissé le Parti Travailliste pour se présenter comme une alternative au M.M.M., nouveau parti politique formé à partir du Club des Etudiants Militants formé en 1968 par des jeunes universitaires Paul Bérenger, Dev Virah Sawmy, Jooneed Jeerooburkhan, Fulena et autres. La coalition PTR-PMSD-CAM en 1969 avait laissé un vide politique qua le MMM devrait remplir en attirant vers lui les mécontents des deux grande partis au pays. Le PMSD se voulut être une alternative entre le Parti Travailliste et le MMM (Mouvement Militant Mauricien). Fait à noter est que la plupart des députés furent élus avec moins de la moitié des voix au niveau des circonscriptions.

Les élections ureent lieu après une longue période d'instabilité politique engendré par les déboulements crées par le MMM à travers des grèves dans tous les secteurs de la vie du pays, et après une longue période d'institution de l'Etat d'Urgence par le gouvernement en place. Elles eurent lieu le 20 décembre 1976.

Le MMM remporta 34 des 70 sièges, ayant obtenu 39% des suffrages populaires, et devint le premier parti du pays. Le Parti Travailliste et le CAM obtinrent 28 sièges avec 36% des suffrages, tandis que le PMSD qui avait perdu beaucoup de sa popularité depuis 1967, n'obtint que 8 sièges, dont 2 à Rodrigues, avec 17% des voix, contre 44% en 1967. Ces élections de 1976 virent la tête de plusieurs leaders tomber, et se trouvaient parmi eux Gaetan Duval, leader du PMSD, Sir Abdool Razack Mohamed, leader du CAM, Sookdeo Bissoondoyal, leader de l'I.F.B., Guy Olivry, leader de l'UDM, France Vallet, leader du Parti du Centre et Dev Virah Sawmy, leader du MMSP. Se trouvaient aussi parmi Kher Jagatsingh, Secrétaire Général du Parti Travailliste, Sir Harold Walter, Ministre des Affaires Etrangères, le Dr. B. Ghurburrun, et Raymond Rault. Mais indompté par les événements le Premier Ministre, Sir. S. Ramgoolam, constitua un nouveau gouvernement de coalition avec le PMSD, qui entre eux groupaient 36 députés contre les 34 du MMM. Le PMSD, après une absence au gouvernement (de près de 3 années) retourna avec 4 fauteuils ministrériels. Ce gouvernement dirigera le pays jusqu'aux élections générales de Juin 1982, élections qui une fois de plus bouleverseraient toutes les données politiques à l'Ile Maurice, suite une fois de plus à une période remplie de conflits internes au sein du Parti Travailliste et des magouilles politiques sans précédents.

Les décomptes finales des élections de 1976 se lisent comme suit:

Circonscriptions[3]	Membres Elus
1. Grande Riviere Nord Ouest-Port Louis Ouest	J. Bizlall (MMM)
	J. Boulle (MMM)
	A. Dyalah (MMM)
2. Port Louis Sud-Port Louis Central	A.K. Bhayat (MMM)
	Lee Cheong Lem (MMM)
	R. Servansingh (MMM)
3. Port Louis Maritime – Port Louis Est	B. Khodabux (MMM)
	O. Gendoo (MMM)
	C. Uteem (MMM)
4. Port Louis Nord-Montagne Longue	S. Moorba (MMM)
	K. Baligadoo (MMM)
	S. Michel (MMM)
5. Pamplemousses-Triolet	S. Ramgoolam (PTr)
	G. Daby (PTr)
	R. Ghurburrun (PTr)
6. Grand Baie-Poudre d'Or	M. Hurry (PTr)
	D. Fokeer (MMM)
	M. Dulloo (MMM)
7. Piton-Rivière du Rempart	R. Jeewoolall (PTr)
	S. Virahsawmy (PTr)
	A. Jugnauth (MMM)
8. Moka-Quartier Militaire	V. Ringadoo (PTr)
	M. Teeluck (PTr)
	K. Coonjan (MMM)
9. Flacq-Bon Accueil	D. Gangah (MMM)
	K. Busawon (PTr)
	V. Jundoosing (MMM)
10. Montagne Blance-Grand Rivière Sud Est	R. Jaddoo (MMM)
	S. Boolell (PTr)
	J. Goburdhun (MMM)
11. Vieux Grand Port-Rose Belle	R. Gungoosingh (PTr)
	D. Basant Rai (PTr)
	P. Doongoor (PTr)
12. Mahebourg-Plaine Magnien	L. Badry ((PTr)
	L. Ramsewak (MMM)
	V. Ramphul (MMM)
13. Souillac-Rivière des Anguilles	H. Boodoo (PTr)
	S. Poonith (MMM)
	S. Kasenally (MMM)

14. Savanne-Rivière Noire	H. Ramchurn (PTr)
	K. Saccaram (PTr)
	J.C. Augustave (MMM)
15. La Caverne-Phoenix	R. Purryag (PTr)
	I. Seetaram (PTr)
	R. Peeroo (CAM)
16. Vacoas-Floréal	R.N. Beedassy (PTr)
	E. Bussier (PTr)
	A.V. Chettiar (PTr)
17. Curepipe-Midlands	P. Simonet (PMSD)
	M.E. Noël (PMSD)
	G. Henry (PMSD)
18. Belle Rose-Quatre Bernes	P. Bérenger (MMM)
	H. Bhugaloo (PTr)
	B. David (PTr)
19. Rose Hill/Stanley	J.C. de l'Estrac (MMM)
	S. Aumeeruddy (MMM)
	V. Venkatasamy (MMM)
20. Beau Bassin-P. Rivière	J.R. Rey (PMSD)
	E. Francois (PMSD)
	V. Nababsing (MMM)
21. Rodrigues	C. Guimbeau (PMSD)
	N. Francois (PMSD)

Membres Nommés:

1. K. Jagatsingh (PTr)
2. H. Walter (PTr)
3. F. Salesse (MMM)
4. A. Darga (MMM)
5. K Ramoly (PMSD)
6. Y. Mohamed (CAM)
7. A. Asgarally (MMM)
8. C. Malherbes (PTr)
9. J.C. Bibi (MMM)
10. 1979 B. Gurburrun (PTr)
11. 1980 M. Tally (CAM)

Suite à ls mort de Sir Harilall Vaghjee en 1979, Sir Ramesh Jeewoolall fut nommé Sepaker à l'Assemblée Législative.

Les Elections Générales du 11 Juin 1982

CES élections furent les plus mouvementées connues à l'Ile Maurice où le peuple ne fut jamais aussi conscient de la chose politique. Trente-quatre partis politiques de diverses tendances allant de l'extême gauche à l'extrême droite se firent enregistrer auprès de l'Election Supervisory Commission, à la date limite fix'ee au 19 Avril 1982. Certains se présentèrent en alliance avec d'autres partis, alors que le reste se présentèrent seul. Deux grandes alliances se confrontèrent, notamment celle du PTr avec le RPL et le Groupe François, et celle entre le MMM et le PSM.

La première de ces alliances ne se matérialisa que deux semaines avant le "Nomination Day," les pourparlers entre le Parti Travailliste et le Parti Mauricien Social Démocrate n'ayant pas aboutis sur un accord électoral. D'après les termes de cette alliance le Parti Travailliste s'assura 45 tickets alors que le RPL (Le Rassemblement pour le Progrès et la Liberté) se vit octroyé 5, et le Groupe François 9. Cette alliance ne contesta pas les sièges à Rodrigues.

L'Alliance MMM/PSM fut conclue au début de 1981, et présenta 60 candidats à l'électorat. Aux termes de cette alliance le Mouvement Militant Mauricien s'assura 42 tickets et le Parti Socialiste Mauricien 18.

Le MMM s'assurait donc de 70% et le PSM de 30% des sièges. En cas de victoire le Leader du MMM, Anerood Jugnauth, deviendrait Premier Ministre, et le leader du PSM deviendrait le Vice-Premier Ministre du pays. Un tel gouvernement aurait 13 ministres MMM et 5 PSM et un premier ministre, faisant un total de 19. L'Alliance MMM/PSM présentera un "Programme Commun" au peuple Mauricien, contenant des propositions très détaillées, qui furent élaborées à partir de l'accord conclu entre les deux partis au début de 1981. Cette alliance aussi contestera tous les sièges à Maurice, mais pas ceux de Rodrigues, et présentera donc un total de 60 candidats à l'électorat.

Le Parti Mauricien Social Démocrate (le PMSD) ira seul aux élections et filera aussi les candidats à maurice et 2 à Rodrigues. 170 candidats représenteront les petits partis et les indépendants.

"Les quatre mois qui ont suivi la proclamation des 'writs of elections' ont été particulièrement crucifiante pour Sir Seewoosagur Ramgoolam. Rien n'aura été épargné au vieux leader du Parti Travailliste. L'intransigeance d'un Sir Gaëtan Duval (leader du PMSD, autrefois son allié), l'avidité, l'égoisme forcené, le manque de discipline et d'esprit de sacrifice et de dévouement des parasites qui fourmillent autour de lui et qui comptent avec arrogance sur son immense popularité et la bienveillance dont il jouit, même parmi ses adversaires, pour obtenir la plus grosse part du fromage national? (Maurice 83, page 29).

Le 12 Juin 1982, l'Ile Maurice vivra un véritable coup d'état mais ce coup d'état sera réalisé à l'aide de bulleting de vote, et se fera sans effusion de sang. Le peuple a donné son verdict. Il ne veut plus du Parti Travailliste et de ses alliés. L'Alliance MMM/PSM remporta les 60 sièges à Maurice. Les r'esultats de 60-0 mit fin à une époque. Le pays connaîtra bientôt un nouveau Premier Ministre, l'homme qui fut présenté à l'électorat durant toute la campagne électorale, comme "Le Premier Ministre du Changement," Anerood Jugnauth. Ce sera la défaite totale pour Sir Seewoosagur Ramgoolam qui fut le premier homme du pays pendant des années, devenant même le doyen de tous les Premiers Ministres du Commonwealth, et le Père de la Nation Mauricienne. On décrivit la Campagne Electorale de 1982 comme "un raz-de-marée mauve et blanc," les couleurs du MMM et du PSM. Jamais jadis, le monde avait connu un tel résultat. Ce fut un record mondial – 60-0! Anerood Jugnauth avait confié au peuple qu'en cas de victoire électorale du MMM/PSM, il demanderait à Sir Seewoossagur Ramgoolam de devenir le président de la République Mauricienne, et qu'il présenterait une motion à l'Assemblée Législative pour que la Constitution de l'Ile soit amendée pour faire de l'Ile Maurice une république. Quand Sir Seewoosagur Ramggolam fut informé de cette proposition il déclara qu'il serait "heureux de servir à n'importe quel poste." Il avait prédit lors de la Conférence Constitutionnelle de 1965 à Londres qu'un jour Anerood Jugnauth le succèderait comme Premier Ministre et sa prophétie devint une vérité le 12 Juin 1982.

Les Elus des Elections du 11 Juin 1982 – **Voir page suivante.**

Les Elus des Elections du 11 Juin 1982

Circonscriptions	Membres Elus
1. Grande Riviere Nord Ouest-Port Louis Ouest	M. Laclé (MMM)
	J. Boulle (MMM)
	R. Dyallah (MMM)
2. Port Louis Sud-Port Louis Central	K. Bhayat (MMM)
	V. Padaruth (PSM)
	N. Lee Cheong Lam (MMM)
3. Port Louis Maritime – Port Louis Est	O. Gendoo (MMM)
	C. Uteem (MMM)
	B. Khodabux (MMM)
4. Port Louis Nord-Montagne Longue	K. Baligadoo (MMM)
	J. Nundalalee (PSM)
	S. Michel (MMM)
5. Pamplemousses-Triolet	Dr. D. Ramjuttun (PSM)
	Dr. D. Bundhun (MMM)
	P. Coonjoo (MMM)
6. Grand Baie-Poudre d'Or	M. Dulloo (MMM)
	D. Fokeer (MMM)
	A. Parsooramen (PSM)
7. Piton-Rivière du Rempart	A. Jugnauth (MMM)
	D. Gokhool (MMM)
	M. Utchanah (MMM)
8. Moka-Quartier Militaire	V. Goodoory (PSM)
	R. Poonoosamy (MMM)
	R. Soobadar (PSM)
9. Flacq-Bon Accueil	A. Daby (PSM)
	R. Lochun (MMM)
	D. Gungah (MMM)
10. Montagne Blance-Grand Rivière Sud Est	J. Goburdhun (MMM)
	R. Jaddoo (MM)
	A. Asgarally (MMM)
11. Vieux Grand Port-Rose Belle	R. Gongoosingh (PSM)
	A. Choolun (PSM)
	R. Molaye (MMM)
12. Mahebourg-Plaine Magnien	L. Ramsahok (MMM)
	S. Poonith (MMM)
	J. Seenyen (PSM)
13. Souillac-Rivière des Anguilles	H. Boodoo (PSM)
	V. Lutchmeenaraidoo (MMM)
	Dr. S. Kasenally (MMM)

14. Savanne-Rivière Noire	A. Ganoo (MMM)
	K. Deerpalsingh (PSM)
15. La Caverne-Phoenix	A. Navarre (MMM_
	U. Juwaheer (PSM)
	Dr. S. Peerthum (MMM)
16. Vacoas-Floréal	Dr. S. Mauderbaccus (MMM)
	Dr. R. Beedasay (PSM)
	F. Canabady (MMM)
17. Curepipe-Midlands	B. Mahadoo (PSM)
	A. Gayan (MMM)
	P. Lafrance (MMM)
18. Belle Rose-Quatre Bernes	K. Offman (PSM)
	P. Bérenger (MMM)
	K. Ruhee (PSM)
19. Rose Hill/Stanley	D. Routho (MMM)
	J. Cuttaree (MMM)
	J. de l'Estrac (MMM)
20. Beau Bassin-P. Rivière	S. Aumeeruddy (MMM)
	R. Finette (MMM)
	S. Ramdahen[4] (PSM)
21. Rodrigues	F. Salesse (MMM)
	France Félicité (OPR)
	S. Clair (OPR)

Membres Nommés:

1. Sir Gaetan Duval (PSMD)
2. N. Francois (PSMD)
3. F. Roussety (P.T.R.)
4. M. Glover (P.T.R.)

Nombres de Sièges: 66

L'O.P.R., (Organisation du Peuple Rodriguais) se joignit au MMM/PSM pour former une Alliance Gouvernementale, MMM/PSM/OPR, de 62 Membres. Les quatre députés nommés se joignirent en Alliance Parlementaire PMSD/PTR pour faire l'Opposition.

A. Ganoo, premier député de la circonscription Savanne/Rivière Noire fut nommé Speaker de l'Assemblée.

Après quatre mois au gouvernement la première d'une série de crises secoua l'Alliance Gouvernmentale. Paul Bérenger, ministre des Finances, soumit sa démission du gouvernement, se plaint "de manque de solidarité gouvernementale" face à la stratégie économique qu'il voulait adopter face aux organismes internationaux, dont le Fonds Monétaire International et la Banque Mondiale. Il réintégra le Gouvernement six jours plus tard. Les députés MMM se réunirent pour étudier les problèmes nés de la démission de Paul Bérenger et se créent un nouveau problème. Un grave différend se développa entre Paul Bérenger et son collègue de parti, Kader Bhayat, ministre du Commerce et de l'Industrie, quand ils décidèrent de voter en faveur de la rupture de l'Alliance MMM/PSM et de l'expulsion du PSM du gouvernement. Le Premier Ministre devrait annoncer la nouvelle de la rupture au pays indiquant que dorénavant seuls le MMM et l'OPR gouverneraient le pays, mais quelques jours plus tard il devrait inviter le PSM à demeurer au sein de l'Alliance et du gouvernement en renversant la décision de ses collègues députés et membres du MMM. Le PSM retournait dans ce que le leader du parti, Harish Boodoo, appela "un esprit de co-opération avec le Premier Ministre." Mais en attendant deux des ministres du PSM, Jocelyn Seenyen et Kailash Ruhee, se font expulsés du PSM "pour indicipline pendant la crise et pour manque de solidarité." Les relations entre le MMM et le PSM se détériorèrent davantage quand Paul Bérenger tenta de diminuer le rôle de Harish Boodoo, vice-premier ministre et ce dernier accusa Paul Bérenger de vouloir ternir son image.

Le choix des ambassadeurs provoqua des désagréments. Le MMM ne voulait pas entériner sa décision de nommer comme Ambassadeurs seuls les diplomates de carrière, comme cela fut prévu lors des discussions qui eurent lieu durant les négociations qui devraient déboucher sur la formation de l'Alliance MMM/PSM au début de 1981. Le refus du PSM de participer aux élections municipales aux côtés du MMM, car ce dernier ne voulut pas accorder 40% des sièges que réclamait le PSM, aggrava le différend entre ces deux partis. Paul Bérenger et Harish Boodoo eurent des disputes au sujet du "Mauritius Broadcasting Corporation Bill" présenté par ce dernier en tant que ministre de l'Information. Paul Bérenger défia la volonté de la majorité des ministres du cabinet et insistait que plusieurs amendements soient apportées à ce projet de loi.[135] D'autres facteurs vinrent aggraver la situation. Kader Bhayat et Paul Bérenger se disputèrent une fois de plus. Paul Bérenger voulut insister auprès du Premier Ministre qu'il se débarasse de Kader Bhayat, sinon il soumettrait sa démission. Il voulut l'expulsion du PSM du gouvernement et voulut rompre l'alliance. Quand le Premier Ministre n'en voulut pas entendre avec lui, il céda temporai-

---

135 Seize en tout.

rement mais revint six mois plus tard, et il démissionna pour la deuxième fois, mais cette fois ci il fut accompagné par 12 autres ministres, tous membres du MMM, et de plusieurs députés du MMM, qui se dissocièrent du gouvernement et devraient rejoindre les rangs de l'opposition. Des 42 députés MMM, 14 seulement restaient loyaux à Anerood Jugnauth. Le MMM se cassa en deux. Le groupe Bérenger comptait alors 27 députés MMM plus les deux députés/ministres expulsés du PSM. Anerood Jugnauth devrait maintenir le support des 16 députés, et ministres, membres du PSM et des 4 députés du P.M.S.D. et du P.T.R. Le PSM devint le plus grand parti au gouvernement avec 16 députés, et le premier ministre n'avait plus de parti à lui.

Le Premier Ministre créa alors le Mouvement Socialiste Mauricien et Harish Boodoo dissoût le Parti Socialiste Mauricien pour se joindre au parti du premier ministre, pour former cette fois ci le Mouvement Socialiste Militant. Anerood Jugnaugh dirigea une nouvelle Alliance gouvernementale MSM/PMSD/PTR/OPR, et rappela le pays aux urnes quelque mois plus tard. De nouvelles élections générales eurent lieu le 21 Août 1983.

Le MMM se renforcit en recrutant de nouveaux membres et présenta 60 candidats et ce parti proposa Paul Bérenger comme le futur Premier ministre du parti initialement pour plus tard revenir sur ses décisions. Ils porposèrent alors Dharmanand Foleer comme futur premier ministre du MMM en cas de victoire électorale. Il devrait présenter H. Bhageerutty[136] comme le futur Président d'une République Mauricienne, et devrait aller seul aux élections.

Le MSM conclut un accord avec le Parti Travailliste, ce dernier obtenant un total de 16 sièges sur 60 à Maurice. Le PMSD ira seul aux élections mais finira par conclure un accord inofficiel avec le MSM et le Parti Travailliste. Finalement certains membres du Parti Travailliste se présentèrent sous la bannière du PMSD en même temps que d'autres se présentaient sous les couleurs officielles du P.T.R. Le Parti Travailliste devait choisir un nouveau leader, et Sir Satcam Boolell devint ce nouveau leader. Sir Seewoosagur Ramgoolam fut présenté comme le futur Président d'une République Mauricienne. Sir Veerasamy Ringadoo, le numéro 2 au Parti Travailliste céda sa place à Sir S. Boolell et se retira de la course pour le leadership du Parti Travailliste.

LES ELECTIONS DU 21 AOÛT 1983

34 partis polituques se feront enrigistrer pour contester ces élections. Les protagonistes les plus importants seront le MMM allant seul aux élections, le MSM/PTR iront en alliance et ils seront rejoints inofficiellement par le PMSD. Il y aura un total de 297 candidats, dont 288 à Maurice et 9 à Rodrigues, qui se présenteront à l'électorat.

Paul Bérenger avait faillit faire un coup de palais quand il démissionna en tant que Ministre des Finances avec ses 12 collègues ministres et ses collègues députés en Juin 1983, et provoque ces élections. Il n'a été au gouvernement que durant 9 mois, durant lesquels il

---

136 Sa candidature sera vivement contestée par beaucoup de Mauriciens.

a été au beau milieu de toutes les crises au sein du gouvernement. Il se pr'esentait comme chef de file du MMM. Anerood Jugnauth et son équipe comptait déjà plusieurs membres qui avaient de l'expérience obtenue au sein de plusieurs gouvernements précédents dont certains qui avaient été au service de la nation depuis la péroide pré-indépendance. Il représentait la continuité. Il a été le chef de l'opposition durant les années 1976 à 1982, et le président du MMM depuis 1971. Il avait à ses côtés le Dr. Sir Seewoosagur Ramgoolam, le vétéran de la politique mauricienne. Mais surtout, il avait la justice à ses côtés. Il était la victime des machinations politiques de Paul Bérenger. Il avait Harish Boodoo qui lui aussi réincarnait le renouveau politique et il était considéré comme l'homme qui voulait le retour de la moralité au sein de la vie politique à Maurice. Il était lui-aussi victime de Paul Bérenger. Il fut le "Campaign Manager" de l'Alliance MSM/PTR.

Le peuple se rendit aux urnes le 21 Août 1983 après avoir subi une campagne électorale de longue haleine, souvent teintée par la violence verbale et physique. La force policière dût intervenir à plusieurs occasions dans différentes circonscriptions pour empêcher que la situation ne s'envenime davantage. Ce fut une lutte de vie ou de mort. Mais l'électorat ne se laissa pas faire et savait déjà ce qu'il voulait faire. Le MMM se réclamait très confiant de victoire, tant ils s'étaient organisés à travers le pays. Presque toute la presse mauricienne faisait campagne pour le MMM. Seul l'organe de presse pro-gouvernementale, le Socialiste, le Nation et le Mauritius Times étaient en faveur de l'Alliance MSM/Travailliste.

La vedette de la campagne fut le Dr. Sir Seewoosagur Ramgoolam qui épaulait l'Alliance avec à ses côtés Sir Veerasamy Ringadoo, son compagnon de lutte. Il se présenta dans chaque circonscription, prenant la parole aux divers rassemblements et meetings publics aux côtés de Harish Boodoo et d'Anerood Jugnauth. Suite à la défaite totale du Parti Travailliste et de ses alliés en Juin 1982, ce parti devait présenter que les meilleurs des jeunes candidats qu'il pouvait. Même Sir S. Boolell ne se présenterait pas comme candidat. Cela fut convenu durant les négociations qui débouchèrent sur la consolidation de l'Alliance. Mais ce dernier décida autrement à la veille du Nomination Day, et voulut à tout prix se présenter comme candidat. Il fut donné un siège dans la circonscription No. 10, Montagne Blanche et Grande Rivière Sud Est. Il était le leader Travailliste.[137]

Les Elus des Elections du 21 Août 1983 – Voir page suivante.

---

137 L'auteur de cet ouvrage qui était député sortant lui cèdera l'investiture de son parti, afin qu'il puisse se porter candidat.

Les Elus des Elections du 21 Août 1983

Circonscriptions	Membres Elus
1. Grande Riviere Nord Ouest-Port Louis Ouest	1. M. Laclé (MMM)
	2. J. Boulle (MMM)
	3. R. Dyallah (MMM)
2. Port Louis Sud-Port Louis Central	1. N. Lee Cheung Lem (MMM)
	2. K. Tegally (MMM)
	3. S. Lallah (MMM)
3. Port Louis Maritime – Port Louis Est	1. B. Khodabux (MMM)
	2. O. Gendoo (MMM)
	3. C. Uteem (MMM)
4. Port Louis Nord-Montagne Longue	1. K. Baligadoo (MMM)
	2. J. Arunasalon (MMM)
	3. D. Mundil (MMM)
5. Pamplemousses-Triolet	1. B. Ghurburrun (PTR)
	2. D. Bundhun (MSM)
	3. D. Ramjuttun (MSM)
6. Grand Baie-Poudre d'Or	1. A. Parsooramen (MSM)
	2. S. Pelladoah (PTR)
	3. M. Dulloo (MSM)
7. Piton-Rivière du Rempart	1. D. Gungah (MSM)
	2. A. Jugnauth (MSM)
	3. M. Utchanah (MSM)
8. Moka-Quartier Militaire	1. C. Pillay (MSM)
	2. S. Goodoory (MSM)
	3. R. Soobadar (MSM)
9. Flacq-Bon Accueil	1. D. Kimcurrun (PTR)
	2. A. Daby (MSM)
	3. I. Seetaram (PTR)
10. Montagne Blance-Grand Rivière Sud Est	1. S. Boolell (PTR)
	2. A.K. Bhayat (MSM)
	3. J. Goburdhun (MSM)
11. Vieux Grand Port-Rose Belle	1. A. Choolun (MSM)
	2. R. Molaye (MSM)
	3. R. Gungoosingh (MSM)
12. Mahebourg-Plaine Magnien	1. L. Ramsahok (MSM)
	2. S. Thomas (O.F.)
	3. S. Poonith (MSM)

13. Souillac-Rivière des Anguilles	1.	V. Lutchemeenaraidoo (MSM)
	2.	A. Chinien (PTR)
	3.	H. Boodoo (MSM)
14. Savanne-Rivière Noire	1.	S. Pappoo (MSM)
	2.	N.K. Deerpalsingh (MSM)
	3.	G. Gungarum (O.F.)
15. La Caverne-Phoenix	1.	I. Collendavelloo (MMM)
	2.	S. Maudarbaccus (MMM)
	3.	Y. Mohamed (PTR)
16. Vacoas-Floréal	1.	K. Offman (MSM)
	2.	B. Mahadoo (MSM)
	3.	R. Beedassy (MSM)
17. Curepipe-Midlands	1.	G. Duval (PMSD)
	2.	R. Hein (PMSD)
	3.	K. Purryag (PTR)
18. Belle Rose-Quatre Bernes	1.	M. Glover (PTR)
	2.	A. Gayan (MSM)
	3.	R. Virah Sawmy (MSM)
19. Rose Hill/Stanley	1.	J. Cuttaree (MMM)
	2.	J. de l'Estrac (MMM)
	3.	S. Aumeerauddy-Cziffra (MMM)
20. Beau Bassin-P. Rivière	1.	R. Finette (MMM)
	2.	H. Duval (PMSD)
	3.	R. Bhagwan (MMM)
21. Rodrigues	1.	F. Félicité (OPR)
	2.	S. Clair (OPR)

Membres Nommés:

1. Paul Bérenger (MMM)
2. Jocelyne Minerve (MMM)
3. Ghislaine Henry (PMSD)
4. France Canabady (MMM)
5. Kamil Ramoly (PTR)
6. Sylvio Michel (O.F.)
7. Ismaël Nawoor (PTR)
8. Georgis Candahoo (C.F.)
9. Percy Lafrance (MMM) (remplace France Canabady qui a démissioné)

A. Daby, deuxième député de la Circonscription No. 9, Flacq-Bon Accueil, est nommé Speaker de l'Assemblée Législative.

En attendant une grave série de crises continue à secouer le gouvernement depuis les élections d'Août 1983. La première crise débuta à partir du jour même de la proclamation des résultats de ces élections, quand lors d'une courte interview accordée à la télévision mauricienne, Sir Satcam Boolell déclara que c'était évident que si le Parti Travailliste n'était pas au sein de l'Alliance de tels résultats n'auraient jamais été possibles. Le MMM avait obtenu 56% des suffrages populaires et Sir Satcam Boolell avaçait que son parti avait obtenu au moins 30%, tandis que le PMSD aurait, d'après ses calculs obtenu 10% au moins. Ce qui laisserait au MSM que 4% tout au plus. Peu après la formation du Cabinet ministériel il devait exprimer son mécontentement, car disait-il le Premier Ministre voulait diminuer son rôle en tant que leader du Parti Travailliste, qui aurait grandement contribu'e à la victoire de l'Alliance aux élections d'Août 1983.[138] Il devait se désolidariser avec le gouvernement sur plusieurs questions d'actualités brúlantes et il devait être révoqué par le Premier Ministre quelques mois seulement après sa nomination comme ministre au sein du gouvernement.[139]

Le MSM avait élu 27 députés et un député correctif MSM avait été nommé par la Commission électorale, ce qui ramenait le nombre des députés MSM à l'Assemblée Législative à 28. Le Parti Travailliste avait fait élire sous ses couleurs 9 députés et 2 autres furent nommés, portant à 11 le nombre de ses députés à l'Assemblée. Le parti de Sylvio Michel, L'organisation Fraternell, comptait 3 députés, dont deux élus et un nommé, (Sylvio Michel, lui même en l'occurrence). Le PMSD de Sir Gaëtan Duval avait fait élire 3 députés, et sa soeur, Mme Ghislaine Henry, fut nommée député corrective. Ce qui portait le nombre de députés de l'Alliance au grand total de 48 à l'Assemblée.

Le rapport de force à l'Assemblée Législative se résumait ainsi:-

MSM 28, dont 27 députés élus et un membre nommé.

Le Parti Travailliste 11, dont 9 députés élus et 2 membres nommés.

L'Organisation Fraternelle 3, dont 2 élus et un membre nommé.

Le PMSD comptait 4 députés, dont 3 élus et un membre nommé.

Le MMM avait 22 députés dont 19 élus et 3 membres nommés.

Et l'OPR avait 2 membres élus.

L'Alliance Gouvernementale comptait 48 députés et l'opposition 22, faisant un total de 70 députés à l'Assemblée. Le leader de l'Alliance et le Premier Ministre, Anerood Jugnauth, ne pouvait souhaiter une meilleure équipe pour gouverner le pays. L'Alliance MSM/PTR/PMSD/OF/OPR contre seul le MMM, dont le leader, Paul Bérenger, ne put se faire élire et qui devait être nommé député "best loser" (correctif) avait déjà laisser tomber bien des plumes, et il ne représentait pour le Premier Ministre aucun souci.

Mais aussitôt que le Premier Ministre nomma ses ministres, les remous commencèrent et une valse des députés devait prendre de très belle allure, et les relations inter-partis au sein de l'Alliance s'envenimèrent peu à peu, pour finalement poser pour le Premier Ministre

---

138 Ce sont ces propos qui poussèrent l'auteur de publier son article intitulé "The Hyenas are beginning to show their teeth," dans l'édition du 19 Septembre 1983, du **Socialiste**, qui lui valut bien des ennuis.

139 Il réintégrera le gouvernement en Août 1986.

une casse-tête extraordinaire.

Le Leader de l'Organisation Fraternelle fut nommé ministre au sein du premier cabinet ministériel, mais il devait très tôt constater qu'il ne pouvait travailler avec l'équipe gouvernementale. Il soumit sa démission et rejoignit les rangs de l'opposition, mais ne fut suivi par ses deux collègues de parti, Gaëtan Gungaram et Serge Thomas, qui choisirent de rester fidèle au Premier Ministre.

Le député MMM, Régis Finette devait quitter le MMM pour siéger en Indépendant et il commença à voter systématiquement avec le gouvernement. Serge Clair, leader de l'Organisation du Peuple Rodriguais, mécontent de n'avoir pas été nommé ministre, alla se joindre à l'Opposition, alors que son collistier et collègue de parti, France Félicité, qui fut nommé ministre, choisit de demeurer fidèle au premier ministre. Le député France Canabady, et membre du MMM soumit sa démission en tant que député disant qu'il était dégoûté de la chose politique. Il avait été nommé député correctif et fut remplacé par un autre membre du MMM, Percy Lafrance, qui fut lui aussi nommé député correctif. La démission de france Canabady ne provoqua donc pas la tenue d'une élection partielle. Mais la force de l'Opposition devait quelques temps après se voir grossir par la révocation du ministre Sir Satcam Boolell par le Premier Ministre. Sir Satcam Boolell, leader du Parti Travailliste ne fut pas rejoint par ses collègues de parti, qui au nombre de huit, décidèrent de former un goupement de députés travaillistes intra-parlementaire, pour attendre voir quelle serait la réaction du parti. Ils furent expulsés du Parti Travailliste et formèrent le Rassemblement des Travailleurs Mauriciens, avec pour leader, le Dr. Beergoonath Ghurburrun. Une fois de plus, un autre leader de l'Alliance dut aller grossir les rangs de l'opposition, sans ses collègues de parti qui choisirent de rester fidèle au Premier Ministre; Sir Satcam Boolell devant siéger en tant que le seul député Travailliste de l'histoire mauricienne après l'élection de 1983, en tant qu'Indépendant!

Le Speaker-adjoint de l'Assemblée, Yusuf Mohamed, qui fut autrefois leader du Comité d'Action Musulman, après la mort de son père, Sir Abdool Razack Mohamed, et qui devint ensuite leader du Parti Islamique Mauricien, pour dissoudre ce dernier et intégrer le Parti Travailliste juste avant les élections de 1983, n'avait pas suivi Sir Satcam Boolell non plus. Il se joignit qux autres sept députés travaillistes expulsés pour former le RTM. Il devait siéger à l'Assemblée pendant quelques temps encore en tant que membre du RTM pour finalement décider de quitter le RTM pour retourner se joindre au Parti Travailliste et donc siégea avec Sir Satcam Boolell depuis. Quand ce dernier réintégra le gouvernement en tant que Ministre des Affaires Etrangères et Ministre de Justice, en Août 1986, Yusuf Mahomed le suivit pour lui aussi réintégrer l'Alliance,[140] mais devait sitôt après prendre ses distances de Sir Sl Boolell dont le leadership au sein du Parti Travailliste il conteste maintenant en faveur de Nuvin Ramgoolam, fils du feu Dr. sir Seewoosagur Ramgoolam, ex-leader de ce parti. Yusuf Mohamed devait aussi être en faveur d'une alliance entre le Part

---

140 Il a quitté les côtés du Sir Satcam Boolell pour se ranger aux côtés des dissidents Travaillistes et s'est joint au Parti fondé par eux, le Front des Travaillistes Mauriciens depuis le mois de Juin 1987, rebaptisé "Mouvement des Travailleurs Démocratiques" (le MTD), depuis peu.

Travailliste et le Mouvement Militant Mauricien juste avant les élections municipales du Décembre 1985, dont le leader Paul Bérenger, il avait quelques temps avant cela suspendu de l'Assemblée, parceque le leader du MMM et son état major l'avait insulté à l'Assemblée, alors qu'il présidait l'Assemblée. En attendant, Régis Finette devait se joindre finalement au MSM quelques temps après. Mais les démissions et les changements d'allégiance des députés devaient continuer suite aux évènements du 31 Décembre 1985, donc de l'Affaire d'Amsterdam.

La M.B.C./TV (Mauritius Broadcasting Corporation) devait annoncer, durant la soirée du 7 Janvier 1986 que Harris Boodoo avait soumis sa démission en tant que Chief Whip et de ses fonctions au sein du MSM. Il devait toutefois demeurer membre du MSM et siéger à l'Assemblée en tant que "back-bencher" député du MSM mais se mit à réclamer la démission du Premier Ministre, Anerood Jugnauth, en tant que leader du MSM. Il fera campagne pour qu'il demeure Premier Ministre jusqu'à l'échéance du présent mandat du gouvernement, en 1988. Il réclamait qu'une personne autre qu'Anerood Jugnauth devrait être présenté à l'électorat comme futur Premier Ministre. Il réclamait le retour de Sir Satcam Boolell au gouvernement et sa reintégration au cabinet en tant que ministre. Il voulait aussi que ce soit Sir Satcam Boolell qui devait être présenté comme futur premier ministre du pays, et que le symbole (Clé) du Parti Travailliste devrait être celui qu'on utiliserait durant les prochaines élections, le soleil, symbole de MSM, étant pour lui " ene galimatia."

En attendant, l'Ile Maurice apprit que 4 ministres du gouvernement, dont A.K. Bhayat (Ministre du Commrce et du Shipping), A. Gayan (Ministre des Affaires Etrangères), C. Pillay (Ministre de l'Industrie) et K. Purryag (Ministre de la Santé) avaient démissionné et qu'ils avaient soumis leurs démissions directement au Gouverneur Général. Cela se passait le 4 Janvier 1986. Ils réclamaient eux aussi la tête des 4 députés, arrêtés à Amsterdam, et la démission de Anerood Jugnauth en tant que leader du MSM, et le retour de Sir Satcam Boolell, comme le faisait Harris Boodoo.

A la veille de l'an 1986, on reçut des nouvelles d'Amsterdam que quatre députés de l'Alliance, dont S. Pelladoah, M. Nawoor, S. Thomas et D. Kim Currun, avaient été arrêtés à l'aéroport de Schipol, pour possession de 21 kilos d'héroïne dans leurs valises, alors qu'ils transitaient, ayant pris l'avion à Bombay. Peu après on apprenait que c'était seulement dans la valise de S. Pelladoah que les 21 kilos d'héroïne avaient été trouvés, et suite aux enquêtes menées par les autorités hollandaises les trois autres députés seraient déportés vers Bombay pour regagner l'Ile Maurice trois semaines après leurs arrestations.

Le Chief Whip du gouvernement, Harish Boodoo, devait coumettre au Premier Ministre un mémoire de 20 points et devait contester l'autorité du Premier Ministre et tenter de le remplacer par Kishore Deerpalsingh, alors Ministre de l'Agriculture et des Ressources Naturelles, aussi bien que de la Pêcherie. Il est sensé avoir réclamer le poste du Ministre de l'Intérieur, dont les responsabiliés étaient épaulées par le Premier Ministre, afin qu'il puisse défaire l'Ile Maurice des marchands de drogues. Il devait aussi réclamer toute une série de réformes et de changements dans le gouvernement et au sein du MSM.

Il réclamait une commission d'enquête sur la drogue à Maurice, une autre sur la L.G.S.C. (le Local Government Service Commission), une autre sur le Civil Service Commission, dont les chefs devraient être démis de leurs fonctions. Il voulait la dissolution de la N.I.U. (National Intelligence Unit) et son replacement par un autre organisme, et la tête du chef de l'Escouade de la Drogue, etc. Le Premier Ministre accepta certaines de ses propositions et rejeta plusieurs de ses autres réclamations. Dans une lettre que Harris Boodoo avait écrit au premier ministre il devait demander que si ses réclamations n'étaient pas [agréées] jusqu'aux 6 janvier, il démissionnerait de toutes ses fonctions aux seins du MSM et en tant que Chief Whip.

Le député G. Gandahoo quittera l'Alliance et se joindra aux 4 ministres démissionnaires. Son autre confrère, Gaëtan Gungaram retourna aux côtés de son ex-leader de l'Organisation Fraternelle, Sylvio Michel, pour systématiquement voter contre l'Alliance à l'Assemblée. Le député R. Gungoosingh alla joindre son ex-collègue du P.S.M., Harish Boodoo. Le ministre démissionnaire, Kailash Purryag, démissionna du R.T.M. et alla joindre les rangs des Travaillistes et donc avec Sir Satcam Boolell, et Yusuf Mohamed. Les trois autres ministres démissionnaires décidèrent de continuer à siéger à l'Assemblée en tant que membres du M.S.M., alors qu'ils signifièrent leurs intentions de voter à l'Assemblée selon leurs consciences.

Le Premier Ministre, dont la tête ils réclamaient tous, remplaça les ministres démissionnaires. Il transfera le ministre B. Ghurburrun au ministère de Commerce et du Shipping, et nomma le député J. Goburdhun ministre de la Santé, le député M. Dulloo aux ministère des Affaires Etrangères, responsable aussi de l'Emigration, et le député R. Soobadar fut nommé ministre des Administrations Régionales. Cela se passait le 22 Janvier 1986. En attendant les 3 députés M. Nawoor, S. Thomas et D. Kim Currun rentrèrent à Maurice d'Amsterdam via Bombay, les autorités d'Amsterdam n'ayant retenu aucune accusation contre eux, et devaient retourner siéger à l'Assemblée. Quand les députés de l'opposition protestèrent et ne voulurent pas siéger avec les rescapés d'Amsterdam et quand Sylvio Michel fut expulsé de l'hémicycle de l'Assemblée, plusiers députés se dirent dégoûtés et ceux de l'Opposition effectuèrent un "walk-out."

Il y eut un cafouillage extra-ordinaire à l'Assemblée, mais inperturbé, le nouveau gouvernement continua son travail. Il y eut une paix relative pendant quelques semaines. L'Opposition parlementaires ne voulurent pas laisser les choses là. Ils vinrent à l'Assemblée avec une motion de censure contre le Speaker et ensuite contre le Premier Ministre et son gouvernement. Le Premier Ministre de l'Inde, Rajiv Gandhi, devait visiter l'Ile Maurice, et il reporta sa visite. La motion de censure fut rejetée par une majorité de députés de l'Alliance. Le ministre des Finances, V. Lutchmeenaraidoo, devait présenter son budget annuel à l'Assemblée, et l'Opposition décida de déclarer une trève politique pour que la visite du premier ministre indien puisse avoir lieu. Sir Satcam Boolall aussi d'en faire de même. La visite officielle de Rajiv Gandhi fut un grand succès, et peu après, trois autres ministres démissionnèrent. Cette fois ci, ce fut le tour de K. Deerpalsingh (ministre de l'Agriculture et des Ressources Naturelles), le Dr. R. Beedassy (ministre des Travaux) et R.

Soobadar qui fut nommé à peine 4 mois de cela, ministre des Administrations Régionales. Les députés R. Molaye et V. Goodoory abandonnèrent l'Alliance et eux aussi allèrent grossir les rangs des dissidents. Le député D. Kim Currun quitta le R.T.M pour siéger en Indépendant. Le député Serge Thomas, dont aucun parti ne voulut plus de lui après l'Affaire d'Amsterdam, siège lui aussi en indépendant. Le député B. Mahadoo se joignit au deuxiéme groupe de dissidentd du M.S.M donc le groupe BeedassyDeerpalsingh/Soobadar/Molaye et Goodoory. Peu après des Administrations Régionales, en remplacement de Soobadar. Molaye et Goodoory aussi regagnèrent les rangs du gouvernement. Les différents groupes dissidents se formèrent en un seul groupe pour demander que le budget soit amender pour satisfaire leurs diverses demandes, et pour augmenter les pressions sur le Premier Ministre en signifiant leurs intentions de refuser de voter le budget à l'Assemblée s'ils n'obtiennent pas satisfaction. Tous réclamèrent le retour de Sir Satcam Boolell.

C'est alors que Sir Satcam Boolell se prospoa en médiateur entre les dissidents et le Premier Ministre, et son groupe MSM, encore resté fidéle à leur chef de file. Les pourparlers débouchèrent sur un certain accord très temporaire. Ils allaient voter le budget et plus tard on verrait quoi faire. Six membres de l'opposition qui eurent une dispute avec le Speaker de l'Assemblée furent suspendus le l'hémicycle, et le budget fut voté sans problèmes. Les dissidents s'indignèrent contre ces suspensions et réfusèrent de continuer leur dialogue avec le Premier Ministre et son groupe du MSM. Le Premier Ministre invita Sir Satcam Boolell de regagner les rangs de l'Alliance gouvernementale. Ce dernier accepta et fut nommé Ministre des Affaires Etrangères , de l'Emigration et de la Justice. Sir Gaëtan Duval fut nommé au Ministère du Tourisme en plus des portefeuilles du ministre d'emplois et du Vice-Premier Ministre. Quelque temps après le Premier Ministre nomma deux autres vice-premiers, et ils furent Sir S. Boolell et le Ministre des Finances V. Lutchmeenaraidoo. Le député D. Ramjuttun qui fut nommé Chief Whip après la démission de Harish Boodoo, fut nommé ministre des Travaux, à la place du Dr. R. Beedassy, et le député R. Virah Sawmy fut nommé Chief Whip pour remplacer le Dr. Ramjuttun. Le leader de l'Opposition revint avec une motion de blame contre le Gouvernement, la trosième depuis les élections de 1983. Les députés ont provoqué deux élections partielles qui doivent avoir lieu avant Mai 1987. En attendant le député S. Pelladoah, qui fut traduit devant la haute cour de justice d'Amsterdam, fut condamné à 6 mois de prison pour avoir involontairement introduit 21 kilos de héroine de Bombay, mais fut déporté vers Maurice immédiatement apres parce-qu'il avait déjà passé huit mois en détention à Amsterdam en attendant que son procès ait lieu. Il retourna à Maurice et reprit son siège à l'Assemblée après avoir bénéficié d'un congé étendu de six mois pour lui permettre de comparaître devant la cour de justice à Amsterdam.

Le Premier Ministre avait accepté qu'une Commission d'Enquête ait lieu sur la Drogue à Maurice, après avoir nommé un Select Committee sur la drogue, présidé par M. Dulloo qui était alors député, et en attendant ce dernier avait été nommé Ministre des Affaires Etrangères quand A. Gayan, l'ancien Ministre avait démissionné le 4 Janvier 1986. Quand Sir Satcam Boolell fut nommé à ce ministère, M. Dulloo fut nommé ministre de l'Agriculture.

La Commission d'Enquête siège toujours. Le problème de la drogue à Maurice a provoqué une situation très tendue , et les témoins principaux devant cette Commission présidée par Sir Maurice Rault, ont impliqué d'autres parlementaires de l'Alliance dans le traffic de la drogue. L'Ile Maurice n'a jamais connu autant de scandales en une période si courte. Le leader de l'opposition réclame la démission du gouvernement, et la motion de censure ne fut pas recue à l'Assemblée. Le Speaker, à la suite d'une motion du Premier Ministre, a prorogé l'assemblée peu avant la fin de Décembre 1986. L'Opposition reclame des élections générales anticipées, et dit que le Gouvernement ne possède plus de majorité à l'assemblée.

Anerood Jugnauth, le Premier Ministre, réclame de son côté, que c'est à l'Opposition de prouver qu'il ne détient pas de majorité à l'assemblée. Il dit être capable de mener à bien son mandat jusqu'au 1988, quand les élections sont dues d'après les termes de la constitution de l'Ile Maurice indépendante, Il a passé une année entière à réorganiser le MSM à travers l'île et le MSM vient de tenir son premier grand congrès national en fin Décembre 1986.

Le MMM a déjà lancé sa champagne électorale depuis en tenant un série de rassemblements et de meetings publics. Il prépare sa liste de candidats aux prochaines élections, prédisant qu'elles auront lieu cette année même. Sir Gaëten Duval a dit que les élections générals sont impossibles à écarter dans les conjonctions actuelles et que ce n'est qu'une question de temps, tout en admettant que le privilège de nommer la date revient au Premier Ministre seul. Sir Satcam Boolell a signifié son intention de se lancer en campagne dès le mois de Janvier 1987 si le Premier Ministre lui donne son accord. Il réorganise en ce moment le Parti Travailliste dont il est le leader, mais sans le support de son collègue Yusuf Mohamed qui conteste son leadership en faveur de Nuvin Ramgoolam, qui veut se joindre aux Travaillistes sur ses conditions. Affaire à suivre! Les dissidents veulent se constituer en une nouvelle formation politique. Y aura-t-il des élections partielles avant le budget? Ou la chambre de député sera-t-elle dissoute avant? Seul le Premier Ministre le sait!

Il semble toutefois être possible que les élections partielles ne se tiendront pas. Le Premier Ministre pourrait ne pas vouloir prendre le risque de présenter le budget en Juin et dissoudrait l'assemblée durant le mois de Mars 1987. Ce qui est certain c'est que l'Assemblée peut demeurer prorogée pendant au moins douze mois à partir de Décembre dernier, et que cette provision de la Constitution donne au Premier Ministre le loisir de choisir la date qui lui conviendrait le plus pour la tenue des prochaines élections générales.

Le Premier Ministre a déjà donné le ton de sa campagne électorale lors du Congrès du MSM en Décembre 1986, et encore une fois cette année ci vers le début du mois de Janvier à Trois Boutiques dans sa circonscription. Les spéculations sur la date des prochaines élections varient entre la troisième semaine d'Août et Décembre 1987[141]. Les plus grandes

141 Le Premier Ministre annonca que le budget sera présenté a l'Assemblée le 6 Octobre 1987, et s'il n'est pas voté, il aura 2 semaines pour organiser les élections. En attendant Harish Boodoo a annoncé le 1er Juin 1987 son retrait de la scène politique et le Ministre Bundhun a quitté le gouvernement le 11 Mai 1987 et il se peut qu'il se joigne au Parti Socialiste dirigé par Anil Gayan. L'Assemblée fut dissoute le 6 Juillet 1987, la date des nominations est fixée au 22 Juillet et celle des élections pour le 30 Août 1987. L'Alliance MSM/PTR/PMSD est déja refaite. Le MMM continue a chercher des partenaires chez les dissidents et conclut finalement une union avec le groupe dissident travailliste, dont 25 membres de l'éxécutif démissionnera pour former le Mouvement des Travaillistes Démocrates (le MTD),

probabilités sont pour le mois de Septembre, juste après la complétion de la compilation de la liste électorale. L'absence d'un budget ne permetra pas au gouvernement de fonctionner au delà du mois d'October 1987.[142]

l'offrira 6 tickets et fera six des candidats MMM poser sous la bannière du MTD, et avec le FTS de Sylvio Michel. Le MSM présentera 32 candidats, le PTR 18 et le PMSD 10, tandis que France Félicité et son RPR contesteront les 2 sièges a Rodrigues. L'Union MMM/MTD/FTS présentera 60 candidats a Maurice seulement.

142 Le 22 Juillet 1987, jour du dépôt des candidatures il y eut un nombre record de 402 candidats qui se firent enregistrer. Il y aura 31 partis politiques, en tout, qui contesteront les élections du 30 Août 1987. Le 29 Juillet 1987, 41 candidats se retirèrent de la course électorale, ramenant a 361 les candidats qui demeurent en lice. La grande bataille électorale se livera entre les deux blocs, l'Alliance (MSM/PTR/PMSD) et l'Union (MMM/MTD/FTS).

Les Elus des Elections du 30 Août 1987

Circonscriptions	Membres Elus
1. Grande Riviere Nord Ouest-Port Louis Ouest	1. Lacle, Mathieu (MMM)
	2. Boulle, Jerome (MMM)
	3. Dyalah, Rajen (MMM)
2. Port Louis Sud-Port Louis Central	1. Jeewah, Ahamad (MMM)
	2. Lee Chong Lem, Noel (MMM)
	3. Lallah, Subash (MMM)
3. Port Louis Maritime – Port Louis Est	1. Uteem, Cassam (MMM)
	2. Gendoo, Osman (MMM)
	3. Khodabux, Bashir (MMM)
4. Port Louis Nord-Montagne Longue	1. Arunasalon, José (MMM)
	2. Baligadoo, S. Krisna (MMM)
	3. Duval, Xavier (PMSD)
5. Pamplemousses-Triolet	1. Sajadah, V. (PTR)
	2. Ghurburrun, Dr. B. (MSM, RTM)
	3. Ramjuttun, Dr. D. (MSM)
6. Grand Baie-Poudre d'Or	1. Mouthia, S. (PTR)
	2. Dulloo, M. (MSM)
	3. Parsooramen, A. (MSM)
7. Piton-Rivière du Rempart	1. Jugnauth, Anerood, (MSM)
	2. Gungah, D. (MSM)
	3. Utchanah, Mahen (MSM)
8. Moka-Quartier Militaire	1. Jeewoolall, Ramesh (PTR)
	2. Ratacharan, S. (MSM)
	3. Pyneeandy, R. (MSM)
9. Flacq-Bon Accueil	1. Bojeenauth, V. (PTR)
	2. Gutty, R. (MSM)
	3. Seetaram, I. (MSM, RTM)
10. Montagne Blance-Grand Rivière Sud Est	1. Boolell, Satcam (PTR)
	2. Goburdhun, J. (MSM)
	3. Asgarally, Azize (MSM)
11. Vieux Grand Port-Rose Belle	1. Boolell, A. (PTR)
	2. Daby, Ajay (MSM)
	3. Choolun, Anand (MSM)
12. Mahebourg-Plaine Magnien	1. Bunwaree, V. (MSM)
	2. Bhorra, K. (MSM)
	3. Roussety, Mme. Marie (PTR)

13. Souillac-Rivière des Anguilles	1. Nababsing, Prem (MMM)
	2. Juddoo, Ramduth (MSM)
	3. Lutchmeenaraidoo, V. (MSM)
14. Savanne-Rivière Noire	1. Booluck, H. (PTR)
	2. Bappoo, Mrs. Sheilabai (MSM)
	3. Ganoo, Alan (MMM)
15. La Caverne-Phoenix	1. Collendavelloo, Ivan (MMM)
	2. Gokhool, Dharam (MMM)
	3. Driver, Alan (PMSD)
16. Vacoas-Floréal	1. Gobin, V. (PTR)
	2. Ruhee, Kailash (MMM)
	3. Mahadoo, B (MSM)
17. Curepipe-Midlands	1. Malherbes, Clarel (PTR)
	2. Brijmohun, Dr. P. (MSM)
	3. Duval, Hervé (PMSD)
18. Belle Rose-Quatre Bernes	1. Glover, Michael (MSM, RTM)
19. Rose Hill/Stanley	1. Gokulsingh, B (PTR)
	2. Virahsawmy, R. (MSM)
20. Beau Bassin-P. Rivière	1. Duval, Gaëtan (PMSD)
	2. Bhagwan, Rajest (MMM)
	3. Minerve, Melle J. (MMM)
21. Rodrigues	1. Clair, Serge (OPR)
	2. Jean Louis, A. (OPR)

Les huit "best-losers" nommés sont:

1. Offman, K (MSM)
2. Laridon, A. (MSM)
3. Commarmond, G. (MSM)
4. Soodhun, F. (MSM)
5. Kasenally, S. (MMM)
6. Maudarbaccus, S. (MMM)
7. Peerun, Zeel (MMM)
8. Finette, Régis (PMSD)

Chapitre 7

LES GOUVERNEMENTD DE L'ILE MAURICE POST-INDÉPENDANCE (1967 A 1987) ET LES RAPPORTS DE FORCE À L'ASSEMBLÉE LÉGISLATIVE

LES élections générales de 1967 préparèrent l'accession de l'Ile Maurice au statut d'état independent au sein du Commonwealth, but qui fut atteint le 12 Mars 1968. Le Parti de l'Indépendance élira assez de députés et sera renforcit par d'autres membres nommés pour avoir une majorité de 41 députés contre 29 pour le PMSD, le parti de l'opposition, avec ses membres nommés y compris. L'I.F.B. comptait 5 de ses députés parmi les élus et quand ce parti fut rejeté par l'Alliance PTR/CAM/IFB, le gouvernement voyait son ombre de députés augmenter par ceux du PMSD qui vinrent s'associer à l'Alliance PTR/CAM pour former l'alliance PTR/CAM/PPMSD, et cette alliance controllait 65 des 70 sièges à l'Assemblée. Quand en 1973, le PMSD délaissa l'Alliance, il redvint le parti de l'opposition, et aidé par L'I.F.B., il voyait le nombre de l'opposition augmenter à 34 contre 36 du gouvernement. Ce gouvernement dirigea le pays mal gré bon gré, jusqu'aux élections de 1976, voyant le nombre des députés de l'opposition augmenter d'un député, suite à l'élection de Dev Virah Sawmy à Troilet, et le rapport de force finale, qui provoquerait les élections de 1976, donc 36 voix contre 35 de l'opposition. Le gouvernement débuta en 1967 avec 41 voix contre 29 pour en finir avec une force de 36 contre 35, à l'Assemblée.

LES COUNSEIL DES MINISTRES (JUSQU'AU 7 AOÛT 1967 ÉTAIT CONSTITUÉ COMME SUIT:-

1. Son Excellence Sir John Rennie, K.C.M.G., O.B.E. (Gouverneur).
2. L'Hon. Dr. Sir Seewoosagur Ramgoolam, Kt., Premier et Ministre des Finances.
3. L'Hon. T.D.Vickers, C.M.G. (Chife Secretary).
4. L'Hon. J.G. Forget, Minstre des Travaux et des Communications Internes.
5. L'Hon. V. Ringadoo, Ministre de l'Education et des Affaires Culturelles.
6. L'Hon. A.R. Mohamed, Ministre du Logement, des Terres et de l'Urbanisme.
7. L'Hon. S. Boolell, Ministre de l'Agriculture et des Ressources Naturelles.
8. L'Hon. Harold Walter, Ministre de la Santé.
9. L'Hon. A.H.M. Osman, Attorney-General.

10. L'Hon. S. Bissoondayal, Ministre des Administrations Régionales et des développement Co-opératives.

11. L'Hon. R. Jomadhar, Ministre d'Etat (Développement) jusqu'au 28 Avril 1967, et puis Ministre de l'Emploi.

12. L'Hon. K. Tirvengadum, Ministre de l'Industrei, du Commerce et des Communications Extérieures.

13. L'Hon. P.G.G. Balancy, Ministre de l'Information, des Postes, Télégraphes et des Télécommunications.

14. L'Hon. A. Jugnauth, Ministre de l'Emploi, jusqu'à sa démission le 20 Avril 1967.

15. L'Hon. Beergoonath Ghurburrun, Ministre de la Sécurité Sociale.

16. L'Hon. J.L.M. Leal, Ministre d'Etat (Budget) jusqu'as 28 Avril 1967 et puis Ministre d'Etat (Développement).

17. L'Hon. A.W. Foondun, Ministre d'Etat (Budget) à partir du 20 Avril 1967.

LE COUNSEIL DES MINISTRES CONSTITUÉ APRÈS LES ELECTONS GÉNÉRALES TENUES LE 7 AOÛT 1967

1. L'Hon. Dr. Sir Seewoosagur Ramgoolam, Kt., Premier et Ministre des Finances jusqu'au 21 Novembre 1967, et puis *Premier Ministre* et Ministre des Finances.

2. L'Hon. J.G. Forget, Ministre d'Etat (Finances).

3. L'Hon. V. Ringadoo, Ministre de l'Agriculture de des Ressources Naturelles.

4. L'Hon. A.R. Mohamed, Ministre du Logement, des Terres et de l'Urbanisme.

5. L'Hon. S. Boolell, Ministre de l'Education et des Affaires Culturelles.

6. L'Hon. Harold E. Walter, Ministre de l'Empoi, démissionna le 6 Septembre 1967 et fut ré-nommé le 18 Octobre 1967.

7. L'Hon. A.H.M. Osman, Attorney-Général.

8. L'Hon. S. Bissoondayal, Ministre de Administrations Régionales et des développements Co-op'eratives.

9. L'Hon. R. Jomadhar, Ministre du Commerce et de l'Industrie.

10. L'Hon. P.G.G. Balancy, Ministre des Travaux.

11. L'Hon. Dr. B. Ghurburrun, Ministre de la Sécurité Sociale.

12. L'Hon. G. Gangaram, Ministre des Communications.

13. L'Hon. K. Jagatsing, Ministre de la Santé.

14. L'Hon. R. Jeetah, Ministre de l'Information et du "Broadcasting."

15. L'Hon. A. Jugnauth, Ministre d'Etat (Développment).

LES GOUVERNEMENTS DE L'ILE MAURICE DURANT LA PÉRIODE POST-INDÉPENDANCE ET LES RAPPORTS DE FORCE A L'ASSEMBLÉE LÉGISLATIVE (1967-1987)

LES GOUVERNEMENTS DE 1967 À 1976

Le Gouvernement issu des élections générales de 1967 fut le premier à diriger le pays après que l'île Maurice devint indépendante au sein du Commonwealth. Ce gouvernement fut dirigé par Sir Seewoosagur Ramgoolam et comprenait des députés élus et des membres nommés appartenant au Parti Travailliste, du Comité d'Action Musulman, et de l'Independent Forward Block. Ce gouvernement comptera 41 députés contre 29 députés PMSD (Parti Mauricien Social Décmcrate) qui formera l'opposition parlementaire.

Le Parti Travailliste décida de se défaire de l'I.F.B. pour faire place au PMSD au sein de l'Alliance, ce qui provoquerait le départ de l'I.F.B., mais pas tous les membres députés ou ministres partirent. Anerood Jugnauth qui était alors ministre décida de continuer avec le gouvernement, mais lui aussi devait soumettre sa démission et regagna le barreau, pour ensuite devenir magistrat de district pendant près d'un an. Le PMSD retourna vers le gouvernement et une alliance PTR/CAM/PMSD fut formée en 1969, juste après le départ de l'I.F.B. Certains députés et membres du PMSD, mécontents du passage du PMSD au gouvernement, et une dizaine de députés quittèrent ce parti, pour former un nouveau prti politique qu'ils appellèrent L'Union Démocratique Mauricienne, et voulurent créer une troisième force.

Le nombre de députés et ministres PMSD se réduit au 19, tandis que la précédente alliance qui comptait 41 membres fut aussi réduite par le départ de l'I.F.B. Le PMSD restera au sein du gouvernement jusqu'à 1973 quand il fut renvoyé du gouvernement, et le Parti Travailliste gardait pour seul allié, le C.A.M. Revenant de l'Alliance le PMSD se pr'esentera désromais comme l'alternatif entre le Parti Travailliste et le MMM, pour les élections de 1976.

LES GOUVERNEMENTS DE 1976 À JUIN 1982

Le Gouvernement issu des élections générales de 1976 fut formé par la coalition PTR/CAM/PMSD contre l'opposition MMM.

Les élus du Parti Travailliste furent 24, et sont les suivants:-

1. Sr. S. Ramgoolam
2. G. Daby
3. R. Ghurburrun
4. M. Hurry
5. R. Jeewoolall
6. S. Virahsawmy
7. V. Ringadoo
8. M. Teeluck
9. M. Busawon
10. S. Boolell
11. R. Gungoosingh

12. D. Basant Rai
13. P. Doongoor
14. L. Badry
15. H. Boodoo
16. H. Ramchurn
17. S. Saccaram
18. R. Purryag
19. I. Seetaram
20. R. Beedassy
21. E. Buissier
22. A.V. Chettiar
23. H. Bhugaloo
24. J.B. David

Les députés suivants furent ensuite nommés:-
1. Harold Walter
2. Kher Jagatsing
3. Clarel Malherbes
4. B. Ghurburrun (1979)

Les députés du C.A.M. furent comme suite:-
1. Razack Peeroo (élu)
2. Yusuf Mohamed (nommé)
3. M. Tally (nommé 1980)

Les Chagements intervenus entre 1976 et 1982 sont:-
1. Le député, ensuite nommé ministre de l'éducation soumit sa démission en tant qu député et ministre.
2. Kher Jagatsingh fut nommé pour le remplacer aux deux postes, député et ministre.
3. Le Speaker devant être nommé, Sir R. Jeewoolall démissionna en tant qu député pour assumer ses fonctions de Speaker.
4. Le. Dr. B. Ghurburrun est nommé pour le remplacer.

Le député Mahesh Teeluck qui fut nommé Ministre de la Santé décéda en 1979.

Du côté de Comit´ d'Action Musulman, le député nommé Yousuf Mahomed qui fut ensuite nommé Ministre de l'emploi et des Relations Industrielles, soumit sa démission en 1979 et devient Ambassadeur de l'Ile Maurice au Caire, Egypte. M. Tally est désigné "best loser" et est nommé député correctif pour remplacer Yousuf Mahomed.

Le PMSD avait fait élire 7 députés durant les élections de 1976, et Kamil Ramoly fut nommé député correctif pour ce parti, ce qui ramena son nombre à l'Assemblée à 8.

Donc le gouvernement issu des élections de 1976 fut un gouvernement de coalition entre le Parti Travailliste, le Comité d'Action Musulman et le Parti mauricien Social Démocrate, l'Alliance Gouvernementale connue sous le nom de l'Alliance PTR/CAM/PMSD, et comptait au début le nombre de députés de chaque parti, comme suit:-

PTR	CAM	PMSD
24 (Elus)	1 (Elu)	7 (Elus)
2 (Nommés)	1 (Nommé)	1 (Nommé)
22	2	8

Les trois partis ensembles auraient un total de 26+2+8=36 députés, contres les députés de l'Opposition Parlementaire qui lui comptait 34 députés dont 30 élus et 4 nommés.

Ce qui ne laisserait pas beaucoup de terrain de manoeuvre au Premier Ministre, Sir Seewoosagur Ramgoolam qui forma un nouveau gouvernement peu après les élections de 1976.

L'Opposition Parlementaire comprenait les députés suivants:

1. J. Bizlall
2. J. Boullé
3. R. Dyalah
4. A.K. Bhayat
5. N. Lee Cheong Lem
6. R. Servansing
7. B. Khodabux
8. O. Gandoo
9. C. Utteem
10. S. Moorba
11. K. Baligadoo
12. S. Michel
13. D. Fokeer
14. M. Dulloo
15. A. Jugnauth
16. K. Coonjan
17. D. Gungah
18. V. Jundoosingh
19. R. Joddoo
20. J. Goburdhun
21. L. Ramsewak
22. V. Ramphul
23. S. Poonith
24. S. Kasenally
25. J.C. Augustave
26. P. Bérenger

27. J.C. de l'Estrac
28. S. Aumeeruddy
29. V. Venkatasamy
30. V. Nababsing

Les Députés nommés furent les suivants:-
1. Finlay Salesse
2. Amédée Darga
3. Azize Asgarally
4. Jean Claude Bibi

Changements à noter de 1976 à 1982
Les députés
1. S. Moorba
2. C. Coonjan
3. V. Jundoolsingh
4. V. Ramphul
5. J.C. Augustave et
6. V. Venkatasamy

quittèrent un par un le MMM pour aller se joindre au gouvernement, qui deviendrait désormais un Gouvernement de Coalition entre le PTR/CAM/PMSD /Transfugés. Seul S. Moorba est nommé ministre et prêtera serment le 16 janvier 1980, tandis que les autres 5 seront nommés Secrétaire-Parlementaires. C'est ainsi qu'ils grossiront la majorité du Gouvernement à l'Assemblée Législative.

LE PREMIER GOUVERNEMENT APRÈS LES ELECTIONS DE 1976 DIRIGÉ PAR SIR S. RAMGOOLAM.

Le premier gouvernement formé par Sir S. Ramgoolam se fit dans le grandes difficultés. Plusierus amis et collègues de longue date du docteur Ramgoolam furent battus durant les élections de 1976. Plusierus leaders des partis politiques qui avaient dominé la scène politique à Maurice tombèrent. Le leader du PMSD, M. Gaëten Duval, se classa 7ème dans la circonscription No. 4, à Port Louis. Sir Abdool Razack Mohamed, leader du Comité d'Action Musulman, avait subit une défaite humiliante. M. Sookdeo Bissoondoyal, figure de proue des années 50 et 60 se fit battre, dans sa circonscription qu'on appelait "sa bastion." Guy Ollivry, leader de l'U.D.M., France Vallet, leader du Parti du Centre, Dev Virah Sawmy se firent battre à plate couture. C'était la pagaille chez les Travaillistes qui avaient perdu Kher Jagatsing (Secrétaire Général du Parti Travailliste), Sir Harold Walter, ministre des Affaires étrangères battu à Mahebourg, le Dr. B. Ghurburrun ex-ministre battu à Piton, et Raymond Rault, lui aussi ex-ministre travailliste. Les pressions sur le

Premier Ministre, Sir. S. Ramgoolam, montaient de tous parts et il eut la tâche de choisir son Premier cabinet ministériel après de telles résultats électorales, très difficile. Il y avait au pays une grande vague de changement. Le Parti Travailliste avait présenté 16 nouveaux candidats à l'éctorat, et ces 16 furent tous élus en tête de liste dans leurs circonscriptions. Il avait déjà fait place à la poussé des jeunes dans la politique mauricienne. Les candidats MMM étaient en grande majorité aussi des jeunes. Il fallait faire attention!

Voici donc la formation du nouveau cabinet du gouvernement annoncé le 30 Décembre 1976.

1. Dr. the Right Honourable Sir Seewoosagur Ramgoolam, Kt., Premier Ministre, Ministre de la Défense, et de la Sécurité Interne, Ministre des Institutions réformatrices, Ministre de l'Information et de la Radio-diffusion, et Ministre des Communications. (Il accumulerait donc 5 ministères clefs sous sa tutelle.).

2. L'Hon. Sir Veerasamy Ringadoo, Kt., Ministre des Finances

3. L'Hon. Satcam Boolell, Ministre de l'Agriculture, des Ressources Naturelles et de l'Environnement.

4. L'Hon. Sir Haroldl Edwards Walter, Kt., Ministre des Affaires Extèrieures, du Tourisme et de l'Emigration.

5. L'Hon D. Basant Rai, O.B.E., Ministre du Commerce et de l'Industrie.

6. L'Hon. E.M.L. Bussier, Ministre des Travaux.

7. L'Hon. R. Ghurburrun, Ministre du Plan, de l'Economie et du Planning.

8. L'Hon. S. Virahsawmy, Ministre des Prix et de la Protection des Consommateurs.

9. L'Hon. L. Badry, Ministre de la Sécurité Sociale.

10. L'Hon. E. François, (P.M.S.D), Ministre du Logement, des Terres et du "Town and Country Planning."

11. L'Hon. M.Y.A.R. Hohamed (C.A.M), Ministre de l'Emploi et des Relations Industrielles.

12. L'Hon. Mahesh Teeluck, Ministre de la Santé.

13. L'Hon. H. Bhugaloo, Ministre de l'Education et des Affaires Culturelles.

14. Dr. L'Hon. K. Busawon, Ministre du "Power, Fuel and Energy."

15. L'Hon. G. Daby, Ministre des Co-opératives et du Développement Co-opérative.

16. L'Hon. A.M. Espitalier-Noël (P.M.S.D.), Ministre de "Local Government."

17. L'Hon. I.L.N. François (P.M.S.D.), Ministre de Rodrigues.

18. L'Hon. H. Ramchurn, Ministre de la Jeunesse et du Sport.

19. L'Hon. K. Saccaram, Ministre de l'Emploi.

20. L'Hon. I. Seetaram, Ministre de la Pêcherie.

21. L'Hon. P.R.L.G. Chong Long (P.M.S.D.), Procureur Général et Ministre de la Justice.

Le Premier Ministre nomma en même temps les députés suivants comme Secrétaires Parlementaires:-

1. L'Hon. Premdut Doongoor, au Ministère de "Power, Fuel and Energy"

2. L'Hon. Radah-Krishn Gungoosing, Au Ministère de l'Agriculture, Ressources Naturelles et de l'Environnement.
3. L'Hon. Mooneeswar Hurry, au Ministère de l'Education et des Affaires Culturelles.
4. L'Hon. Joseph Clarel Désiré Malherbes, au Ministère de ls Santé, et
5. L'Hon. Kamil Ramoly, (P.M.S.D.), au Ministère du "Local Government" – (Administrations Régionales).

Quelque jours plus tard le Ministre de l'Educaton et des Affaires Culturelles se demet de ses fonctions de ministre et de député à L'Assemblée pour des raisons dites personnelles. Il sera remplacé par Keharsing Jagatsing, nommé député correctif et deviendra à son tour, Ministre de l'Education et assumant le neuvième rang dans l'hiérarchie du gouvernement. Le rapport de force au sein de la coalition resta donc comme suit:-

PTR	CAM	PMSD	MMM
16	I	4	34

donc de 21 Ministres, y compris le poste de Premier Ministre. Les repartitions des postes de Secrétaires parlementaires se firent comme suit:

PTR	PMSD
4	I

donc 5 Secrétaires Parlementaires furent nommés.

N.B. L'Hon. P.R.L.F. Chong Long du P.M.S.D. ne fut ni élu, ni nommé député correctif. La Constitution premet à un "Outsider" d'être nommé Procureur Général et Ministre de la Justice.

Des 26 députés élus pour les travaillistes, 16 furent nommés ministres. Le seul député C.A.M. élu ne fut pas promu au rang de ministre. Le député Yusuf Mohamed, député correctif, fut nommé Ministre de l'Emploi et des Relations Industrielles. Le P.M.S.D avec 8 députés, dont un nommé député correctif, comtait 4 ministres et un Secrétaire Parlementaire.

Le Député Ramesh Jeewoolall soumit sa démission en tant que député et fut nommé Speaker de l'assemblée avec le décès de Sir Harilall Vaghjee. Le Député V. Chettiar que était en même temps trésorier du Parti Travailliste fut nommé Chief Whip du Parti Travailliste à l'Assemblée, quand Harris Boodoo qui fut nommé à ce poste en premier lieu, désista en faveur de M.V. Chettiar. James Burty David deviendra plus tard Président du Parti Travailliste. Il ne resta pas beaucoup de simples députés (back-benchers). Donc les seuls back-benchers Travaillistes furent les suivants:-
1. Harish Boodoo
2. Kailash Purryag
3. Burty David

Les backbenchers M.M.S.D. furent les suivants:-

1. Peirre Simonet
2. Mme. Ghislaine Henry
3. Robert Rey
4. Cyril Guimbeau.

AU Parti Travailliste donc, Harish Boodoo – qui désista en faveur de V. Chettiar qui fut nommé Chief Whip, avait les yeux sur autres choses. Il voulait devenir le Secrétaire Général du Parti Travailliste, mais Kher Jagatsing, Ministre de l'Education et des Affaires Culturelles detenait ce poste que Boodoo convoitait.

Il y eut une grande dispute entre ces deux candidats à ce poste, mais Kher Jagatsing remporta le siège du Secrétaire Général une fois de plus, et sa défaite laissa un Harris Boodoo très amer et déçu. Peu après il devait mobiliser un mouvement de contestation au sein du Parti Travailliste. Il rassembla autour de lui 15 autres collègues députés, ses proches collaborateurs étant Radha Gungoosing et le Dr. Rohit Beedassy. Harris Boodoo rédigea un mémoire de 18 points qu'il soumit au Premier Ministre, réclamant que plusieurs des têtes qui étaient proches du Premier étaient corrompus, et voulut que ce dernier acceptât l'institution des commissions d'enquêtes sur les ministres Jagatsing, Walter, Daby et Badry. Le Premier Ministre écouta ses doléances et vint annoncer à la Télévision Mauricienne (La MBC/TV) qu'il avait étudié ce memoire et qu'il accèderait aux demandes de Boodoo en temps et lieux, mais finit par oublier ses promsesses. Radha Gungoosing démissionna de ses fonctions de Secrétaire Parlementaire en signe de protestation et le mouvement de la contestation commença à prendre de belles allures.

Harish Boodoo, fort du support que lui donnaient les 15 jeunes députés de l'Assemblée élus sous la bannière travailliste, annonça qu'il allait prendre le bâton du pelerin et ferait un pélerinage "la vérité" à travers l'Ile Maurice, afin de conscientiser la masse quant aux excès et abus de pouvoir qui existaient au gouvernement, et qu'il disait le Premier Ministre tolérait.

Harris Boodoo devint la vedette de la scène politique mauricienne. Partout où il allait avec ses deux collègues, il galvanisait l'opinion publique contre le gouvernement. Ils réclamaient tour à tour, documents à l'appui que le régime était totalement corrompu et firent des révélations après révélations pour justifier leurs demandes. Quand vint le moment pour la présentation du budget 1978-79 à l'Assemblée, les trois contestataires furent délaissés par leurs autres treize collègues, qui chacun regagna le berceau après avoir fait sa part du chantage auprès du Premier Ministre, et les bénéfices pleuvèrent des mains de ce dernier. Les seuls trois qui restaient, donc Harris Boodoo, Rohit Beedassy et Radha Gungoosing firent des appels publics afin que tous ceux qui croyaient qu'on en avait eu assez de fraude, de corruption et du népotisme, se rallient autour d'eux pour leur aider à nettoyer le paysage politique mauricien des "carapates." Ils voulaient redonner à la politique "ses lettres de noblesse." C'est ainsi que le mouvement contestataire prit un tel élan que très tôt après, à un meeting public tenu à Belle-Rose qu'on devait annoncer l'adhésion à ce groupe de cinq nouveaux membres. Ils étaient le Dr. Hawaldar, qui ne se présenta pas, et donc Jocelyn Seenyen, détenteur d'un M.A. en Anglais, et enseignant au Collège Labourdonnais à Curepipe, Armoogum Parsooramen, Enseignant, Dr. Yusuf Maudarbaccus et Kailash Ruhee, deux Senior Lecturers et Chargés de Cours à l'Université de Maurice. Le dernier qu'ils présentèrent à la grande foule fut le fils de Jaynarain Roy, ancien député, membre du Parti Travailliste pendant de belles lurettes. Ce jeune Roy était comptable. Le rassemblement suivant qui eut lieu à la place de la gare à Beau-Bassin attira une très grande foule. La prochaine que eût lieu à Rose-Hill était cette fois plus grande encore. On estima cette foule à compter de 35,000 personnes. C'est au meeting de Beau-Bassin que l'auteur[143] rencontra Harris Boodoo pour la première fois. Il venait de retourner d'Angleterre, où il avait vécu pendant 14 ans, et où il travaillait et étudiait en même temps. Ses études finies, il regagnait sa terre natale en juillet de 1978. Il fut depuis ce rassemblement à Beau-Bassin convaincu de la sincérité de Harris Boodoo et devait à partir de ce jour là, être partout avec les contestataires. Le budget ne fut pas voté par les trois députés contestataires du Parti Travailliste et ils furent expulsés de ce parti. Les contestataires mirent les bouchés doubles, et formèrent le Parti Socialiste Mauricien qu'ils lancèrent à la Place du Quai, Port Louis le 16 Septembre 1979, et c'est alors que François Lamay et Subhas Ramdahen et Sattienand Pahladi furent présentés au public comme membres du Parti Socialiste Mauricien. Quelques temps après Boo Pillay, Kishore Deerpalsingh et Babooram Mahadoo se joignirent à ce Parti, et le PSM grossit chaque jour après.

Le Parti Socialiste Mauricien, qui adopta le blanc pour son drapeau, et une main ouverte pour son symbole, représentait durant les années 1979 à 1981 l'espoir du pays. Et quand le Premier Ministre accepta l'institution de deux commissions l'enquêtes sur les deux ministres Daby et Badry, et quand le Rapport de la Commission Glover fut publie , ce fut le coup de grâce pour ces deux la. Ils furent tous deux trouvés coupables de plusieurs comptes de fraude et de corruption, et dûrent démissionner. Le Gouvernement avait déjà aboli la tenue des élections partielles, et la démission de ces deux ministres créèrent des problèmes substantiels au Premier Ministre.

C'est alors que le Premier Ministre intissa le député Sooresh Moorba, membre du MMM, donc de l'Opposition à venir se joindre au gouvernment. Il accepta la proposition et fut nommé Ministre de l'Information et de la Radio-diffusion le 16 janvier 1980. Kamil Ramoly que était jusqu'alors Secrétaire Parlementaire au Ministère de "Local Government" fut nommé Ministre à ce même Ministère, pour remplacer l'ex-ministre à ce poste, l'Hon A.M. Espitalier-Noël qui avait quitté le gouvernement, en attendant. Le Ministre de la Santé, l'Hon. Mahess Teeluck, mourut en 1979 et le Dr. Beergoonath Ghurburrun, fut nommé député correctif pour le remplacer en tant que député. Il fut lui aussi nommé ministre de la Santé. L'Hon. R. Purryag (aussi appelé Kailash Purryag fut nommé Ministre de la Securité Sociale, le même jour du 16 Janvier 1980.

Le Parti Mauricien Social Démocrate fut bouleversé et puis cassé en deux groupes, celui

---

143 l'auteur de cet ouvrage

de Duval et celui d'Elizier François. Le groupe François demeurera au sein de la coalition qui sera désormais connue sous le nom de l'Alliance PTR/CAM/Groupe François. Les députés et ministres du PMSD, fidèle à Sir Gaëtan Duval, se retirent du gouvernement. Des huit députés PMSD, 7 quitteront le gouvernement. Ce qui modifia grandement le rapport des forces car ils se joignirent aux MMM dans l'Opposition parlementaire. Pour refaire la balance des forces le Premier Ministre intissera cinq autres députés MMM, dont: 1. C. Coojan, 2. V. Jundoosingh, 3. V. Ramphul, 4. J.C. Augustave et 5. V. Venkatasamy à se joindre au gouvermement. Le Premier Ministre augmentait le nombre de postes de Secrétarire Parlementaire de 5 à 10, pour nommer ensuite chacun des transfuges du MMM, à ce poste.

C'est ainsi que ces cinq furent nommés comme suit:-

1. C. Coonjan, au Ministère de la Santé,
2. V. Jundoosing, à l'Agriculture, pour remplacer Radha Gungoosing qui avait démissionné de ce poste avant son expulsion du PTR.
3. V. Ramphul fut nommé au Ministère de la Jeunesse et du Sport,
4. J. C. Augustave au Ministère de Communications et
5. V. Venkatasamy, aux Ministère des Finances.

L'Oppostition MMM qui comptait juste après les élections de 1976 un grand complet de 34 députés, vit son nombre se reduire par 6 quand ils se joignirent au gouvernement, et ne comptait plus que 28, mais quand les députés PMSD se joignirent à l'opposition, cette dernière comptait 28+7, donc 35 députés. Le rapport de force à l'Asemblée devint

       i.   Pour le Gouvernement 35

       ii.   Pour l'Opposition 35

Le gouvernement perdit Coonjan qui démissionna du parlement, et puisque les élections partielles avaient été abolies, on ne pouvait le remplacer. C'est ainsi que le gouvernement se vit obliger de nommer Paul Cheong Long, Procureur Générale et Ministre de la Justice. Paul Cheong Long était Président du PMSD, mais li se joignit qu groupe François quand le PMSD se scinda en deux.

Le MMM et le PSM conclurent une alliance électorale au début de l'an 1981. Ils préparèrent un programme commun et présnetèrent leurs 60 candidats, dans toutes les circonscriptions à l'Ile Maurice, sur une base de 42 pour le MMM et 18 pour le PSM. Cette Alliance vit son influence gossir de jour en jour et le gouvernement allait bon gré,mal gré tout durer jusqu'aux Juin 1982, quand eurent lieu les élections générales. Le dernier gouvernement Travailliste/Comité d'Action Musulman/Groupe François affrontèrent l'Alliance MMM/PSM. Le Comité d'Action Musulman fut dissout juste avant les élections et ses membres formèrent le parti Islamique Mauricien, alors que certains de l'ex-CAM se joignirent au Parti Travailliste. Le R.P.L. ira en alliance avec le gouvernement contre MMM/PSM.

LE DERNIER GOUVERNEMENT DE SIR S. RAMGOOLAM

1. Sir Seewosagur Ramgoolam, Premier Ministre, Ministre de la Défense, et de la Securité Intérieure, et des Communications.
2. Sir Veerasamy Ringadoo, Ministre des Finances.
3. Sir Satcam Boolell, Ministre de l'Agriculture, des Ressources Naturelles et de l'Anvironnement.
4. Sir Harold Walter, Ministre des Affaires Extérieures, du Tourisme et de l'Emigration.
5. Dayanundlall Basant Rai, Ministre du Commerce et de l'Industrie.
6. Emmanuel Bussier, Minstre des Travaux.
7. Sir Rabindraneth Ghurburrun, Ministre du Plan et du Développement Economique.
8. Sir Kher Jagatsingh, Ministre de l'Eduction et des Affaires Culturelles.
9. Simadres Virahsawmy, Ministre des Prix et de la Protection des Consommateurs.
10. Elizier François, Ministre du Logement, des Terres et de l'Urbanisme.
11. Dr. Kemchandraseeh Busawon, Ministre de l'Energie.
12. L.N.C. Guimbeau, Ministre de Rodrigues.
13. Hurrydev Ramchurn, Ministre de la Jeunesse et du Sport.
14. Kaleshwaras Saccaram, Ministre de l'Emploi (Responsable pour l'Administration des Postes, Telégraphes et la Telecommunication).
15. Iswardeo Seetaram, Ministre des Pêcheries (Responsable des Administrations Co-operatives et du Développement des Co-operatives).
16. Paul Chong Leung, Procureur Général et Ministre de ls Justice.
17. A. Peeroo, Ministre du Travail et des Relations Industrielles.
18. Dr. Beergoonath Ghurburrun, Ministre de la Santé.
19. R. Purryag, Ministre de ls Sécurit'e Sociale.
20. K. Ramoly, Ministre des Administrations Régionales.
21. S. Moorba, Ministre de l'Information et de la Radio-Diffusion.
22. A.V. Chettiar, Ministre d'Etat – attaché au Bureau du Premier Ministre.

LES SECRÉTAIRES PARLEMENTAIRES

1. Harris Ramphul, Ministère de la Jeunesse et du Sport.
2. Premduth Doongoor, Ministère de l'Energie.
3. Mooneshwar Hurry, Ministère de l'Education et des Affaires Culturelles.
4. J. Clarel Malherbe, Ministère de la Santé.
5. Jean-Claude Augustave, Ministère de l'Emploi et de la Communication Interne.
6. V. Jandoosingh (à partir de Janvier 1981), Ministère de l'Agriculture, des Ressources Naturelles et de l'Environnement.
7. V. Venkatasamy, Ministère des Finances.

C'est ce gouvernement qui conduira le pays aux élections du 11 Juin 1982, et sera battu par l'Alliance MMM/PSM, et fut le dernier gouvernement où Sir Seewoosagur Ramgoolam présidera sur le destin de l'Ile Maurice en tant que Premier Ministre..

Il restera dans l'ombre pendant les neuf mois que dureront le MMM et le PSM et tant que gouvernement de l'Alliance MMM/PSM quand ce gouvernement s'éclatera pour ramener le peuple aux urnes le 21 Août 1983.

La defaite totale du gouvernemet sortant du sortant du Juin 1982 marqua la fin d'une époque à Maurice. Le vent du chaagement était venu, et tout avait changé pour le Parti Travailliste.

LE GOUVERNEMENT MMM/PSM

"Le Premier Gouvernement d'Anerood Jugnauth," formé le 15 Juin 1982 fut constitu'e comme suit:-

1. Anerood Jugnauth, Q.C., Premier Ministre, Minstre de la Défense et de la Sécurité Interne et Ministre des Institutions Reformatrices.
2. Harisun Boodoo, Ministre de l'Information et des Co-opératives, et vict-Premier Ministre.
3. Paul Raymond Bérenger, Ministre des Finances.
4. Abdool Kader Bhayat, Ministre du Commerce, Industries, Prix et Protection des Consommateurs.
5. Jean-Claude Gervais Raoul de l'Estrac, Ministre des Affaires Extérieures, du Toursime et de l'Emigration.
6. Nunkeswarsingh Deerpalsingh, Ministre de l'Agriculture, des Pêcheries et des Ressources Naturelles.
7. Ramdutsing Jaddoo, Ministre de l'Education.
8. Daniel Jocelyn Seenyen, Ministre de la Santé
9. A. Swaley Kasenally, Ministre de l'Enegrie et des Communications.
10. Mme. Shirin Aumeerauddy Cziffra – Attorney General, Ministre des Femmes.
11. Keertee Kumar Ruhee, Ministre du Plan et du Développement Economique.
12. Cassam Uteem, Ministre de l'Emploi et de la Sécurité Sociale.
13. Rohit Niemo Beedassy, Ministre des Traveaux.
14. Jayen Cuttaree, Ministre du Travail et des Relations Industrielles.
15. Sree Krishna Loyd Baligadoo, Ministre du Logement et de L'Environnement.
16. Premduth Coonjoo, Ministre des Administrations Régionales.
17. Louis Serge Clair, Ministre de Rodrigues et des Iles.
18. Ramachandra Poonoosamy, Ministre des Arts, de la Culture.
19. Dr. Diwakur Bundhun, Ministre de la Jeunesse et du Sport.
20. Le Chief Whip fut Mr. Radha Gungoosing.
21. Le President du Public Accounts Committeefut Armoogum ParsooramENT.

Ce gouvernement fera face à une série de crises à peine 4 mois après sa formation avec la démission et la réintégration du Paul Bérenger et finira par la cassure du MMM en Mars 1983 quant 12 ministres et 15 députés du MMM démissioneront du gouvernement pour faire l'Opposition Parelmentaire. Ils seront rejoints par trois députés du PSM quelques jours plus tard.

Les démissionnaires furent les ministres

1. Paul Bérenger
2. J.C. de l'Estrac
3. Ramduth Jaddoo
4. Jocelyn Seenyen
5. Swaley Kasenally
6. S. Aumeerauddy-Cziffra
7. Kailash Ruhee
8. Cassam Uteem
9. Jayen Cuttaree
10. L. Baligadoo
11. Prem Conjoo
12. R. Poonoosamy

Les députés démissionnaires que se ragèrent aux côtés de Paul Bérenger furent les suivants:-

1. Jérome Boulle
2. R. Dylah
3. Mathieu Laclé
4. N. Lee Chong Lem
5. Osman Gendoo
6. B. Khodabux
7. Dharam Fokeer
8. Dharam Gokool,
9. Ravin Lochun
10. Azize Asgarally
11. V. Lutchmeenaraidoo
12. A. Navarre
13. Uttam Jawaheer
14. S. Maudarbaccus
15. D. Rotho
16. R. Finette
17. F. Salesse
18. France Canabady
19. P. Lafrance.

Le Premier Ministre dût remanier la composition de son cabinet ministériel.

LE SECOND GOUVERNEMENT D'ANEROOD JUGNAUTH FUT ANNONCÉ LE 28 MARS 1983 ET AVAIT POUR MEMBRES:-

1. A. Jugnauth – Premier Ministre, Ministre de la Défense et de la Sécurité Interne, Ministre des Institutions Reformatrices, Ministre des Communications Externes, et Ministre des Finances.
2. Harisun Boodoo – Vice Premier Ministre, Ministre de l'Information, Ministre des Coéopératives, Ministre des Arts et des Affaires Culturelles, et le loisir.
3. Abdool Kader Bhayat, Ministre du Commerce et de l'Industrie, des Prix et de la Protection des Consommateurs, Ministre des Femmes, et Attorney-General.
4. Nunkeswar Deerpalsingh, Ministre de l'Agriculture, Pêcheries, et Ressources Naturelles.
5. Dr. Niemo Beedassym Ministre des Travaux.
6. Louis Serge Clair, Ministre de Rodrigues et des Iles.
7. Dr. Diwakur Bundhun, Ministre de l'Emploi, de la Sécurité Sociale et de la Solidarité Nationale.
8. Anil Kumar Singh Gayan, Ministre des Affaires Etrangères, du Tourisme et de l'Emigraion.
9. Armoogum Parsooramen, Ministre de l'Education.
10. Jagdiswar Goburdhun, Ministre de la Santé
11. Mahendrah Utchanah, Ministre de l'Energie et des Communications Internes.
12. Karl Auguste Offman, Ministre du Plan et du Développement Economique.
13. Sateeanund Peerthum, Ministre du Travail et des Relations Industrielles.
14. Dr. Dwarkanath Gungah, Ministre du Logement, des Terres et de l'Environnement.
15. Lutchmeeparsadsing Ramsawok, Ministre des Administration Régionales.
16. Louis Sylvio Michel – Ministre de la Jeunesse et du Sport.

Quelques jour plus tard Vishnu Lutchmeenaraidoo regagnait les rangs du gouvernement et devenait, Ministre des Finances. Jean Claude Bibi fut nommé Attorney-General et Ministre des Droits des Femmes et des Affaires Familiales. Et le cabinet retournait au complet de 18 ministres, y compris le Premier Ministre. Babooram Mahadoo fut nommé ministre des Arts, et des Affaires Culturelles et le Loisir. Ce qui ramena à partir du 17 Mai 1983 le Cabinet à 19 membres. Le Chief Whip fut cette fois aussi Radha Gungoosing.

Ce gouvernement durera jusqu'aux élections générales qui furent fixées aux 21 Août 1983, le "nomination day" ayant été fixé au 11 Juillet 1983.

Le MSM, parti formé par le Premier Ministre auquel s'intégrera le PSM après qu'il fut dissous, négocia une alliance électorale avec le Parti Travailliste et ils furent rejoints par le Parti Mauricien Social Démocrate et affrontèrent le MMM aux élections du 21 Août 1983.

L'Alliance MSM/PTr/PMSD remporta ces élections et obtint une majorité de 41 sièges contre le MMM qui remporta 19 sièges et l'OPR 2 sièges. L'OPR se joignit à l'alliance MSM/PTr/PMSD pour former le nouveau gouvernement. Le Premier Minstre, Anerood Jugnauth, devait annoncer la formation du son nouveau gouvernement le 1er Septembre 1983. Ce fut son troisième depuis le 12 Juin 1982.

LE TROISIÈME GOUVERNEMENT D'ANEROOD JUGNAUTH

La Composition du nouveau cabinet-ministériel fut annoncé le 1er Septembre 1983.

1. Anerood Jugnauth, Premier Ministre, Ministre de la Défense, de la Sécurité Interne, Ministre des Communications Externes.
2. Sir Gaëtan Duval, Vice-Premier Ministre, Attorney General et Ministre de la Justice.
3. Seetanah Lutchmeenaraidoo, Ministre des Finances.
4. Sir Satcam Boolell, Ministre du Plan et du Développement Economique.
5. Abdool Kader Bhayat, Ministre du Commerce et du Shipping,
6. Anil Kumarsingh Gayan, Ministre des Affaires Extérieures, du Tourisme et de l'Emigration.
7. Dr. Diwakur Bundhun, Ministre de l'Emploi de la Sécurité Sociale, et de la Solidarité Nationale.
8. Nunkeshwar Deerpalsingh, Ministre de l'Agriculture, des Pêcheries et des Ressources Naturelles.
9. Dr. Rohit Niemo Beedassy, Ministre des Travaux.
10. Armoogum Parsooramen, Ministre de l'Education, Arts et Culture.
11. Dwarkanath Gungah, Ministre du Logement, des Terres et de l'Environnement.
12. Louis Sylvio Michel, Ministre (Administrations) Affaires Régionales.
13. Mahyendrah Utchanah, Ministre de l'Energie et de la Communication Interne.
14. Dr. Beergoonath Ghurburrun, Ministre de la Santé
15. Ramsamy Chedumbarum Pillay, Ministre de l'Industrie et des Co-operatives.
16. Joseph Hervé Duval, Ministre du Travail et des Relations Industrielles.
17. Mme. Sheilabai Bappoo, Ministre des Droits des Femmes, et Affaires Familiales.
18. Michale Glover, Ministre de la Jeunesse de du Sport.
19. France Félicité, Ministre de Rodrigues et des Iles.
20. Le Chief Whip fut M. Harisun Boodoo.

LE QUATRIÈME GOUVERNEMENT D'ANEROOD JUGNAUTH (25.4.84)

La révocation de Sir Satcam Soolell par le Premier Ministre et la démission de Sylvio Michel provoquèrent un remaniement ministériel au sein du Cabinet et ainsi naissait le 4ième gouvernement d'Anerood Jugnauth, dont les membres furent:-

1. Anerood Jugnauth, Premier Ministre, Ministre de la Défense, et de la Sécurité

Interne, Ministre d'Information, Ministre des Institutions Réformatrices, et Ministre des Communications Externes.

2. Sir Gaëtan Duval, Vice-Premier Ministre, Attorney-General et Ministre de la Justice.

3. Seetanah (Vishnu) Lutchmeenaraidoo, Ministre des Finances.

4. Dr. Beergoonath Ghurburrun, Ministre du Plan et de Développement Economique.

5. Abdool Kader Bhayat, Ministre du Commerce et du Shipping

6. Dr. Diwakur Bundhun, Ministre de l'Emploi et de la Sécurité Sociale, Ministre de la Solidarité Nationale.

7. Anil Kumarsingh Gayan, Ministre des Affaires Extérieures, du Tourisme et de l'Emigration.

8. Nunkeswarsingh Deerpalsingh, Ministre de l'Agriculture, des Pêcheries et des Ressources Naturelles.

9. Dr. Rohit Niemo Beedassy, Ministre des Travaus.

10. Armoogum Parsooramen, Ministre de l'Education, des Arts et de la Culture.

11. Dr. Dwarkanath Gungah, Ministre du Logement, des Terres et de l'Environnement.

12. Mahyendrah Utchanah, Ministre de l'Energie et des Communications Internes.

13. Rajeshwar Purryag, Ministre de la Santé

14. Karl Offman, Ministre des Administrations Régionales et Co-operatives.

15. Ramsamy Chedumbarum Pillay, Ministre de l'Industrie

16. Joseph Hervé Duval, Ministre de la Condition Féminine.

17. Michaël Glover, Ministre de la Jeunesse et du Sport.

18. France Félicité, Ministre de Rodrigues et des Iles.

LE CINQUIÈME GOUVERNEMENT D'ANEROOD JUGNAUTH.

Ce gouvernement naquit avec la démission de 4 ministres du gouvernement, le 4 Janvier 1986, dont Messieurs Kader Bhayat, Anil Gayan, Chedumbarum Pillay et K. Purryag, suite à l'Affaire d'Amsterdam où 4 députés de l'Alliance furent arrêtés à l'aéroport de Schipol pour possession de 21 kilos d'héroïne. Les ministres démissionnaires avaient fait état de plusieurs points de désaccord avec le Premier Ministre, n'étant surtout pas d'accord avec le Premier Ministre sur ses déclarations concernant les 4 députés arrêtés à Amsterdam. Ils devaient se former en groupe dissident tout en demeurant membres et députés du MSM, avec l'exception de Kailash Purryag qui démissionna du RTM pour aller se joindre à Sir Satcam Boolell, et à Yusuf Mohamed, Vice-président de l'Assemblée qui avait lui aussi délaissé l'Alliance Gouvernementale pour faire cause commune avec Sir S. Boolell.

C'est surtout à partir de ce moment là, c'est-à-dire, à partir de la démission de 4 ministres et l'arrestation des 4 députés à Amsterdam, que débutèrent les plus grands problèmes aulquesl devrait faire face le Premier Ministre. Ce dernier avait déclaré ne vouloir en aucune façon aider les députés à chacun des membres de son gouvernement de ne pas se mêler de cette affaire, et qu'il était résolu à laisser la justice hollandiase décider l'affaire. Sir Gaëtan Duval qui était à Bombay devait se mettre en contacte avec les autorités d'Amsterdam pour savoir plus sur cette affaire et il attira le foundre du Premier Mnistre. Il devait déclarer "Si j'ai commis un crime pendez moi!"

En attendant, Harris Boodoo rentrait de l'Inde et remettait au Premier Ministre un mémorandum contentant 20 demandes spécifiques, y compris le poste de Ministere de l'Intérieur. Le Premier Ministre juges que les demandes n'étaient pas acceptables et après avoir accepté de mettre en pratique certaines des choses que réclamait Boodoo, il refusa d'être dicté par ce dernier, qu'il accusera plus tard d'avoir ourdi un complot pour le remplacer par Kishore Deerpalsingh. On fit état d'une pétition que vingt députés membres du MSM avaient signée pour réclamer la démission du Premier Ministre en tant que chef de parti, donc du MSM. Boodoo se joignit qux 4 ministres démissionaires. Le député Georgie Candahoo délaissa l'Alliance pour porter main forte à Boodoo. Le Député Radha Gungooshing devait faire de même.

Les nouveaux développements qui suivirent le retour de trois des quatre députés, qui avaient été arrêtés à Amsterdam provoqua d'autres secousses au gouvernement. Les députés de l'opposition ne voulurent pas siéger dans l'Assemblée où disent-ils vont aussi siéger des hommes qui ont apporté la honte au pays. Sylvio Michel qui utilisa un langage non-parlementaire, dite vulgaire, fut forcément expulsé de l'Assemblée par la Brigade Armée (le Riot Unit) et à la suite de cet évènement, les "front-benchers" de l'opposition furent suspendus en tant que députés. Les membres de l'Opposition, y compris Sir S. Boolell, effecturèrent un "walk-out" spectaculaire.

Le cinquième Gouvernement fut donc constitué suite à un remaniement ministérie qui fut comme suit et fut annoncé le 14.1.1986.

1. Anerood Jugnauth, Premier Ministre, Attorney-General et Ministre de la Justice, Ministre de la Défense, et de la Sécurité Interne, Ministre d'Information, Ministre des Communications Externes et des Iles.
2. Sir Gaëtan Duval, Vice-Premier Ministre, Ministre de l'Emploi et du Tourisme.
3. Seetanah Lutchmeenaraidoo, Ministre des Finances.
4. Dr. Diwakur Bundhun, Ministre de l'Industrie.
5. Nunkeswarsingh Deerpalsingh, Ministre de l'Agriculture, des Pêcheries et des Ressources Naturelles.
6. Dr. Rohit Niemo Beedassy, Ministre des Travaux
7. Armoogum Parsooramen, Ministre de l'Education, des Arts et de la Culture.
8. Dr. Dwarkanath Gungah, Minister du Plan et du Développement Economique.
9. Mahyendrah Utchanah, Ministre de l'Energie et des Communications Internes.
10. Karl Auguste Offman, Ministre de la Sécurité Sociale, de la Solidarité Nationale et des Institutions Réformatrices.
11. Joseph Hervé Duval, Ministre du Logement, des Terres et de l'Environnement.
12. Mme. Sheilabai Bappoo, Ministre du Travail et des Relations Industrielles, Droits

des Femmes et le Bien-être Familial.
13. Michaël Glover, Ministre de la Jeunesse et du Sport
14. France Félicité, Ministre de Rodrigues.
15. Iswardeo Seetaram, Ministre des Co-opératives.
16. Jagdiswar Goburdhun, Ministre de la Santé.
17. Murlidas Dulloo, Ministre des Administrations Régionales.
18. Rashidally Soobadar, Ministre des Administrations Régionales.
19. Le Dr. D. Ramjuttun fut nommé Chief Whip pour remplacer Harris Boodoo.
20. Sir Veerasamy Ringadoo assuma les fonctions de Gouverneur Général le 17 Janvier 1986 pour remplacer Sir Seewoosagur Ramgoolam qui mourut le 16 Décembre 1985.

Trois autres ministres, dont le Dr. R. Beedassy, Kishore Deerpalsingh et Rashidally Soobadar annoncèrent leurs démissions le 24 juillet 1986 et se joignirent aux quatres ministres dissidents, et cette fois ci, les députés Raj Molaye, S. Goodoory et Babooram Mahadoo leur portèrent main forte en se dissociant de l'Alliance. Kishore Deerpalsingh prit ses distances du groupement des dissidents, et Babooram Mahadoo regagna vite les rangs du gouvernement. Quelques temps après Raj Molaye et S. Goodoory aussi retournèrent au bercail. Au temps où la dissidence fut la plus forte, ils comptaient 11 membres en tout. Tous les dissidents réclamaient la tête du Premier Ministre et le retour de Sir Satcam Boolell. Ce dernier devait finalement se proposer en tant qu'intermédiaire entre les dissidents et Anerood Jugnauth pour qu'une négociation ait lieu afin de discuter les modalités qui permettrait aux dissidents de retourner au sein de l'Alliance, mais ces pourparlers ne débouchèrent pas sur un raccommodage. La suspension des députés de l'Opposition, suite au retour de Sateeanand Pelladoah, qui fut condamné à six mois de prison à Amsterdam pour avoir involontairement introduit 21 kilos d'héroïne, à Maurice, n'aidant pas les choses et ne créant pas les conditions conducives à un tes raccommodage. C'est suite à cette tentative que Sir Stacam Boolell regagnerait les rangs de l'Alliance et sera nommé Ministre des Affaires Etrangères le 8 Août 1986. Il s'assurera aussi du Ministère de l'Emigration, suite à quoi naquit le 6ème Gouvernement d'Anerood Jugnauth.

Le retour de Sir Satcam Boolell et la démission des trois ministres nécessitèrent un autre remainement du Cabinet ministériel que se fit le 8 Août 1986. Le Sixième Gouvernement se constitut comme suit:-

Le Sixième Gouvernement d'Anerood Jugnauth
1. Anerood Jugnauth, Premier Ministre, Ministre de la Défense et de la Sécurité Interne, Ministre de l'Information, Ministre des Communications Externes et des Iles.
2. Sir Gaëtan Duval, Ministre de l'Emploi et du Tourisem et Vice-Premier Ministre.
3. Sir Satcam Boolell, Ministre des Affaires Extérieures et de l'Emigration. Attorney General et Ministre de la Justice.

4. Seetanah (Vishnu) Lutchmeenaraidoo, Ministre des Finances.
5. Dr. Beergoonath Ghurburrun, Ministre du Commerce et Shipping.
6. Dr. Diwakur Bundhun, Ministre de l'Industrie.
7. Armoogum Parsooramen, Ministre de l'Education, des Arts et de la Culture.
8. Dr. Dwarkanath Gungah, Ministre du Plan et de Développement Economique.
9. Mahyendrah Utchanah, Ministre de l'Energie et des Communications Internes.
10. Karl Auguste Offman, Ministre de la Sécurité Sociale, de la Solidarité Nationale, et des Institutions Réformatrices.
11. Joseph Hervé Duval, Ministre de Logement, des Terres et de l'Environment.
12. Mme. Sheilabai Bappoo, Ministre du Travail et des Relations Insdustreilles, Ministre des Droits des Femmes, et le Bien-être Familial.
13. Michaël James Kevin Glover, Ministre de la Jeunesse et du Sport.
14. France Félicité, Ministre de Rodrigues.
15. Iswardeo Seetaram, Ministre des Co-opératives.
16. Jagdiswar Goburdhun, Ministre de la Santé.
17. Murlidas Dulloo, Ministre de l'Agriculture, des Pêcheries et des Ressources Naturelles.
18. Babooram Mahadoo, Ministre des Administrations Régionales.
19. Dr. Dineshwar Ramjuttun, Ministre des Travaux.
20. Raj Virah Sawmy fut nommé Chief Whip.

N.B.

1. Le Premier Ministre a annoncé en Septembre/Octobre la création de 2 postes supplémentaires de Vice-Premier Ministre. Il a nommé Sir S. Boolell 2ème Vice-Premier Ministre et S. Lutchmeenaraidoo le troisième.
2. Le Dr. D. Bundhun fut révoqué le 11 Mai 1987 a cause des critiques acerbes qu'il fit contre le Premier Ministre.

Le Rapport des Forces à l'Assemblée (jusqu'au 14 Fév. 87)

Les hommes de Jugnauth au Gouvernement

A. Le MSM à l'Assemblée, et les composantes de l'Alliance.

1.	Anerood Jugnauth.	Ex MMM	
2.	Seetanah Vishnu Lutchmeenaraidoo	Ex PSM	
3.	Dr. Diwakur Bundhun.	Ex MMM[5]	
4.	Armoogum Parsooramen.	Ex PSM	
5.	Dr. Dwarkanath Gungah.	Ex MMM	
6.	Mayendrah Utchanah.	Ex MMM	
7.	Karl Auguste Offman.	Ex PSM	10 Ex MMM
8.	Mme. Sheilabai Bappoo.	Ex MMM	6 Ex PSM
9.	Jagdiswar Goburdhun.	Ex MMM	
10.	Murlidas Dullo.	Ex MMM	
11.	Babooram Mahadoo.	Ex PSM	
12.	Dr. Dineshwar Ramjuttun.	Ex PSM	
13.	Raj Birah Sawmy.	Ex MMM	
14.	Ajay Daby.	Ex PSM	
15.	Anand Choolun.	Ex PSM	
16.	Régis Finette.	Ex MMM	

Total: 16 membres.

B. Le Parti Travailliste
1. Stacam Boolell.

C. Le P.M.S.D.
1. Duval, Gaëtan.
2. Duval, Hervé
3. Hein, R.
4. Ghislaine Henry (Mme.)   **Total**: 8 membres.

D. Le R.T.M.
1. Ghurburrun, b.
2. Glover, M.

L'O.P.R.
1. France Félicité   **Total**: 24 membres pro-Jugnauth[6]

A. Les Anti-Jugnauth – (Les Dissidents)

1. Chedumbrum Pillay.
2. Soobash Goodoory.
3. Rashid Soobadar.
4. Kader Bhayat.
5. Raj Molaye.
6. Radha Gungoosingh.
7. Kishore Deerpalsing.
8. Rohit Beedassy.
9. Anil Gayan.
10. Georgie Candahoo.

B. Travaillistes Anti-Jugnauth

1. Yusuf Mohamed.
2. Kailash Purryag.

C. Indépendants

1. Dev Kim Currun.
2. S. Thomas.
3. S. Poonith.[144]

D. Ceux qui n'auront pas de tickets

1. S. Pelladoah.
2. A. Chinien.
3. Kamil Ramoly.
4. Ismaël Nawoor.

E. Organisation Fraternelle

Gäetan Gungaram.

Sylvio Michel.

F. L'O.P.R.

1. Serge Clair.

Total: 23 plus le MMM.

---

144 Il soumettra sa démission peu après pour provoquer une troisième élection partielle, qui n'eut pas lieu car l'Assemblée fut dissoute trois jours avant le 5 juillet 1987, date qui fut fixée pour celle-ci.

L'Opposition MMM

1. M. Laclé
2. J. Boulle
3. R. Dyallah
4. Noel L.C. Lem
5. K. Tegally
6. S. Lallah
7. B. Khodabux
8. O Gendoo
9. C. Uteem
10. K. Baligadoo
11. I. Collendavelloo
12. S. Maudarbaccus.
13. J. Cuttaree
14. J. de l'Estrac
15. S.S. Cziffra
16. R. Bhagwan
17. Paul Bérenger
18. Jocelyn Minerve
19. Percy Lafrance
20. J. Arunasalon
21. D. Mundil.

Démissionnaires[145]

1. Harish Boodoo.
2. L. Ramsawok.

Total:	24	*Pro-Jugnauth*
	10	*Dissidents / MSM (y compris 1 O.F.)*
	2	*Anti-Travailliste / Anti-Jugnauth*
	3	*Indépendants / Anti-Jugnauth*
	5	*Pas de tickets / Anti-Jugnauth*
	2	*O.F. Anti-Jugnauth*
	1	*O.P.R. Anti-Jugnauth*
	<u>21</u>	*M.M.M Opposition – Anti-Jugnauth*
Total	68	*Membres +*
	<u>2</u>	*Démissionnaires*
L'Assemblée du	70	*Membres élus en Août 1983.*[146]

---

145 Il faut donc ajouter a cette liste le député S. Poonith qui démissionnait quelques temps après ces deux la.
146 Voir l'Annexe les détails sur la composition du Gouvernement issue des élections du 30 Août 1987.

LE GOUVERNEMENT ISSU DES ELECTIONS GÉNÉRALES DU 30 AOÛT 1987.

ANEROOD Jugnauth: Premier Ministre, Ministre de la D'efense, de la Sécurité Intérieure, de l'Information, des Communications Extérieures et des Iles.

Sir Gaëtan Duval: Vice Premier Ministre et Ministre de l'Emploi et du Tourisme.

Sir Stacam Boolell: Attorney-General, Ministre de la Justice et Ministre des Affaires Etrangères et de l'Emigraion.

Setanah Lutchmeenaraidoo: Ministre des Finances.

Dr. Beergoonath Ghurburrun: Ministre du Plan et du Développement Economique.

Armoogum Parsuramen: Ministre de l'Education, des Arts et de la Culture.

Dwarkanath Gungah: Ministre de Commerce et du Transport Maritime

Mahendra Utchanah: Ministre de l'Energie et des communications Intérieures.

Joseph Hervé Duval: Ministre de l'Industrie.

Mm. Sheilabai Bappoo: Ministre du Travail et des Relations Industrielles.

Michael James Kevin Glover: Ministre de la Jeunesse et des Sports.

Jagdishwar Goburdhun: Ministre de la Santé.

Murlidas Dulloo: Ministre de l'Agriculture, de la Pêche et des Ressources Naturelles.

Dr. Dineshwar Ramjuttun: Ministre de la Sécurité Sociale, de la Solidarité Nationale et des Institutions Réformatrices.

Ramdkuthsing Jaddoo: Ministre des Travakux.

Louis Serge Clair: Ministre de Rodrigues.

Sir Ramesh Jeewoolall: Ministre du Logement, des Terres et de l'Urbanisme.

Joseph Clarel Desire Malherbe: Ministre des Administrations Regionales.

Vishwanth Sajadah: Ministre des Coopératives.

Chapitre 8

LE PROCESSUS DE LA DÉSTABILISATION DU PAYS

CE processus de la déstabilisation a débuté parceque certaines personnes ne voulaient pas que le pouvoir politique passe en d'autres mains. Ils voulurent à tout prix maintenir leurs acquis, et pour faire ceci ils devaient tout d'abord s'assurer le support des hommes politiques qui leur protègeraient d'un côté et qui leur permettraient de continuer à jouir sur le dos des malheureux a Maurice.

Ils ont donc financé des hommes corrompus pour faire leur jeux. C'est ainsi que plusieurs hommes politiques furent financé par ces gens là et ils réussirent à se faire élire en premier temps. Ils se sont servi de leur pouvoir politique pour leur assurer de la protection occulte. Ces politiciens corrompus ont semé la division au sein de la communauté mauricienne en se servant du communalisme, du castéisme, et surtout des religieux corrompus. Ils se sont servi de leurs gorilles pour intimider grand nombre de gens, pour se faire élire. Et une fois qu'ils ont pu se faire élire, la moralité politique fut démolie.

Plusieurs de ces politiciens sont devenus des hommes très riches et ils ont ainsi acquit une certaine puissance qui leur permit de s'acheter une certaine acceptabilité au sein de la société. Ils ont prit des pôts de vin de tous ceux qui voulaient s'acheter des faveurs et en retour ils leur ont protégés contre la poursuite, car ils se sont servi de leurs pouvoirs politiques pour corrompre certains haut gradés parmi les policiers.

On cannait grand nombre de cas de corruption policière à Maurice et ce problème est devenu si grâve que très souvent les gens n'ont plus de confiance dans les policiers, qu eux aussi se voient persécutés par leurs supérieures quand ils ont-affaire à des hommes corrompus. On a dû , de temps en temps, avoir recours à des suspensions des officiers et plusieurs ont été démis de leurs fonctions, quand on a réussi à prouver qu'ils étaient corrompus. Il était une époque à Maurice où la loi du plus fort réganait comme dans la jungle. Pas un seul policier osait prendre en contravention un seul des barons sucriers par exemple. Ces derniers pouvaient faire tout ce qu'ils voulaient, et personne n'osait leur arrêter, même s'ils avaient commis des actes criminelles. Il existait une justice séparée pour eux. Il étaient les maîtres du pays. Et si jamais un brave policier osait leur arrêter, c'est lui qui perdait son emploi, sinon sa vie. La loi qui régissait dans le pays était pour les petits gens de la rue, pas pour riches et les puissants.

La promiscuité était pour eux la règle du jour. Ils exerçaient le droit de cuissage comme bon leur semblait et ne s'arrêtaient à rien! Ils n'avaient pas peur, car ils avaient acheté la protection. Les politiciens corrompus étaient là pour leur protéger contre tous vents et marées. Les policiers corrompus étaient là pour ne pas leur opportuner. Même s'ils se faissient parfois prendre par la police, ils pouvaient s'acheter les services des hommes de loi corrompus pour leur défendre. Ils avaientl eur gorrilles pour intimider les témoins et les victimes! Le pouvoir corrompt et le pouvoir absolu corrompt absolument. Voilà comment le pourrissement de la société mauricienne a commencé en premier lieu.

Si cela se passait durant les années avant l'indépendance de l'Ile Maurice, il se passe encore aujourd'hui aussi. Certains nouveaux riches ont aidé à augmerter le niveau de pourrissement en se servant de toutes sortes de moyens pour leur aider dans cette tâche inouïe. Dans les vieux temps on avait prit l'habitude de griser des malheureux électeurs pauvres avec l'aide du vin gratuit en on tendait à acheter les votes de ces gens qui connaissaient peu leurs droits. Mais avec le temps on s'est servi des moyens beaucoup plus douteux.

C'est ainsi que la drogue dite "dure" fit son entrée à Maurice durant les années 65 et après. La prostitution devenait une menace pour la moralité du pays. L'alcoholisme deviendrait épidémique. On commença à faire du commerce des drogues de plus en plus potentes. Le taux de la criminalité augmentait chaque année, et graduellement la mafia mauricienne s'organisait. On introduisit là pornographie en grande quantité, en forme des révues et des films. On commenca à faire de la contrebande, des traffics de devises, d'imprimer et d'écouler des faux billets, et on vit les débuts des grands vols àux mains armées. Les évasions fiscales et toutes sortes de moyens pour nuire à l'économie du pays devinrent à la mode à Maurice. Aujourd'hui le pays est devenu une plaque tournante pour la drogue, et a pris des proportions si alarmantes que le pays est forcé de retourner aux urnes parceque des honorables députés sont devenus des passeurs professionels internationaux.

Plusieurs grands traffiquants se sont vus detenus et on compte parmi plusieurs femmes. On a vu le pays parsemer des maisons de mauvaises réputations et des maisons de jeux. On a vu des fûmeries d'opium où toutes sortes de drogues telles l'héroïne, du "brown sugar," des comprimés de mandrax et autres sont vendues dans tous les recoins de l'île. On a vu la mort planer au dessus de la tête de la jeunesse mauricienne. Le bilan: des containes de morts. Ils n'ont pas hésité à même faire une entrés dans les institutions scolaires avec du "Brown Sugar: aux enfants des écoles primaires. Où et quand vont-ils cesser ce traffic de la mort? Le peuple en a marre de cet état des choses.

Les reportages sur les déroulements de la Commission d'Enquête que le Premier Ministre a institué récemment ont clairement démontré l'ampleur du problème de la drogue à Maurice. Plusiers politiciens se sont servis de cette Commission d'enquête pour se defaire de leurs ennemis politiques ou pour mettre hors d'état de pouvoir leur nuire dans leurs oeuvres néfastes de détruire le pays.

On a vu des armes illégales telles des révolvers, des mitraillettes, de la dynamite et des détonateurs, des fusils de toutes sortes faire leur apparitions dans cette île jadis paisible. On a vu des stations de police dynamitées. On a vu des crimes de vengeances commis en grands nombres. On a arrêté plus de 1300 traffiquants de drogues et on a saisi plus de 900 kilos de "brown sugar" et d'autres hyperthropes. Nul n'est plus sûr en qui faire confiance. Tant les choses se sont empirees, et des politiciens corrompus continuent à semer de la zizanie au sein de la société mauricienne. Jusqu'à quand?

On a vu des politiciens assoiffés de pouvoir faire le tour du monde semer des fausses propagandes contre le régime en place afin de leur décourager d'aider le gouvernement et le peuple du pays. On leur a vu semer de la haine communales et inter-religieuses dans le pays afin de leur provoquer à ne pas aider le l'aider. Combien encore de temps faudra-t-il pour défaire le pays de ces espèce de bêtes qui ont pour but de détruire toute une société rien que pour s'enrichir sur les cadavres de ce peuple.

Ils ont même tenté de renverser le gouvernement parceque son chef est déterminé à en finir une fois pour toute avec eux. Et voilà le pays sur le chemin inévitable qui mène le peuple aux urnes. On prédit que les élections qui viennent et que la campagne électorale qui doit les précéder sera les plus dangereuses connues dans le pays. Elles seront dominees par des palabres, par le communalisme à outrance, et par la violence verbale et physique, plus qu'on en a jamais connu jadis. On dépensera beaucoup plus qu'on l'a jamais fait aussi.

Le Peuple mauricien survivra-t-il intacte à cet assaut de la mafia mauricienne? L'Avenir seul peut le dire. En attendant on ne peut que souhaiter ce bon peuple toutes les meilleures chances dans sa lutte contre eux. Les marchands de la mort et leurs amis les phophètes de la mort consortent déjà pour déterminer quoi faire pour contrer cet effort national qui est massif.

Chapitre 9

LE RÔLE DÉSTABILISATEUR DU MMM (1982-87)

L ES élections 60-0 du 11 Juin 1982 n'augurent pas bon pour le partenaire de l'Alliance MMM/PSM, car le MMM a fait élire 42 députés et le PSM 18, et le MMM dont l'homme fort est Paul Bérenger décidera de se défaire du PSM afin de satisfaire la soif du pouvoir et du fauteuil ministériel de ses amin du MMM, qui voudront dénier au PSM les 5 ministères qui lui furent proposés durant les négociations débouchant sur l'accord qui mettra l'Alliance sur pied début 1981 en prévisions des élections anticipés pour 1982. En Octobre 1982, 3 mois après les élections du 11 Juin 1982, Bérenger tentera son premier coup, et demandera que le PSM soit expulsé du gouvernement de l'Alliance pour manque de co-opération et de responsabilité collective. Il démissionnera et retournera une semaine plus tard. Deux ministres du PSM délaisseront ce parti pour prêter, mains fortes à Bérenger et ils seront expulsés du PSM. Le Premier Ministre refusera de les révoquer à la demande du PSM et dira qu'ils pourront siéger en indépendant s'il le faut.

Les élections municipales sont dues le 12 décembre 1982, et les partis politiques se pré-parent pour cette joute électorale. Le PSM refusera de participer à ces élections n'ayant pu obtenir le nombre de tickets qu'il réclamait de son partenaire de l'Alliance. Le projet de loi visant à réformer la MBC/TV introduit par Harish Boodoo, leader du PSM, ministre de l'Information et ministre des Co-opératives en sus d'être Vice Premier Ministre donne à Bérenger l'occasion de montre son opposition à Boodoo qu'il accuse ce vouloir accaparer le media et donc surtout la radio et la télévision nationale. Il se désolidera d'une décision ma-joritaire prise par le cabinet ministériel, cherchera bagarre avec Kader Bhayat, ministre du Commerce et de l'Industrie, le traitera "d'un chien que peut aller se lâcher ailleurs," et finira par entrainer avec lui 11 ministres, et 15 députés MMM, plus les 2 ministres du PSM qui furent expulsés en October 1982 après la première démission de Bérenger fera désourmais l'opposition parlementaire à l'assemblée et sera joint par un autre député du PSM, Uttam Jawaheer.

Aidé par les deux députés de l'OPR et par les 4 membres de l'Opposition parlementaire nommés apres les élections du 11 juin 1982, dont 2 du Parti Travailliste et 2 du PMSD, Anerood Jugnauth reformera un nouveau gouvernement qui appellera le pays aux urnes quelques 4 mois après, donc le 21 Août 1983. Le Gouvernement 60-0 devenu 62-0 avec l'apport de l'OPR flétrit et s'éclaboussa en 9 mois depuis sa formation suite à la victoire écrasante que l'Alliance MMM/PSM avait gagnée sur l'Aliance du PTR/CAM/PMSD Groupe Francois/ et RPL. Ce gouvernement qui representait l'espoir du peuple mauricien pour un renouveau politique se cassera uniquement à cause d'une ambition demésurée qui hantait Paul Bérenger. Il voulait à tous prix le poste du Premier Ministre, même si cela voulait dire donner des coups de poignards dans le dos de son propre président du parti et collegue de parti depuis 1971, et son ex-leader à l'Assemblée Législative, devenue Premier Ministre depuis qu'il fut plébiscité pour ce poste devant l'électorat du pays entier. Son coup fera "boomrang" sur lui et malgré toutes ses manigances et les actes de violence commises dans l'île Maurice durant la campagne électorale qui déboucherait sur les élections du 21 Août 1983, Bérenger sera battu à plate couture. Il ne se fera pas élire tandis que seulement 18 des candidats que son parti avait défilé dans toutes les circonscription de l'Ile Maurice, se feront élire. Après les nominations des "Best Losers" Paul Bérenger entrera au Parlement par la fenêtre ou par l'imposte comme le décrira Yusuf Mohamed, fils du feu Razack Mohamed, jadis leader du Comité d'Action Musulman, il ferait parti du P.Tr. qui avait contesté ces élections en alliance avec le MSM de Jugnauth et avec le PMSD de Gaëtan Duval; alliance qui obtiendrait 42 sièges à l'assemblée et après nominations des "best losers" finira par avoir une majorité de 48-22 à l'Assemblée.

Paul Bérenger decu de sa défaite fera tout pour tenter de faire éclater ce nouveau gouvernement de Jugnauth. Ses collègues et lui orchestreront une série d'activiés anti-gouvernement et son organe de presse, Le Militant, contribuera à créer de la division au sein de l'Alliance à travers son rédacteur-en-chef adjoint, Subash Gobin, qui se décrira comme un expert de la division. Il dira et fera tout semer le doute chez chaque partenaire de l'Alliance et chez chacun des membres de l'Alliance et que chacun finira par avoir des soupcons sur l'un l'autre au point que l'Alliance finira par se désintégrer dans un avenir pas trop longtemps. Il lancera une campagne de dénigrement et de déstabilisation résolue et sémera la discorde chez les membres de l'Alliance. Il sera aidé par ses collègues pro-MMM et pro-Bérengistes dans les autres journaux, dont l'Express, le Mauricien, Week-End surtout. Le processus de déstavilisation une fois commencé ne s'arrêtera pas jusqu'à aujourd'hui. Jean Claude de l'Estrac, le rédacteur-en-chef du Le Nouveau Militant et Subhas Gobin mènerong la vie dure à Harris Boodoo et à Anerood Jugnauth, et viseront à les masser l'un contre l'autre en délibérément disséminant toutes sortes de propagandes.

Ils s'attaqueront aux partenaires de l'Alliance et voudront semer la haine entre les partisans du Parti Travailliste et ceux du PMSD contre ceux du MSM. Ils seront aidés par Satcam Boolell qui lui aussi fera une série de déclarations dès le jour même le l'annonce des résultats des élections (donc le l'après-midi même du 22 Août 1983) visant à diminuer le rôle joué par le MSM en tant que moteur de l'Alliance. Ils sèmeront la haine communale outrancière à Maurice de par leur politique hautement communele et finiront par faire croire aux musulmans que le gouvernement était foncièrement anti-musulman, et pour étayer leur dires tenteront de démontrer qu'il n'y a qu'un seul ministre musulman au Cabinet de Jugnauth et que ce dernier et Harish Boodoo n'ont pas tenu parole à Kader Bhayat que ne fut pas nommé Vice-Premier Ministre tel qu'il fut proposé à l'électorat mauricien. Ils diront que le gouvernement de Jugnauth est anti-musulman parcequ'il y a plus de hindous et des chrétiens dans ces partis et que c'est Gaëtan Duval qui a été nommé vice-premier ministre qui devrait l'être ayant fait élire 9 députés sous la bannière travailliste.

Ils mèneront une campagne systématique de dénigrement et tenteront de saper la confiance des investisseurs mauriciens et étrangers en débitant toute une série de faussetés visée à déstabiliser l'économie mauricienne secteur par secteur en intissant les travailleurs à faire des grèves en leur faisant croire çu-il y aurait des licenciements en masse, et qu'au moins 200,000 travailleurs perdraient leurs emplois, suite à la fermeture des usines et d'autres établissements dans le pays. Ils tentèrent de semer la peur engendrée par le chômage chez les jeunes étudiants qui seraient prochainement en quête d'emplois une fois leurs études secondaires terminées. Ils feront une série de reportages surtout dans Le Nouveau Militant et dans le Week-End dans les secteurs de la Zone Franche, dans l'industrie sucrière, et dans le secteur du transport public. Ils enverront leurs missives dans les pays étrangers avec des faussetés les plus farfelues pour décourager aux dirigeants de ces pays d'offrir de l'aide en semant la haine communale, et en voulant faire croire à ces dirigeants à travers des articles de presses plantés délibérément pour des raisons qu'ils connaissent eux-mêmes, que le gouvernement est tantôt anti-musulman et qu'il persécute cette communaut'e au dépens de la communaut'e chrétienne à Maurice, et les dirigeants chrétiens que le gouvernement était anti-'église, et anti-chrétiens, et tissèrent des rumeurs qui porteraient atteinte à l'intégrité et du gouvernement et à l'honneur du pays, surtout à l'étranger.

Ils exploitèrent les relations déja-tendues et tendencieuses de la presse contre le gouvernement pour que cette presse décrie davantage le gouvernement. Ils organiseront des manifestations à caractères communales et tisseront la haine inter-caste, inter-religions, inter-race et finiront par affaiblir le tissue moral et psychologique de la société mauricienne. Ils protègeront les trafiquants des drogues en leur parrainant ou en gardnt un silence complice sur leurs activités locales et internationales malgré le fiat que plusieurs députés du MMM habiteront soit vis-à-vis, soit dans le même chemin que des trafiquants notoires, pour des raisons connues à eux-mêmes mais accuseront le gouvernement de soutirer des trafiquants de drogues et exigertont que le Premier Ministre se retire et démissionne qu'il est incapable de résoudre le problème de la drogue qui s'accentuait à Maurice au fil des mois. Ils 'adonneront à toutes sortes de magouilles au parlement et ailleurs, et inciteront leurs members à ne pas respecter les institutions du pays. Ils s'attaqueront à toutes les institutions mauriciennes, y compris la police etle judiciaire et tenteront de salir leurs réputations afin que le peuple en cesse d'avoir confiance. Ils organiserton des débats forums, s'engageront dans de longues randonnées anti-démocratiques, déposeront des questions et des motions intenables par l'assemblée, féront des scènes spectaculaires à l'assemblée, et ailleurs, se feront detenus par la police, déposeront une série de motions de blame contre le président de l'Assemblée et le Premier Ministre et songouvernement pour tenter en vain de prouver que ces derniers deviennent dictateurs.

Mais en attendant retournons à la semaine précédant les élections générales d'Août 1983 et voyons ce que ferontles pratis en lice. Le MMM donnera rendes-vous à ses militants à

9.30 à Champs de Mars, Port Louis, à la Place du Quai, ou se ressembleront les partisans des trois partis, dont MSM/PTr/PMSD. Il y aura grande animation à Port Louis dès la veille soir. La police a pris ses précautions et enverra plus de 1000 policiers et les unités de la Riot Unit seront mis en état d'alerte. Les "campaign managers" donnent les dernières instructions. Il y aura une forte présence de voitures militants de la capitale que feront le va et vient à travers tout Port-Louis. La ville est tapissée d'affiches, les murs sont couverts de graffitis. Les slogans les plus diverses sautent aux yeux. Tout est prêt pour les deux grands rassemblements des forces opposées dans les élections qui viennent à grands pas. A la télévision Bérenger mettra l'accent sur la tâche prioritaire d'un gouvernement MMM. Il est sûr de la victoire. Sir Gaëtan Duval fera une sévère dénonciation de la politique étrangère du MMM. Ce même soir il y une animation à l'entrée nord de la ville, à la Cité Vallijee, une veillée, en signe de solidarité avec les grévistes et les occupants de l'usine "Retreaders." Nitish et Ram Joganah et Bam Cuttayen, des chanteurs spécialistes dans le domaine de la chanson engagée, eus aussi des militants chantent leur coeur pour distraire les travailleurs de cette usine que est fermée, car occupée par eux en signe de protestation contre la direction qui tente de leur licencier. Port-Louis tient son souffle. L'atmosphère est électrique. Il reste une semaine seulement pour vonvaincre l'électorat du choix a faire.

Cette campagne a été dure. Elle a été la plus sale qu'on avait jamais vu jusque la à Maurice. Les politiciens ont insulté l'intélligence de la population. Ils ont déjoué le peuple en jouant avec le feu. Ils ont tissé la haine communale. On l'avait cure morte pourtant durant le campagne des élections du 11 Juin 1982. Les monstres du fanatisme et du communalisme s'étaient seulement anaesthésiés. Ils ont été relevés, pour preter main forte aux politiciens ambitieux. Le "character assissination" est à son comble.

A Rivière des Anguilles, Jean Roland Delaitre. Ancien directeur général de la MBC, mison de la radio et de la télévision natonale vient de lancer un appel, "Ne votez pas Boodoo!" Des pierres ont été lancées en directon de l'orateur. Un agent du MSM est arrêté par la police. Tous les yeux de l'île Maurice sont braquès sur ce qui se passera. Le "Campaign Manager" de l'Alliance, MSM/PTr/PMSD, le bras droit du Premier Ministre, l'homme qui l'a retiré des griffes de Bérenger à deux reprises, ex-l'homme de l'année, qu'adviendra-t-il durant cette élection. Se fera-t-il élire on non? L'enjeu est pourtant grand la aussi, plus qu'ailleurs dans l'île, l'atmosphère est très tendu, il y a déja eu plusieurs incidents entre partisand du MSM et du MMM, et seul l'avenir dira ce qui va se passer ici. Une semaine encore d'attente. Et puis on saura. Des réunions privées sont tenues dans tous les coins de la circonscription, comme ailleurs dans le pays.

A Port-Louis, Vijay Padaruth a été victime d'un attentat. Des coups de feu ont été tirés sur lui, du moins sur sa voiture. Il est candidat de l'Alliance, à Port-Louis, dans la circonscription No. 2. Il n'est pas blessé. En état de choc plutôt. Is est parent proche de Boodoo.

Les leaders des partis politiques principaux de l'Ile, Anerood Jugnauth et Paul Bérenger lancent un appel à leurs partisans et leurs demandent de temoigner du respect pour l'adversaire, de l'ordre et de la paix publique. Le pays s'achemine vers un nouveau départ. Dans une semaine encore, el pays e rendra aux urnes pour la deuxième fois en un an. Le 22

Août 1983, Les résultats des élections seront connus, et l'un des deux hommes qui viennent de lancer cet appel à leurs partisans deviendra Premier Ministre du pays. Ils sont tout deux confiants de la victoire.

Le Commissaire de Police, M.A. Rajarai, a pris toutes les précautions nécessaires et il est confiant lui aussi que tout se déroulera dans l'ordre.

Les graffitis sont éloquents, "Bravo Paul, nous sommes fier de toi." Les posters, celui de l'Alliance très coloré d'ailleurs dit "Coq Chanté Soleil Lévé, la Clé ouvert coffort grand missié," un autre dira, "Nous rangé Bérenger dérangé, Nous batir, Bérenger détruire, nos unis Bérenger divisé." Les uns et les autres, ils délivrent tous elurs messages. En attendant on peut tout simplement attendre. C'est le calme avant la tempête!

La semaine qui suivra sera fiévreuse, et le ton montera de plusieurs crans et les deux formations, l'alliance MSM/PTr/PMSD et le MMM donnereont rendez-vous à eurs partisans pour la dernière fois avant les élections a Curepipe. Ce sera l'arpès-midi du 20 Août 1983. Une grande foule se massera à Curepipe. Le MSM a mobilisé une foule estimée a plus de 20,000 personnes, et le MMM n'en fera pas moins. Le MSM dont tous les dirigeants sont la sera ovationné par ses partisans portant les tricolors des partis de l'Alliance (bleu, blanc, rouge). Do côté du MMM c'est aussi une marée mauve. Les dirigeants de ce parti aussi cont tous là, et chaque formation lance les derniers appels et il n'y plus lieu de convaincre quiconque car les comptes sont faits et sont bons estiment les dirigeants du MMM. Les gens ont déja décidé qui ils voteront. C'est la même chose chez l'Alliance, Chaque formation est confiante de la victoire. Ils ont mis leur tout dans cette campagne, Les rassemblements de cet après-midi n'est un exercice de forme. Les partisans jubilent. Des deux côtés on a écouté a des orateurs des plus puissants et ils feront appel au calme, au respect de l'adversaire, et au bon déroulement du scrutin le lendemain. Mais sitôt terminés, les partisans des deux partis s'acheminant vers leurs maisons seront témoins d'un attentat sur le personne de Harris Boodoo juste devant l'Eglise St. Hélène, à Curepipe road ou le MMM venait de tenir son rassemblement.

L'Alliance tenait le sien à la place de l'ancienne gare. Et ce fut la débandade. La MBC, station de radio et de la télévision parlera d'attentat. Boodoo aura été victime des gorilles du MMM. Des coups de revolvers furent tirés sur sa voiture alors qu'il se randait chez lui. Il n'a pas été atteint. On pourrait respirer encore.

Réagissant contre la diffusion de cette information Paul Bérenger la décrira comme étant "fausse et manipulé." Le directeur de la MBC dira en contraste qu'elle "est exacte." Le journal Week-End fera état des deux déclarations das son édition qui parut le mâtin du scrutin. Paul Bérenger dira à la presse.

"Je m'enléve en tant que leader de l'Opposition et Premier Ministre désigné avec indignation et de facon solennelle contre l'information 'fausse et manipulé' aui a été diffusés à partir de 19 heures à la télévision, selon laquelle M. Boodoo a été victime d'un attentat par des hommes armés à Curepipe. Je me suis mis en contact avec l'Information Room de la police, avec le Commissaire de Police lui-même et M. Ramudhin, directeur p.i. de la MBG. Il m'a été confirmé de part et d'autre sue la source de cette information "fausse et manipulée" ne vient pas de la police, mais de M. Boodoo lui-même."

C'est révoltant et irresponsable et c'est un geste désespéré de plus de la part de deux qui savent que la fin approche pour eux."

La police et le Commissaire de Police ne dira pas un mot soit pour confirmer la nouvelle ni pour la nier jusqu'à l'après-midi, tard cet après- midi du 21 Août 1983, jour du scrutin quand le peuple s'est mobilisé en grande partie pour se rendre aux urens depuis tôt le matin. L'électorat ne savait pas si c'était vrai ou non qu'un attentât avait vraiment en lieu ou non. Le doute avait été semé dans l'esprit des gens délibérément pour influencer les électeurs. Quand la police confirmera que l'attentat avait en effet eu lieu, plus de 60% des électeurs s'étaient déja rendus aux urens. Il était trop tard. Paul Bérenger avait délibérément menti au peuple la veille soir quand il déclarait "solennellement que l'information de la MBC était 'fausse et manipulée.'"

Anerood Jugnauth avait dit dans son dernier message a la nation que "Le choix est entre deux systèmes," l'un démocratique représenté par l'alliance, l'autre totalitaire que veut instaurer le MMM. Kader Bhayat demandait que l'électorat ne vote pas le MMM [car] son leader a été responsable au gouvernement, de plusiers crises. Le. Dr. Sir S. Ramgoolam parlera de sa longue lute pour tirer le pays ju jong colonial et de l'exploitation capitaliste. Sir Gaëtan Duval dira, "Nou plis fort, nou pe gagné," et Bérenger avait dit "Bonne chance au pays. Que l'Ile Maurice gagne." Il se voyait déja Premier Ministre. Il le deviendra, croira-t-il, en se servant de tous les moyens à sa disposition, y compris la violence et le mensonge.

Gérard Cateau dira que "les deux forces principales du pays" se sont "lancées a corps perdu…dans l'ultime ligne droite dans une course lancée depuis le 22 mars dernier lorsqu'une majorité de ministres MMM tournaient le dos au gouvernement Juganuth. Il parlera des désillusions qui ouivirent les élections du 11 Juin 1982, dont les résultats furent 60-0, et réclamerait que c'était nécessaire d'oublier "les clivages qu'a pu engendrer une campagne qui a divisé le peuple dans des outrances verbales" et que le pays devra agir de facon à réunir le peuple déchiré par les politiciens, aux lendemains des élections.

Week-End, dira que "Quel que soit…le résultat des élections générales…il est maintenant clair que le pays se divisera en deux blocs sinon égale d'importance du moins fortement représentatifs. L'importance de l'éventuelle Opposition et son attitude face au nouveau régime devront être des éléments constants de la reflexiion du nouveau gouvernement: on gouverne difficilement un pays aussi complexe que le [nêtre] dans une situation d'Antagonisme permanent avec la moitié de la nation."

Le Week-End qui était foncièrement pro-MMM durant toute la période depuis ce famekux 22 Mars 1983 quand Bérenger avait tenté de renverser le gouvernement en faisant un coup de palais, n'avait pas de doute. C'est le MMM qui gagnera ces élections, et c'est Bérenger qui deviendra le nouveau Premier Ministre. L'appel au respect de l'atmosphère était pour eux que ds mots a prononcer sans vraiment les croire. Bérenger dira ce même jour dans le Week-End [(page 4)] que la dernière émission politique de l'alliance était "médiocre et ridicule," et trouvera que ce fut "Trente-trois minutes de rien." Il trouvera aussi que c'est "ridicule que le Premier Ministre vienne prétendre que le choix est entre deux systèmes," et dira que la lutte du MMM a "été avant tout" une lutte "en faveur de la libert"e." Il dira que le gouvernement sortant, et l'Alliance font une "litanie de faussetés et de mensonges" à son égard et à l'égard de son parti, deupis des semaines.

Anerood Jugnauth lui avait dit, "Personnellement, j'ai confiance dans ce système, ou il existe toutes les libertés de culte, de culture, de tradition et de facon de vivre, ou tous vivent dans le respect mutuel, en un mot, dans un système démocratique inspiré du système anglais." Il dira aussi "que c'est un des meilleurs systèmes, et je crois surtout dans notre système "judiciaire et policier."

Paul Bérenger avait solennellement menti à l'électorat à la veille des élections au sujet de l'attentat contre Boodoo, et le Commissaire de Police l'avait aidé en restant bouche fermée dans une complicité qui n'avait pour but que de tromper le peuple le jour du scrutin. Qu'il est venu tard dans l'après-midi dire que c'est vrai que l'attentat avait en lieu, le mal avait déja été fait. Mais heureusement pour le pays. L'électorat ne pardonne pas à Bérenger ses excès dupis belles lurettes, et le donnait une correction qu'il méritait bien.

La situation fut très tendue durant toute la journée du 21 Août 1983. Partout, les partisans le l'Alliance furent intimidés par les "gros bras," les "gorilles" du MMM. Mais la situation fut extrêmement tendue à Rivière-des-Anguilles/Souillac, la circonscription de Harish Boodoo. L'Opposition avait apporté ses grosses batteries dans cette circonscription, car l'homme à abattre, c'était Boodoo. Il fallait à tout prix le barrer la route et assurer sa d'efaite. Des énergumènes se placèrent au haut des falaises à Rivièra-des Anguilles et à Chemin Grenier. Ils jetteraient de grosses peirres sur les voitures qui transportaient des partisans ver les centres de votes, et menèrent une campagne de terreur, à tel point que les électeurs eurent peur et refuseraient de s'aventurer dehors. Dans plusieurs contres de votes les élections durent être int"errompues, pour quelques temps. Les "gros bras" du MMM étaient venus en grand nombre de la Plaine Verte, bastion du MMM. Les "tapeurs" les plus notoires étaient venus intimider l'électorat. Mais ne purent faire grandes choses. Le peuple savait a qui ils avaient affaire. Le Riot Unit fut envoyé à Rivière des Anguilles, et dans les "points chauds" et le scrutin fut brusque dans cette circonscription, surtout entre 3 heures et 5 heures de l'après-midi. Et une heure avant la fermeture des bureaux de votes, il ne venaient plus que quelques électeurs seulement. La situation fut de même dans la circonscriptiond u Premier Ministre, mais la il y avait moins de tapeurs MMM. Ceux qui étaient venus dans le but d'intimider se virent confronté par des électeurs déterminés et ne purent rien contre eux. Ils décampèrent vite, pour aller prêter main forte dans d'autres circonscriptions. Ils étaient en grande demande ce jour là. Et à 6 heures c'était fini les scruting. Le sort avait déja été jeté. Demain viendrait de dénouement. On saurait quelle formation a gagné.

Mais déja le jour du scrutin le MMM annonce à travers Mme. Aumeeruddy-Cziffra qu'il entamera une série de proches contre la MBC et les candidats de l'Alliance. Ce qui n'augure pas bon pour l'avenir car il présage une continuation de la situation tendue qui a duré depuis 22 Mars 1983 et avant, entre les dirigeants du MMM et ceux de MSM. Le dépouillement sera télévisé à la nation à partir de différentes circonscriptions ou ferout le tour les unités-mobiles de la MBC/TV, la MBC ayant fait installer une ligne directe dans chaque centre de dépouillement de l'Ile. La firme Blanche Birger aidera à chiffrer avec l'aide de ses ordinateurs les résultats. Les comptes sont faits et c'est un coup de foundre pour Paul Bérenger. Il a non seulement perdu les élections, mais n'a pu se faire élire lui-même, se plaçant qu'en quatrième position. L'Alliance a remporté par 42-18.

Les tactics d'intimidations et de se servir des mensonges n'a pas marché. Le peuple ne lui a pas fait confiance en tant que Premier Ministre désigné du pays. Le pays ne lui a pas pardonné les diverses crises dont il a été l'auteur au sein du gouvernement 60-0. Par contre ce peuple a fait confiance à l'équipe de Jugnauth et ses partenaires de l'Alliance. L'Ile Maurice pourra sans doute maintenant se remettre au travail. On bâtira des lendemains meilleures, dans la paix et dans l'harmonie avec le respect mutuel. Mais c'était trop attendre, trop demander. L'Ile sera traumatisée continuellement. Le gouvernement sera victime d'une campagne de dénigrement et de déstabilisatons systématiques jour après jour jusqu'à ce que le pays se verra forcer de refaire appel à l'électorat à peine trois années passées.

Anerood Jugnauth gardera sa parole donnés au peuple au risque de sa vie. Il devar porter une veste pare-balle, pour se mouvoir dans ce pays pour lequel il avait fait tant de rêves. Qu'est-il devenu ce pays durant ces trois années après ces élections du 21 Août 1983? Bérenger avait scandé qu'il voulait que l'Ile Maurice sort vicotrieuse et la souhaitait bonne chance à la veille de ces élections. Qu'est-ce qui l'a menée sur cette voie de déstabilisation permanente du régime sinon la soif démésurée du pouvoir et la hantise persistante, cele de vouloir devenir Premier Ministre à tout prix?

Dans sa première conférence de Presse tenue par le Premier Minstre après 21 Août, il lançait un appel a la compréhension et à ls confiance. Il dira, "ce n'est pas par des querelles, ni la rancune, ni vengeance, qu'on pourra accomplir la lourde tâche qui nous attend."

M. Freddy Appasamy écrira dans le PROSI que "…pour la première fois sans doute dans l'histoire du pays, l'on a vu sortir de la clandestinité, pour être brandi en place publique, l'hydre de la répression," car il poursuivra, … "les métaphores utilisées en la circonstance n'ont aucunement atténué le fait que, pour certains leaders politiques, l'heure est venue de nationaliser les consciences. Dans les pays sous régime de partie unique, l'on ne fait pas pire!"

Gérard Cateaux écrira, "Nous avons longtemps analysé par le vécu les causes et le processus des excès totalitaires pour ne pas songer aux coups de poignard des conspirateurs dans l'ombre. D'eja, certaine presse rappelle que le bourreau se trouvera bien des victimes. Ce n'est pas un hasard de voir qu'aujourd'jui certains, au lieu de s'intéresser aux nuances du coeur et de l'esprit, préfèrent se passionner pour les procès et la mécanique des accusations. C'est dire que l'appel du Premier Ministre pour qu'il n'y ait plus de querelles, ni de rancune, I de vengeance, est des plus réconfortants."

Le PROSI, magazine du secteur sucrier, accusera le régime de Jugnauth de brandir enplace public des menaces et "l'hydre de la répression."

Gérard Cateaux voudra faire accroire que le Premier Ministre est hypocrite quand il dit qu'il n'y aura pas de "rancune, ni de vengeance." Alors que le gouvernement se prépare pour la rentrée parlementaire, et à s'atteler au travail et prépare l'ouverture de la nouvelle session, la première de la sixième Assemblée Législative, et fait le voeu que tout marche bien dans le pays, l'Opposition se prépare à lui barrer la route, car dans sa conférence de Presse, Paul Bérenger dira que le MMM viendra avec un "Barrage de questions à partir du 13 Septembre," et que son groupe se prépare "déja pour l'offensive" dès la semaine suivante. Son parti viendra aussi faire l'offensive par le biais des motions privées. Il étudiera le contenu du Discours Programme. Il va reprendre en main le parti, les activités seront lancées surtout dans les régions rurales.

Il dira, "Dans l'immédiat le MMM va tout mettre en oeuvre pour empêcher les intimidations et barrer la route au communalisme, en même temps qu'il se fera l'écho de la vérité chaque fois que l'heure de cette vérité sonnera, pour prover en même temps que le MMM n'est pas l'outil politique du secteur privé comme l'avait fait croire ses adversaires au cours dela campagne électorale."

Paul Bérenger fers écho de l'opinion du P.R.O. du secteur privé, Freddy Appasamy, dont mention a déja été faite et suivra Gérard Cateaux en semant le doute que le Premier Ministre n'est pas sincère, et qu'il faudra qu'il se batte pour "empêcher les intimidations et pour abrrer la route au communalisme." L'Histoire en dira plus quand on la questionnera un jour, si Bérenger a tenu parole et s'il a vraiment fait "écho de la vérité" ou non. Les faits [parlerone] d'eux-mêmes.

Cette entrée parlementaire fut déjà placée sous le signe de conflit directe avec la décision du MMM de contester l'élection des élus de l'alliance dans la circonscription de Belle Rose/ Quatre Bornes, la ou Paul Bérenger était candidat, en cour Suprême par voie des pétitions électorales. Michaël Glover décrira les MMMs d'être mauvais perdants, et annonce à son tour qu'il va contester l'entrée au parlement de Paul Bérenger qui a bénéficié d'un siège de "best-loser" pour continuer son rôle de chef de l'Opposition.

Dans leur tentative [d'expliquer] ou de justifier la cuisante défaits de leur parti aux élections générales la plupart des sympathisants et militants du MMM jetteront la blâme sur la masse qu'ils accuseront d'avoir voté communalement.

L. Collen, R. Seegobin, et T. Ah Vee, dans une exposée qu'ils feront dans Tribuen (4 Septembre 1983), datée 31 Août 1983 pour la formation de LALIT, dans le Week-End dira que le MMM doit assumer "sa responsabilité, car la cause de sa défaite se trouve dans l'abandon, par la direction du MMM, de toute politique de chasse, et dans le rebondissement de sa propre stratégie Communaliste, Castéiste et Machiavélique." Ils diront aussi que "c'est la mauvaise politique de la direction du MMM, qui est responsable de sa défaite." Ils diront finalement que 'N'ayant nullement saisi la relation dialectique entre l'identificaton de classe et l'identification communale à Maurice, le MMM n'a pas cru nécessaire de critiquer son abandon d'une politique de classe, préférant blâmer le masse, accusée d'être "communaliste."

Le MMM sera accusé d'avoir abandonné la calsse travailleur, d'avoir refusé de faire quie que se soit pour révoquer les lois anti-travailleurs, l'IRA et le POA et d'avoir embêté ls calsse ouvrière avec son faux "Nouveau Concensus Social" pour adopter des mesures capitalistes.

Il fut accusé d'avoir sacrifier les travailleurs à qui en avait demandé de faire des sacrifices énormes, sur l'auteur du capitalisme outrancier, allant jusqu'à justifier les solutions du Fond Monétaire International et de la Banque Mondaile à la population. Paul Bérenger qui fut Ministre des Finances ne fit absolument rien pour empêcher que l'Ile Maurice devienne manipuler les syndicats et d'avoir saboté le processus démocratique du syndicat des laboureur, SILU. Il sera accusé d'avoir usé les syndicats de la General Workers Union à des fins électoralistes et d'avoir saboté le mouvement syndical mauricien.

Le 25 Septembre 1983, à peine un mois après les elections, Cassam Uteem, le Chief Whip de l'Opposition dire que "Le Gouvernement ne doit désormais s'attendre à aucun cadeau de l'Opposition." Il dira que, "bien que le nouveau régime clame sur tous les toits, son désir de préserver la démocratie et la Constitution, des obstacles sont mis à la bonne marche de la démocratie parlementaire," et il dénoncera en des termes très durs le renvoi des travaux parlementaires au 11 Octobre 1983. Le ton avait monté d'un cran de plus.

Lindsay Rivière dira que "ce n'est pas par hasard que M. Vishnu Lutchmeenaraidoo, venu au gouvernement il y a seulement six mois dans la foulée de la démission de M. Paul Bérenger, se retrouve aujourd'hui au troisième rang de la hi'erarchie gouvernementale." Il dira que "les ministres des Finances portent aujourd'jui dans leurs dossiers l'avenir lectoral de leur parti." Il dira que pendant les 9 mois du bref passage aux Finances, Bérenger eut l'occasion d'établir "une certaine image de sérieux et de responsabilité qui ajoutait peut-être à sa personnalité, et pourtant il devait déstabiliser ce même gouvernement en refusant de travailler en équipe avec ses collègues du Cabinet. Pour avoir été trop ambitieux il fut battu aux élections avec son parti.

Mais Lindsay Rivière tiendra un langage très communaliste quand il dira que la campagen électorale de 1976, et de 1982 furent un choix entre Bérenger et Ramgoolam et que cels avait des sousentendus. Les choix était entre Jugnauth et Ramgoolam, pas Bérenger et Ramgoolam, car c'est Jugnauth qui était le leader de l'Opposition même avant 1976, et en 1982. Il dira que "Bérenger fut un blanc, en 1983, un blanc aspirant à la prise du poivoir, la propagande n'aurait peut-être plus de chances si elle ne venait pas se greffer sur le "tug of war" d'Octobre à Mars…Bérenger fur blanc en 1976 et en 1982…Blanc mais dénigré, et rejeté par le patronat pendant 12 ans," et il aidera à perpétuer une campagne communale anti-hindoue sans répit. Le choix en Août 1983 fut entre Bérenger et Jugnauth. Bérenger avait fait son attentat de renverser le gouvernement parcequ'il disait ouvertement que la majorité de la Population Générale, les Musulmans, les Tamouls et les Hindous "low castes" étaient avec lui. Il disait que les "grands nations," c'est-à-dire ceux appartenant aux "high castes" hindous, tamouls et musulmans étaient avec Jugnauth. Les musulmans noirs, "low castes" étaient avec lui. Il avait fait ses comptes. Il avait la majorité de la population derrière lui, et il gagnerait sons aucun doute les élections, s'il y en aura. Il voulut accéder au poste de Premier Ministre en se servant de Boodoo, de Jugnauth, pour se faire accepter par l'électorat de la communauté majoritaire et pous tenterait de diviser cette même communauté pour vouloir vaincre aux élections.

Lindsay Rivière demanderait, "Comment réussir là où Bérenger a échoué?" "Comment faire du Social quand on peut à pein parer au plus pressé?" en parlant des mesures économiques à prendre.

L'ex-ministre Jayen Cuttaree, porte-parole du MMM dira "Que le gouvernement mise dans cette direction (le développement de la Zone Franche) peut vouer la présente stratégie à l'échec." Il dira que le gouvernement met "tous ses oeufs dans le même painer; c'est s'exposer à la faillite surtout si l'en doit dépendre sur des facteurs sur lesquels l'on n'a aucun contrôle."

Il fut prouvé pas être clairvoyant assez pour voir que l'économie mauricienne avait déja mis tous ses oeufs dans un seul panier, "le sucre," et que l'île était un exemple calssique de la monoculture. Développer la Zone Franche veulait dire diversifier l'économie, et la diversification et agricole et industrielle n'est pas équivalent à mettre "tous ses oeufs dans le même panier." Le problème le plus aigu dont le gouvernement devait faire face était le chômage et les licenciements sauvages que pratiquaient les patrons sucriers et d'autres entreprises. Il fallait créer d'emplois, et c'est en diversifiant l'économie seulement et en développant la zone Franche seulement qui pourraient répondre aux besoins du pays. L'économie mauricienne se trouvait embroubée dans un marasme de problèmes parcequ'on avait, dans le passé, mis trop de dépendance sur le secteur sucrier. Ces mesures du nouveau gouvernement se sont prouvés des succès sans pareils dans l'histoire du pays trois ans après. Le MMM lancerait une campagne de mensonges apurés des travailleurs, des chômeurs et des licenciés et appellerait la Zone Franche sous le rubrique de "la Zone Souffrance" et dirait que la politique du gouvernement mènerait aux licenciements d'au moins 200,000 travailleurs, et firent tous pour semer la pagaille dans tous les secteurs économiques dy pays en disséminant des "fausses" informations que ces dirigeants avaient "manipulées" solennellement!

La Zone Franche industrielle risquait d'être paralysée par des grèves auxquelles le MMM poussait les travailleurs de ce secteur.

En attendant certains amendements étaient prévus à la Constitution Mauricienne dans l'optique de faire de l'île Maurice une République, et le MMM objectait. Le Premier Ministre suppléant, Sir Gaëtan Duval devait assurer le MMM que le gouvernement examinera "avec sympathie" les objections et les propositions de l'Opposition en vain. Il y aura une république envisagé par le MMM. Pas autrement. Ce projet devra être mis aux frigos. On appellerait le projet "La Présidence de la discorde" chez le MMM.

Le 9 Octobre 1983, Mr. Twayab Ibney Rostom écrira une lettre ouverte au Premier Ministre et fera état des "Persecution of Hajis coming back from Saudi Arabia," et dira que les pèlerins Musulmans de retour de Haj étaient soumis à des persécutions et des harrassements à l'aéroport de Plaisance, Il écrira: "We have noted with greif and anger the humiliation, persecution and harassment of Muslim Pilgrims at Plaisance Airport when they stepped back on their motherland last Wednesday (6.10.83)

The shameless treatment meted out to our Muslim sisters by the customs officers has created anger and an atmosphere of revolt within the Muslim community. What is happening in Mauritius is viewed with grave concern in Saudi Arabia and the Muslim World." Il fera état du fait que ustoms Officers searched the pilgrims recklessly and shamelessly.

Even old ladies were not spared. The personal jewels which the laides wore at the time of departure have been seized." Il dira que les musulmans sentent que "their constitutional rights are being trampled upon," et qu'ils sont "persecuted."

Le budget 1983-84 fut [debattu] à l'Assemblée durant 37 heures mais ne suffirent pas pour son adoption en deuxième lecture. 46 parlementaires étaient intervenus sur le budget, dont 28 membres du gouvernement et 18 de l'opposition, qui sont au nombre de 22. Le leader de l'Opposition fera un discours de 3 herues. Bref, il dira:

"Le budget 1983-84 en est un de continuité par rapport à celui de l'année dernière (qu'il avait lui-même présenté alors), sous plusieurs aspects: mesures en faveur de la relance (économique) et des économiquements faibles." Il dira que le gouvernement bénéficie des "mesures courageuses prises l'année dernière (par lui). Il exprimait enfin la crainte que le ministre n'ait éxagéré ses prévisions en terme de revenus et que cela ne nécessite la présentation de mini-budgets. Madame Cziffra dira que "certaines" mesures budgétaires…sont symboliques et conclura que "c'est un budget en attents…de mesures dures."

L'Ile Maurice sera maintenue sinon ouvertement das une situation d'antagonisme et de tension. Le MMM se sentira frustré que son écho national (46% des suffrages) n'ait pas entrainé une représentation parlementaire d'égale proportion. Il sera aigri, et sa sérénité officielle affichera mal l'émotion des coups encaissés. Il dira, "allons y vers le Spectacle!"

Lindsay Rivière dira avec nostalgie: "Le peuple, lui a déja mis derrière lui Août 1983 et regarde l'avenir sans se soucier outre mesure des opinions des uns et des autres. Les politiciens qui ont pour mission de guider le peuple, seraient-ils, eux en retard sur le pays?"

Paul Bérenger dira, "Nous ne souhaitons pas l'échec des efforts entrepris pour la relance de l'empoli, mais nous demeurerons vigilants et dénoncerons sans relâche le mensonge économique."

Sir Satcam Boolell dira que ses partisans sont mécontente des relations entre alliés, plus particulièrement avec le MSM par plalemementaires interposés. Il dira qu'il y a frustration parmi ses partisans au niveau de certains circonscriptions et qu'il est urgent que certains problèmes soient rélés dans le plus bref délai entre les partenaires de l'Alliance. Cinq candidats se présenteront pour le poste de Secrétarie Générale au Parti Travailliste. Ils seront Vijay Venkatasamy, Amba Chinien, S. Pelladoah, Huns Ganesh et Satish Doyal, ancien président du MPM (lancé autrefois par Boolell), et Vijay Venkatasamy sera élu à ce poste.

Quant à Paul Bérenger il dira que e MMM prend un nouveau départ," et que désormais le MMM ne fera plus "de cadeau au gouvernement après 100 jours de pouvoir (fin Novembre), sur tous les aspects de son programme, principalement l'emploi, les prix, les finances de l'Etat et l'Industrie Sucrière, quand il fers son bilan pour les 100 premiers jours du gouvernement.

Le Ministre Lutchmeenaraidoo dira lui qu'il n'y aura pas de miracle économique, pas plus qu'en matière de création d'emplois mais qu'on atteindra le bout du tunnel dans deux/trois ans. Il prévoit un taux d'inflation inférieur à 10%, et oeuvre à rebâtir l'économie du pays. En attendant une guerre ouverte aura lieu entre l'éxécutif du Laouru Party (Parti Travailliste) et le MSM. On est déja au 27 Novembre 1983.

Le MMM, en dressant le bilan des 100 premiers jours du gouvernement constaters que ce dernier a pris "un mauvais départ." C'est le 2 Décembre 1983 et le MMM notera qu'il y une "montée d'arrogance de ses membres au pouvoir" aussi bien une augmentation "de la violence verbale." Fokeer dira que "le bilan du gouvernement est négatif ayant pour toile de fond les premières dissensions entre les différentes composantes de l'Alliance au pouvoir." De L'Estrac trouvera que le gouvernement a dilapidé son héritage en matière la guerre contre la fraude et le gaspillage dans le pays.

La brigade de moeurs de la police, "L'Anti-Drug Smuggling Unit" que était sous le contrôle du Ministre des Finances jusque la, est ransférée sous le contrôle direct de la NIU (la National Intelligence Unit) qui aura à rapporter chaque jour l'état des choses au Premier Ministre. La brigade de moeurs sera mises sous la direction de l'Assistnat Surintendant Mongroosing, le "deputy director" de la NIU. Une vingtaine des membres du squad a été transférée à d'autres postes et des anciens membres les remplaceront. Le Ministre des Finances déclarera la guerre aux fraudeurs à la douane.

Paul Bérenger trouvera là une montée d'arrogance! Le Commissaire de Police, M. Rajarai, qui avait agi en complicité avec le MMM pour miner le r"egime de Jugnauth et qui fut retraité, serait remplacé par son second, M.B. Juggernauth, qui lui dira que les questions de la drogue et de la prostitutions sont exagérées, et que les policiers mauriciens ne prennent pas des pots de vin. Ce ne sont que des médisants qui diront le contraire!

Sir Dayendranth Burrenchobay, gouverneur général, livera ses reflexions sur quelques points qui lui sont chers, dans une interview qu'il accordera qu journaliste du Week-End, et il constatera que les mauriciens vivent au-dessus de leur moyen; que les réalités villageoises méritent d'être mieux percues et comprises par les hommes politiques. Il dira que les dernières élections ont été traumatisantes pour la population parceque des procédés condamnables ont été utilisés par des politiciens, et qu'il aurait dissout le Parlement en Octobre 1982 ou en Mars dernier (1982) sans chercher à savoir si quelqu'on d'autre aurait pu constituer une majorité parlementaire pour diriger le pays, et même si le pays venait de sortir d'une récente campagne électorale, car les relations entre parlementaires avaient tellement déteriorées. (Voir Week'End, 25.12.89). Il recommandera que "Les politiciens doivent faire que les Mauriciens s'identifient à l'état-nation," quelques heures avant de se retirer de son poste de Gouverneur-Général pour que Sir Seewoosagur Ramgoolam pousse occuper ce poste dorénavant.

Les fêtes de la Noël seront célébrées à travers L'Ile et il y règnera pour quelques jours une ambiance amicale entre tout le monde. Sir Seewoosagur Ramgoolam deviendra Gouverneur-Général de l'Ile Maurice sous peu, mais perdra son éspouse quelques jours seulement après.

Le nouvel an verra Régis Finette, député de Beau-Bassin/Petite Rivière, démissionner du MMM pour aller siéger en Independent à l'Assemblée. Il dira, "Je ne suis pas d'accord avec la nouvelle politique communaliste du MMM," et éprovera du "profond chagrin devant le chagement de langage et de stragégie du MMM car ce parti a trahi "l'idéal que des milliers de Mauriciens avainet cru trouver dans son action politique." Il dira ne pas vouloir accepter "de devenir complice des agissements du parti, au détriment de sa conscinece." C'était la première fois qu'un député de la population générale démissionnera deupis plusieurs années pour venir dénoncer le MMM d'être un parti qui prône le communalisme outrancier.

Sir Satcam Boolell et l'éxécutif du Parti Travailliste boycotteront les festivités qui auraient marquées l'investiture de Sir Seewoosagur Ramgoolam, aux fonctions de Gouverneur Général. Pourtant il avait donné plusieurs années de sa vie (depuis 1948 et avant jusqu'a 1983) au Parti Travailliste. Boolell dira que le Parti Travailliste en tant que tel n'a pas été invité à apporter sa contribution à ces festivités. Il dira "Si le Premier Ministre veut mon portefeuille, je le lui remetrrai."

Pour la première fois dans les annales de l'histoire dipolmatique de l'Ile Maurice des diplomates furent expulsés et leur mission fermée. "Le gouvernement de M. Jugnauth a expulsé tous les membres de la Jamahiriya Libyenne Arabe Socialiste, sauf un pour permettre de régler les problèmes liés a cette action et fermer le Bureau Populaire, sans pour autant rompre les relations diplomatiques avec ce pays," écrira le Week-End, et reproduira en premier page une photo de M. El Jaddy et le lord-maire de Port Louis, M. Bashir Khodabux, et la caption lira "Un Vendredi 13 qui restera grave dans leur mémoire," à côté d'une photo démontrant Anerood Jugnauth, brandissant un papier qu'il dira être: "Un doucment authentique." Assis à ses côtés sont démontrés Sir Satcam Boolell et Hervé Duval. Sir Satcam Boolell est assis avec une expression grave au visage le menton reposant sur la main gauche. Cela se passera le 13 Janvier 1984.

Les libyens devraient quitter le pays sous forte escorte policière. Week-End dira que "les Libyens sont partis sans connaître les raisons de l'action du gouvernement. Le lendemain matin, le 14 Janvier 1984, le Premier Ministre fera connaître les raisons de cette expulsion à travers une conférence de presse. Il dira que le motif fut un document adressé par le Colonel Khadafi aux chefs d'Etat du monde à l'occasion du Nouvel an, et qui par son caractère subversif portait atteinte à ls souveraineté nationale et menacait de débalancer le fragile équilibre culturel et religieux du pays.

Le Premier Ministre diar que ce document représentait "La goutte d'eau qui a fait déborder la vase." Il s'éleva contre l'ingérence libyanne dans les affaires intérieures du pays. Mais il dira qu'il y avait d'autres raisons aussi qui le poussèrent à expulser les diplomates. Il dira que "malgré les nombreux rappels a la prudence et au respect des normes établies et reconnues" la mission libyenne à Maurice a continué sa tentative de déstabiliser le pays. Il dira que les agrissements des représentants libyens étaient arrivés à un point ou on ne pourrait plus leur tolérer. Puis, ets venu le problème posé par le financement par la Libye de divers projets de la municipalité de Port-Louis au coût de Rs 12 millions, ou les Libyens diront que ce don de Rs 12 millions faisait parite d'un "projet complètement séparé de ceux du gouvernement," et le Premier Ministre réagira en disant que les Libyens ne peuvent pas choisir leurs interlocteurs alors que le cadre structurel pour prendre de telles décisions existe car il y a la commission mixte Maurice/Libye. Mr. Al Jaddy dira que le Premier Ministre a agi suite aux influences des pressions extérieures que ce dernier niera catégoriquement, car dicté dans l'intérêt du pays.

M. Alan Ganoo, secrétaire général du MMM dira, "Nous condamnons la décision du gouvernement," et que "on peut ne pas être d'accord avec tout ce qu'a dit le Colonel Khadafi au monde dans son message…comme aussi avec ce que font les Libyens a Maurice, amis que le Premier Ministre s'est servi des prétextes pour expulser les diplomates Libyens de Maurice?"

"Il est aussi clair que le gouvernement vise quelque chose d'autre derrière cela. Nous au MMM, nous condamnons la décison prise par le gouvernement, et nous dénoncons aussi la facon utilisée par le gouvernement pour faire les diplomates quitter le pays." Et cela malgré le fait que le Premier Ministre expliquera en vain que l'intérêt supérieur du pays l'exigeait à prendre cette décision. Malgré le fait que le MMM, par son porte-parole et secrétaire général ne soit pas d'accord avec l'ingérence libyenne ni avec ce que font les Libyens s'attaquera au gouvernement et au chef de ce gouvernement en faveur de la Libye et de sa politique qui vise à déstabiliser le pays, et créer des conflits intercommunautaires à Maurice.

Gérard Cateaux écrira en analysant les conséquences diplomatiques de cette action gouvernementale, et dira, "Au moment même ou Sir Gaëtan Duval est en mission de prospection dans certains pays arabes, le chef de la diplomatie d'un pays arabe est expulsé sand raison ou, du moins, pour une raison qu'il ne connait pas." Et pourtant l'Eglise Catholique à Maurice par le biais de son Eveque, Mgr. Margéot, agrira elle aussi et dénoncera le message et l'ingérence de Colonel Khadafi en des termes très claires. Mais Gérard Cateaux et ses collègues de la presse ne souffleront mot pour le condamner!

Le Premier Minstre sera accusé d'être anti-musulman et son gouvernement le sera aussi. Pour étayer leurs critiques la presse et le MMM et les adversaires de Jugnauth prendront pour exempl: la lettre de M. Ibeny Twayab Tostom ou il fut état des [fouilles] auxquelles des dames et des vieilles revenant de l'Arabie Séoudite après le pèlerinage du Haj, furent soumises, et qu'ils interprèteront comme étant anti-musulmans!

Quiconque lira la lettre de M.I.T. Rostom notera qu'il fait mention seulement des "our Muslim sisters" dont surtout "old ladies" qui ont été "recklessly" et "shamelessly" assujeties aux fouilles douanières à leurs rentrées dans leur "motherland" après avoir fait leurs pèlerinages dite "Haj" en Arabie Séoudite, et dont les "personal jewels which the ladies wore at the time have been siezed." Il dira aussi que la communauté musulamse est en colère et se sent humiliée par ce qui s'est passé à l'aéroport de Plaisance. Il dira que les musulmans à Maurice sont remplis de "grief and anger at the humiliaton, persecution and harassment of Muslim Pilgrims." Il dira aussi qu'il y a une atompsphère de révolet au sein de la communauté musulmane. Que la communauté Musulmane du monde entier "viewed with grave concern" en Arabie Séoudite et dans le "Muslim World." Il dira que les musulmans sentent que leaurs "constitutional rights are being trampled upon," mais ne fera pas mention du fait que ce n'étaient pas seules ces "muslim sisters" et "old laides" qui retournaient de l'Arabie Séoudite. Il ne mentionnera non plus que plusieurs personnes, y compris bien sûr des hommes musulmans avaient aussi fait le Haj et qui étaient de retour, ni des articles tels des vidéos et d'autres objets de valeurs non délcarés par eux à leurs arrivés furent saisis après que leurs valises furent fouillées par les autorités douanières, parce qu'ils voulaient faire de la contrebande! L'Arabie Séoudite prend des mesures exceptionnellement sévères contre des musulmans qui se rendent à la Mecque pour faire du traffic de la drogue, et de contrebande. Aussi plusieurs pays musulmans s'en prennent aux contrebandiers de la sorte, et à ceux qui font le trafic de la drogue.

C'est malheureux que M. Rostom ait épargné le public mauricien de ces travestis. Nous fera-t-il croire que seules des soeurs musulmanes dont surtout des vieilles ont été faire le Haj et qui furent fouillées à l'aéroport. Niera-t-il qu'il y avait aussi grand nombre d'hommes aussi parmi et qui en grande partie ne furent pas fouillés, et s'ils le furent n'ont pas eu leurs bagages saisis parcequ'ils ne faisaient pas de la contrebande, ni voulaient faire entrer au pays des objets non-déclarés.

Et bien sûr, maintenant que les Libyens furent expulsés du pays par Anerood Jugnauth on dira qu'il est foncièrement anti-musulman et ils feront parachuter des articles dans la presse des pays musulmans, amis de l'Ile Maurice, pour faire état des tad de mensonges allant jusqu'à accuser le gouvernement d'intention de confisquer les "jamatools" et des "madrassas" et des "mosquées" pour empêcher que les musulmans (qui sont minoritaires et sont en danger d'extinction) pretiquent leur religion, comme le garantit la Constitution et que les droits de l'Homme sont piétinés "trampled" à Maurice, par le gouvernement que est dirigé par un dindou, qui est anti-musulman et qui veut se venger sur la communauté musulmane pour n'avoir pas voté pour son parti lors des élections d'Août 1983 et qu'il est déterminé à leur faire payer durement pour cela.

Ils iront aussi loin que de faire appel aux frères musulmans des pays musulmans, surtout des dirigeants Arabes de ne pas continuer d'aider ce gouvernement car anti-musulman, quand celui ci leur quémande leur aide pour développer le pays, et se rendront coupables de haute trahison envers le peuple mauricien, y compris les musulmans à Maurice.

Il, M. Rostom, qui dit avoir des doigts sur les pouls des musulmans à Maurice qui sont en révoltes na pas dit que son frère lui-même impliquè par un certain Hossenee qui fut apprehendé par la police Pakistanise et fut condamné pour être en possession d'un kilo 490 grammes de "brown sugar" qu'il voulait faire sortir du Peshawar en route pour l'Ile Maurice et qu'il a confessé que c'est M. Rostom qui a un magasin sous le batiment qui abrite le "Ambassador Hotel" qui l'avait envoyé faire ca et qu'il avait demandé à son père de demander à sa femme d'aller voir Rostom pour qu'il donne Rs 2000 chaque mois à cette dame car lui, Hossenee es en prison. M Rostom sera très mécontent quand ses comptes bancaires seront examinés par la commission sur la drogue, et dira son dégoût qu'on homme honnêtes tel que lui ne devait pas avoir à venir déposer devant cette Commision. Avec des dirigeants musulmans tel que lui, et les députés tels que Khodabux et Gendoo qui parraient la femme de "La Tête," trafiquant de drogue dure, arrêté à St. Denis, La Réunion, etc. on se demande si les musulmans à Maurice n'ont pu mieux faire pour chercher des gens plus "comme il faut" pour représenter leurs doléances et pour protéger leurs droits. L'Ex-ministre Peeroo dira que c'est Khadafi que est le vrai leader des musulmans à Maurice. Qui dira Mieux?

On n'a qu'à observer les noms de tous ceux qui parmi les 1300 trafiquants qui ont été appréhendés par la brigade anti-moeurs, desquels trafiquants on aurait confisqué pas moins de 900 kilos d'héroïne, de brown sugar (etc) sont des piliers de la communauté musulmane qui se dit voir ses droits constitutionnels menacés par le gouvernement de Jugnauth qui est anti-musulman. Qui dira mieux? L'Eglise dirigée par Mgr. Margéot ou la presse aussi pietinée ou l'opposition MMM?

A l'heure des questions le Premier Ministre répondra que ce n'était pas une guerre contre la Libye, les relations diplomatiques ne sont pas coupées mais qu'il leur a fait comprendre qu'il ne veut pas "de leur présence à Maurice." On lui demandera pourquoi alors que le message du Colonel Khadafi, adressé à tous les Chefs d'Etat du monde, et même au Vatican, c'est l'Ile Maurice seule qui a pirs la décision d'expulser les Libyens de Maurice et de fermer leur mission, et quand on lui demande, "Ne pensez-vous pas que vous jouez à l'apprenti-sorcier, et que botre action parait être une stragégie pour diviser les créoles et les musulmans parmi la population afin de permettre à votre régime d'asseoir son hégémonie (comprenez par ça l'hégémonie hindoue)?" Le Premier Ministre répondit en des dermes catégoriques, "Ce n'est pas ça du tout. Mais Khadafi pouvait dire ce qu'il voulait dans son pays, et non faire parvenir un tel document par le truchement du Bureau Populaire pour être circulé parmi la population. Ça, je ne le permettrai jamais."

Même le journaliste qui lui posait cette question interprètera l'action du Premier Ministre (et de son gouvernement) en termes communales et voudra faire croire que le Premier Ministre joue à "l'apprenti-sorcier" et qu sa stratégie vise à diviser les créoles (chrétiens) et les musulmans à Maurice pour permettre à son régime "d'asseoir son hégémonie." Pourtant le gouvernement de Jugnauth a plusieurs ministres chrétiens et Kader Bhayat, Ministre du Commerce et de l'Industrie, au moins lui on ne peut surement pas croire, est ant-musulman, et que les ministres et députés chrétiens du MSM/PMSD/PTr sont tous anti-musulmans? Et quid de Yusuf Mohamed, ex leader du Parti Islamique Mauricien, ex-leader du Comité d'Action Musulman et fils du plus grand leader des musulmans à Maurice, qu'ils enfin permettraient tous à Jugnauth "d'assioir son hégémonie" (hindoue) pour diviser les chrétiens et les musulmans à Maurice, quand même? D'ailleurs le PMSD dont le leader est Sir Gaëtan Duval est celui qui avait mené la compagne anti-indépendance, qui disait avoir eu peur de la [possibilité] d'une hégémonie hindoue en 1967, (est ce même Duval qui est vice-premier ministre sous Jugnauth!) ait décidé de rester aux côtés de Jugnauth pour accepter l'expulsion des Libyens sans broncher, s'il y a vait vraiment de quoi avoir peur de la possibilité que Jugnauth assied son "hégémonie" enfin? La presse a donc aidé des dirigeants du MMM, fait tout pour donner à cette expulsion un caractère communale avec le seul but de perpétuer la tension communale que le MMM et eux-omêmes avaient tissée durnat le campagne électorale. (Voir l'annexe qui donnera les détails (i) du message adressé par le Colonel Khadafi aux chefs du monde et (ii) la réponde Mgr. Margéot à ce message).

Dans le numéro du 22 janvier 1984, le Week-End publie à la page 8, "Lettre à un jeune ami" signée M. et demande:

"Tu connais, toi, ces quatre vers?

A réparer certaine injure,
Une abeille un jour s'engagea
Elle y parvint et se vengea
Mais expira sur la blessure."

Et dira que dand "certains cas…il vaut mieux traiter une injure avec calme et selon les régales plutôt que de s'exposer, pour en tirer davantage, a un mal plus grand que celui que l'on dénonce. La conduite de l'abeille est particulièrement irrationelle puisque cet insecte, on le siat, laisse parfois son dard dans la blessure qu'il fait et meurt sûrement de cette ablation." Les insinuations ne pouvaient être plus clairs! L'abeille, insecte, c'est A. Jugnauth qui a dénoncé le mal "pour en tirer davantage."

Il continuera ainsi, "Ce qui me rappelle le triste épisode de l'expulsion des Libyens dont la lettre du Colonel Khadafi fut le prétexte "injurieux," pour reprendre le langage du Secrétaire Général du MMM, Alan Ganoo, qui voyait lui aussi dans l'action du Premier Ministre une visée autre que ce qui était dit par le Premier Ministre. Le presse tournera davantage le couteau et son dard dans la plaie de la population mauricienne à cause de leur tentative délibérée de semer la haine communale et de déchirer l'unité du peuple mauricien. Sûrement cette presse mourra-t-elle? Telle l'abeille! 'M' dira ensuite que "tous les mauriciens, ceux de tous les rangs, de toutes classes et castes, de toutes foutunes, se posent la question: Quel cache donc l'action brutale du Premier Ministre?" Et c'est cette même presse qui accusera le premier ministre de vouloir diverser la population mauricienne pour "asseoir son hégémonie" hindoue? Et c'est cette même presse qui décrit si succintement les diverses catégories de mauriciens qu'elle croit exister à Maurice et les divise en classes et castes etc. Il dira ironiquement, que, "ce dernier nous a débarrassé d'indésirables seigneurs" et accusera l'action prise par le Premier Ministre du terme "brutale," "outrageante," "non-diplomatique" car anti les conventions quant à l'immunité diplomatique. Il verra qu'à peine 3 semaines après, ces Libyens tueront avec un sang froid extra-ordinaire à Londres, devant leur mission, à partir de leur mission, et réclameront eux aussi protection en invoquant cette même immunité diplomatique, et seront explusés par le gouvernement Britannique! Mais cette presse n'en soufflera mot, car inquitète des répercussions!

Et 'M' demandera à son jeune ami, "Quelles répercussions pouvons nous attendre du monde international? En sortons-mous gagnant quelque part? Mais alors pour qui, par quoi? Ou bien, comme disent les mauvaises langues, a-t-on voulu diviser pour mieux régner…" Et c'est sûrement une question pertinente à poser! Car comment est-ce que les Libyens ont-ils gagné et pour qui et quoi? Quand ils ont tué cette policière à Londres. Avait-elle aussi tenté de diviser pour régner, comme diront les mauvaises langues? Comment est-ce que le monde est sorti gagnant ce "monde international" qui condamnerait sans réserve ces mêmes Libyens de Khadafi pour avoir "semer leur type d'amour" à Maurice? à Londres? et pour avoir fait tuer par amour des centaines de gens innocents alors qu'ils financient les terroristes à travers le monde, comme le demande 'M' dans sa lettre à un jeune ami? Eux aussi, ces otages qui furent tu'es sans surais, avaient-ils voulu semer la division pur mieux régner? Les mauvaises langues savent ce qu'ils font, et c'est pourquoi, malgré tout ce qu'ils savent sur ces gens, malgré tout ce qu'ils savent sur toutes les facons que de drogues, et des armes, et de matériel subserifs etrent dans le pays, les condolent encore, els défendent encore. De quelle bonté que cette presse ne bénisse-t-elle pas le peuple mauricien?

'M' dira, "Oui, le peuple mauricien se pose des questions et s'inquiète!" C'est bien que le peuple mauricien se posent ces questions, des questions et s'inquiète! Il demandera "Ira-t-il jusqu'à supprimer chez nous, par le menace, tout ce qui dépasse? Nous ne sommes pas un peuple de sauvages qui doit être tenu dans les fers pour marcher droit. Et la descipline ne saurait être confondue avec l'abus de la force même verbale. La publicité fracassante donnée à cet épisode à la radio ou a la TV, a dépassé le cadre du rapport d'un simple incident. Notre paix nationale dépendait-elle vraiment d'une éviction brutale pour être préservée? Nous sommes d'un pacifisme qui va jusqu'à l'inertie et disons le, les provocations n'ont pourtant pas manque jusqu'ici pour nous faire sortir de nos gonds, comme on le dit. Ou est la vérité dans cette vilaine affaire des Libyens? Gare au dard perdu…"

Combien n'est-il pas naïve que de demander des choses pareils? Il demande si Jugnauth "ira jusqu'à supprimer tout ce qui dépasse?" et demande au peuple de réagir contre Jugnauth parcequ'il a décidé de supprimer ceux qui vont trop loin? Il fait rappeler que "le peuple n'est pas un peuple sauvage qui doit être tenus das les fers pour marcher droit." Il est bon que 'M' a réalisé que le peuple mauricien n'est pas un peuple sauvage, et qu'il n'a pas besoin d'être tenus dans les fers pour marcher droit comme avaient voulu et comme avaient fait les patrons le Week-End et l'industrie sucrière et ses barons qui avaient mis dans les fers des millions d'esclaves partout dans le monde. Mériaient-ils eux d'être tenus dans les fers pour marcher droit? Qui ne se souvient pas des abus et des insultes de N.M.U. a l'égard des dirigeants travaillistes dans les années 48, 50 et après quand le Mauricien et le Cernéen furent l'organe de ces messieurs les barons qui faisaient et qui font jusau'à aujourd'hui toutes sortes de coustics, d'acrobaties, pour diviser afin de pouvoir régner et controller le destin d'un peuple entier? Ils les appelaient alors "d'indianisateurs," "des réactionnaires," et eux aussi accusaient le Dr. Curé, Rozemont, Seeneevassen, le Pandit Sahadeo, et même Rault, d'être ceux qui voulaient installer une hégémonie hindoue à Maurice, thème que reprit Jules Koenig et Gaëtan Duval pour empêcher ce même peuple de devenir indépendant!

Le Week-End continue de faire le même jeu infecte, mais cette fois-ci au profit du epuple et pour le bien de son nouveau héros, Paul Bérenger, qui lui a nomtré un sérieux qui a aidé à son image! afin qu'il devient Premier Ministre, qu'importe s'il est le roi des menterus! Si la n'est pas l'exemple de la violence verbale qu'en est il? 'M' accusera "la publicité fracassante donné a cet épisode à la radio et a la télévision et il accuse et dit qu'elle a dépassé le cadre du rapport d'un simple incident. Simple incident que d'expulser les Libyens et leur faire fermer les portes de leur mission? Simple incident que de voir Khadafi insulter tous les chrétiens du monde? Que d'insulter la Sainte Vierge Marie et le Seigneur Jésus Christ qui lui aussi a donné sa vie pour laver les péchés de ce monde pourri? C'est ce simple incident qui poussa le Mgr. Margéot de décrier le message de Khadafi, et le Saint Pape de le faire aussi? Qu'appppellers-t-il un incident ou les Libyens tueurs d'une policière innocente et des otages inocents a travers le monde? Visent-ils tous à diviser pour régner? Il demanda si vraiment la paix nationale dépendait sur l'éviction (qualifiée de brutale) pour être préservée. Il a oublié ce qui s'était passé durant les bagarres raciales et communales entre les chrétiens (créoles) et les musulmans en 1968 à Maurice quand cette même presse avait incité le peuple à se tourner contre le Dr. Ramgoolam et autres car elle les accusait aussi de vouloir asseoir l'hégémonie hindoue à Maurice? Oui la paix en dépendait de cette action, car le peuple en doutait à cette époque la aussi. Il doute encore car ce doute a été mis dans leur esprit par cette même presse à mauvaise langue!

Ce peuple a raison de douter car il est imbu d'un pacifisme qui va jusqu'à l'inertie, et les provocations n'ont pourtant pas manqué, jusqu'ici pour faire sortir ce peuple de ses gonds, comme 'M' dit. Dieu merci que ce peuple est pacifique, mais pas tant que ca. Qu'il se souvient de cette même "pacifisme" qui fut si déjouée qui le peuple connut les bagarres de 1967-68. Ils étaient portis les chrétiens (créoles) et les musulmans de leurs gonds. Est-ce ca le but de 'M' en tissant tant de haine car si mal-guidé? Peul-il pousser ce peuple contre A. Jugnauth qui a empêché que les Chrétiens désabusés par les propos de Khadafi et les musulmans ne s'entre-déchirent? Quelle ingratitude envers cet homme qui a attiré le fou-dre sur sa tête pour protéger ce peuple! Dieu merci que le peuple mauricien est un peuple pacifique sinon ce peuple se serait entre-déchirés et retourner dans cet état d'esclavage qui existait jadis à l'île Maurice. Cette inertie du peuple ne doit pas servir de prétextes aux déstabilisateurs patentés pour asseoir le néo-esclavagisme que préchait à l'époque N.M.U. et autres. Dieu merci que l'Ile Maurice à un Premier Ministre qui a osé se dresser contre ceux qui visent à semer de la haine et de la dissension a Maurice pour nuire à cette paix inter-communautaire si fragile que nous avons à Maurice. On l'aurait jamais pardonné s'il avait resté les mains croisées dans l'inertie perverbiale pour laquelle notre peuple est connu. Pierre Benoit avait raison quand il disait dand l'article titrée, "Maladresses…" quand il décrivait l'humeur du pays et avait dit "un pays, un peuple ne peut vivre constamment dans cette atmosphère. Il faut l'assainer!" Pourquoi permit-il que son journal séme tant de baine alors?

Dans ce même journal on lira sous la caption – OCI – L'invitation faite à l'Egypte de ré-intégrer la communauté musulmane, que "Le monde islamique (est) plus divisée entre 'durs' et 'modérés.'" Yasser Arafat, vigoureux défenseur de l'Egypte, et ceux qui comme la Libye, l'Iran et la Syrie (défaitistes et réactionnaires) et ce qu'il appelle "le front des fractions pal-estiniennes" refusent de déposer les armes" face à "l'ennemi Sioniste." Est-ce d'une maladie, ou d'une épidémie que souffre ce monde musulman qui s'entre-déchire par exemple dans la guerre fratricide entre l'Iran et l'Iraq qui durent déja 7 ans? Ue ne se passe-t-il pas entre Chrétiens et Musulmans au Liban? La aussi le peuple libanais avait leur Beyrouth dont le grand chanteur Enrico Macias chantait les gloires, et ce peuple qui jadis si pacifique se sont sortis de leurs gongs. Que reste-t-il de Beyroute et du Liban aujourd'hui? Veut-on faire de l'Ile Maurice un autre Liban? Là ou la paix est un mot qu'on ne raconnait plus maintenant? Qui ne se souvient pas de cette belle chanson d'Enrico Macias, "Enfants de tous pays?" Ces déstabilisateurs par leur silence complice au sujet des semeurs de la mort à Maurice, ces trafiquants de drogues qui tuent les innocents, qui [entrelaient] de l'héroïne, du "brown-sugar" avec de la glace et les vendent aux enfants des écoles primaires, veulent-ils aussi voir nos enfants périr à Maurice? Ils savent pourtant d'ou proviennent ces drogues et qui ces trafiquants sont, et même Bérenger lui-même a dit que tout le monde sait comment la drogue vient à Maurice. Les prêtres de l'Eglise dirigée par Monseigneur Margéot chaque jour. Cette presse que se dit défenseur des droit des Hommes et qui se solidarise quand elle voit son propre avenir menacé. Pourquoi a-t-elle garde ce mutisme conspirateur pour ne pas aider la Commission sur la Drogue dirigée par Sir Maurice Rault, à remonter cette source et à détruire ces vendeurs de la drogue? Pourquoi n'a-t-on pas vu un seul journaliste de cette auguste presse, le quatrième pouvoir venir déposer, dénoncer ces vendeurs de la mort? Pourquoi l'Eglise n'a pas envoyé un seul de ces révérends prêtres non plus? Ni Bérenger, ni le MMM, ni Gendoo, Khodabux n'ont pas co-opéré avec le Select Committee ni avec la Commission d'enquête sur la drogue! De quoi ont-ils peur?

Mais quand ce même Anerood Jugnauth prend la résolution de démanteler la mafia de la drogue, de la prostitution, de la violence (verbale, écrite et physique) que de noms ne lui ont-ils pas donnés? On la appelé "mouche verte," on l'a appelé "dictateur" que "ne peut faire pire que ceux qui dirigent des pays à parti unique," "d'insecte," "d'abeille" qui "doit prendre garde du dard perdu," et il doit aujourd'hui porter de veste pare-balle pour se déplacer dans cette île paradis, l'Ile Maurice du peuple pacifique et inerte! Le Commissaire Rault, le Procureur Général, le Premier Ministre, ils sont tous menacés d'assassination et de violence. Pourtant le MMM, la presse et l'Englise ne soufflent pour leur aider dans leur grande tâche qui s'avère si difficile. Mais ils s'écrient tous quand une loi qui permettait aux trafiquants de drogue de bénéficier du droit de caution, "bail" pour s'enfuir du pays quand ils furent appréhendés après qu'on sit confisqué des centaines de kilos de drogues dures, d'héroïne, de la cocaïne, de l'opium, du Mandrax et aurtre, – quand cette loi fut votée a l'Assemblée pour leur dénier ce droit, ils ont tous crié des toits et déclamé cette loi anti-liberté des droits constitutionnels. Même la Cour Suprême la décrète anti-constitutionnelle, mais le gouvernement de Jugnauth tient bon quand même, et fera appel au "Privy Council," contre cette décision de la Cour Suprême. En attendant, Gendoo et Khodabux aident la femme de "La Tête" en la patronnant pour qu'elle obtienne un passe-port et qu'elle quitte le pays! Ils crieront "injustice" et dénigreront A. Jugnauth, ils l'appelleront de toutes sortes de noms vulgaires et diront qu'il est dictateur qui soutire des drogués et des trafiquants de drogues. Que [peut-on] attendre de ceux qui faissient que des louanges pour Paul Bérenger quand ses hommes cracheraient sur le visage de ce même Anerood Jugnauth a l'Hôtel de Ville de Quatre Bornes pour avoir refusé de faire leurs jeux et pour avoir refusé d'expulser le PSM du gouvernement MMM/PSM?

Qui dira mieux? On fut la conscience du Chef de l'Eglise, Mgr. Margéot alors? Et aujourd'hui. Pourquoi a-t-il toujours peur de Jugnauth? Et pourquoi crie-t-il encore "dictature" et a-t-il "peur pour la liberté à Maurice?"

Quand Gandhi et le Dr. Manilall vinrent à Maurice au début du siècle ils furent écoeurés de voir l'état dans lesquels les hindous et les musulmans pauvres travailleurs dans les établissements sucriers devaient vivre et il les demandaient de faire de leur mieux pour éduquer et instruire leurs enfants et ils avaient demandé que les hindous vivent en paix avec toutes les communautés à l'Ile Maurice. Ils avaient dénoncé les tactics et la pratique divisioniste du colonisateur. Ils leur demandaient de l'intéresser à la chose politique. C'est à partir de ca que ces derniers montreraient un certain intérêt à la politique à Maurice. Le sort des laboureurs engagés fut pitoyable durant des années. Le Pandit Sahadeo devint un disciple de Gandhi. S. Bissoondoyal en deviendra aussi. Ils lutteront pour l'émancipation de ces travailleurs. Le. Dr. Curé fondera le Parti Travailliste, et sera rejoint plus tard par Rozement, Seeneevassen, le Dr. Ramgoolam et autres, pour assurer finalement l'émancipation de ces travailleurs, contre tous vents et marées, contre la puissance des magnats du secteur sucrier qui les combattraient, créeraient le Ralliement Mauricien et seront appelés des indianisateurs. Mais la presse conservatrice n'en soufflerait mot pour défendre les malheureux travailleurs hindous et musulmans; ils combattraient dans cette presse pour perpétuer le système d'esclavage ou de néo-esclavage pratiqué par leurs patrons. L'Eglise restait, elle aussi muette. Sa conscience n'avait pas dicté l'evêque d'alors pour défendre les droits de l'homme. Pourtant ces droits furent garantis par les Nations Unies en 1948. Pourquoi ne l'avait-elle pas fait? Parceque c'étaient mis en fers pour leur faire tenir debout, non, courbé par le poids des chaines de ce nouveau esclavagisme; ils avaient la tête baissée.

On les appellaient, les défenseurs des intérêts des travailleurs, des "reactionnaires," d'indianisateurs, qui voulaient asseoir une hégémonie hindoue à Maurice. La conscience de l'Eglise ne fut pas ébranlée. Ces mêmes leaders de la classe ouvrière réussirent de faire l'impossible. Gandhi réussit de faire coucher le soleil sur l'empire Britannique, ce Gandhi que Q. Churchill appelait le "naked fakir" aux côtés duquel il refusait de s'asseoir pour dîner à table. Le soleil ne couchait pas sur cet empire, qui faisait chanter "Rule Britannia, Britannia rules the waves. Britons, never, never, never shall be slaves!"

On faisait chanter cette chanson aux enfants des ex-esclaves et des travailleurs hindous et musulmans engagés dans les écoles! Quelle éffronterie! La conscience de l'Eglise ne fut pas ébranlée.

Ces leaders de la communauté hindoue et musulmane réussirent à aider ce peuple mauricien a marcher sand fer, la tête haute, le corps droit! Les fers furent jetés dans les poubelles pour être repris plus tard pour forger un nouveau type d'esclavage par le patronat du secteur sucrier et autres après que l'Ile Maurice devint indépendante.

Quand le docteur Manilall, "l'homme qui fit le voeu alors qu'il était étudiant en Grande Bretagne, d'oeuvrer pour l'émancipation des communautés indiennes d'outre-mer" (comme le dit M.B. Burrun dans son article "Deux éminents Gujeratis" pubié dans le Week-End du 22 Janvier 1984), quand le docteur Manilall vint à Maurice le 13 Octobre 1907, il devait venir passer à Maurice 5 ans. Il dira dans son journal, Le Hindoustani, le 15 Mars 1909, écrit en anglais et en gujeratis, que "Chacun a le droit d'agir selon son chiox à condition qu'il n'entrave pas le liberté d'autrui. Se en chaque homme se trouve l'image de Dieu, c'est-a-dire, si la nature extérieure et par conséquent, la véritable destinée de l'homme est divine, un homme ou une race ne peut, moralement parlant, asservir, écraser, ou même exploiter l'autre pour un gain purement égoiste." Le hindoustani sortait de 15 Rue St. Georges,

Port Louis, quelques mètres seulement de la ou sort "Le Mauricien" et "Le Week-End," l'organe du même "Le Mauricien" – tous deux défenseurs du patronat deupis la création du "Le Mauricien" en 1908. Ce journal fut lancé pour cambattre celui du Dr. Manilall, le Hindousatni," son voisin!

Plusieurs des conditions de vie qu'il devait dénoncer en 1907 et après a Maurice existent toujours. (Voir le rapport du Comité Ad-Hoc établi en 1982, pour étudier les conditions de vie et l'environnement des travailleurs hindous et musulmans, dans les établissements surcriers mauriciens.) Le Rapport Avramovic en fera lui ausi état des amuvaises conditions qui existent dans son étude que l'ONU finança sur l'Industrie Sucrière Mauricienne publiée en 1984. (Voir les recommandations faites dans ce rapport. Annexe). La conscience de l'Eglise ne fut pas ébranlée non plus!

Le Maha Siva Ratri (Shivaratee) fête religieuse hindoue, dure trois jours a Maurice et des pèlerins (environ 300,000) viennent vers le grand bassin (le ganga-talav) dans une atmosphère de piété et d'allégresse, de tous les coins de l'Ile Maurice. Ils viennent en grands cortèges chaque année et c'est la fête la plus imposnate de l'île. Le seul autre pèlerinage quie a lieu à Maurice et qui attire les grandes foules, (mais sur une échelle plus petite que le Maha Shivaratee) est à l'occasion de la fête du saint homme, le Bien Heureux Père Laval. Les deux attirent des membres de toutes les communautés en grands nombres. Bon nombres de Chrétiens ayant fait des voeux qui sont exaucés viennent rendre hommage à ces deux lieux de pélerinage, à Grand Bassin aussi bien [qu'elle]. Croix. Le Maha Shivaratri est presque une fête nationale, car personne, quelle soit sa communauté et sa croyance religieuse ne reste insensible à cette fête haute en couleurs et dont le dimension n'échappe à personne.

Durant les trois jours que dure cette fête, l'île Maurice bouillit d'activité. A Grand Bassin chaque soir, on tient des sessions interminables de prières et de chants religieux et on invite des personnalités politiuqes, religieuses, sociales, pour adresser la grande foule. Et ils ne sont pas tous hindous. C'est un lieu de prière, et Dieu appartient à tous. Tous l'Ile Maurice est mobilisée. Les conseils de villages, les municipalités, le gouvernement, les sociétés religieuses, tous se mobilisent pour accueillir les pèlerins dans leurs régions et leur offrent des boissons, de l'eau sucrée aux fruits, du thé, du café, a manger. C'est une fête qui r'euniit le peuple mauricien dans toute sa diversité et ceux qui ont vécu une des ces fêtes de Shivaratre, (La Nuit de Shiva) n'en oubliers jamais.

C'est décrite comme "une fête qui peut nous faire devenir meilleurs et purs" dira le docteur Dev. B. Ramnauth. Leconte de l'Isle dira de cette fête "Reprenos nous entre tes bras ô nature en tes bras sacrés." Cette fête fut tenue à Maurice, comme chaque année avant et après, le 28 Février 1984.

Le Comité national d'organisaton de la fête Maha-Shivaratree adressera une lettre à l'évêque de Port Louis, Mgr. Margéot pour s'opposer aux propos tenus par le Rev. Père Souchon en sa capacit'e de porte-parole du Comité pour la Défense, de la Liberté et de la Démocratie, propos tenus par lui le Lundi 27 Février 1984. Que reprochent le Comité national dont le président est M. Uttam Bissoondoyal? Que les propos tenus par le Rev. Père

Souchon aurait dit eu tort d'inviter qui elle veut à prendre la parole au cours de la fête, car la liberté est menacée par les politiciens du régime et qu'ils ne devraient pas y être invités, qu'on avait politisé la fête de Grand Bassin! Il s'opposera l'imposition de 24% de taxe sur le papier journal, comme une atteinte à la presse et aux libertés, parcequ'il y a une idée machiavélique derrière l'imposition de cette taxe, et que les libertés religieuses sont aussi menacés par ces mêmes politiciens du régime. Le Rev. Père Souchon se sera ingéré dans une affaire qui relève purement du comité national de la fête Mahashivaratree et alors que lui en tant qu'un prêtre Catholique n's rien à faire avec qui ce comité invite pour adresser la parole lors de la tenue de cette fête a Grand Bassin. Que voulait faire le Rev. Pre Henri Souchon le grand défenseur de la liberté. Singérer dans ce qui ne le concerne pas pour laisser tomber son foudre communal sur les hindous qu'il traitera d'irresponsables pour marrer l'ambiance de cette fête avec un but que lui seul pourrait expliquer, mais qui fut responsable pour tisser davantage le conflit communal qui dura déja dans le pays sur une échelle inconnue jusqu'ici depuis la cassure du gouvernement MMM/PSM en Mars 1983 jusqu'aux élections générales d'Août 1983 et jusqu'a fin Février 1984. Pourquoi a-t-il fait ça? Parceque Anerood Jugnauth fut invité à prendre la parole à Grand Bassin cette année la.

Le Premier Avril 1984 Paul Bérenger tiendra une Conférence de Presse dans laquelle il dira qu'après s'être donné sept mois de réflexions, les dirigeants du MMM se seraient livrés à des analyses sur le passé, le présent et l'avenir du parti et qu'ils se préparent pour la fête du travail, le 1er Mai 1984. Il dira que le gouvernement "durers ce qu'il durera" et qu'il ne pratiquera pas une politique ou il poussera à la roue ou une politique de pire. Mais que "les masques de l'Alliance MSM/PMSD sont tombés," et "que la vérité a refait surface, avec les voltes-faces du régime au pouvoir." Il dira "qu'un profond sentiment de dégoût fait surface aux quatre coins du pays. Je le répète: C'est le début de la fin!" Qui dira mieux pour quelqu'un qui n'a vécu que du mensonge tout en déclarant solennellement, comme il fit sur la tête de son fils, lors de l'épisode Sheik Hossen, qu'il dit la vérité, et rien que la vérité, et que c'est Ramgoolam qui mentait et que maintenant c'est Jugnauth qui mentait, que c'est Boodoo qui mentait, comme par exemple on annonça qu'un attentât armé avait eu lieu sur Boodoo à la veille des élections d'Août 1983! Pourtant il fut prouvé dans les deux cas, comme dan tant d'autre qu'il est un grand menteur patenté.

L'auteur de cet ouvrage n'aime pas lui aussi voir des masques sur le visage de quelqu'un qu'il siat être hypocrite de fond en comble sand être tenté de l'en arracher pour montrer son vrai visage! Les masques avaient tombé pour Bérenger le lendemain même, le 21 Août 1983 quand le peuple lui donna le plus grand coup de pied qu'il n'avait jamais recu de sa vie. Mais il ne se corrigera jamais, car de son propre dire il reconnait avoir un caractère qui lui cause des problèmes et qu'il ne pourra jamais changer même s'il s'applique à le faire nuit et jour! L'homme qui sait qu'il a un charactère qui le pousse à dire des choses pareilles, qui ne peut le changer, voudra changer la destinée d'un peuple, d'un pays. Mais il dira qu'il n'a de leçons à prendre de quiconque sur la démocratie. Il oublie que l'homme apprend à tout âge.

Il se lancera dans un quolibet ultra-communale et voudra que le peuple le suive dans l'enfer où il leur promet de leur emmener! Quand il sera appelé à se prononcer sur le projet de loi faisant obligation aux imprimeurs et aux propriétaires de journaux il dira –

"Pour nous (le MMM) c'est une atteinte à la liberté de la presse. Nous avons un gouvernement dangereux, répressif et anti-démocratique, car M. Jugnauth a fait voir son vrai visage au Parlement Mardi dernier, quand parland du P.O.A., il a dit que "this is the whip I have got. I have to use the whip." Pour le Premier Ministre, le P.O.A. est un fouet qu'il compet utiliser. Comme on le voit, les choses on atteint un tel degré qu'il est important que Sir Seewoosague Ramgoolam qui a toujours été profondément humain, s'il veut terminer sa carrière en beauté, ait un tête-a-tête avec sa conscience, et prenne position. Pourtant il appelait ce même Dr. Ramgoolam comme étant l'ennemi numéro un du peuple Mauricien, et ne méritait pas d'être appelé père de la nation, quand il le combattait avant les élections de 1976, de 1982 et d'Août 1983. Le menace qu'il profère ua père de la nation est clair. Qu'il fasse ce que lui Bérenger veuille qu'il fasse, sinon il ne finira pas sa carrière en beauté. Mais lui qui criera que cette loi est anti-presse, anti-démocratique ne fera rien pour le faire enrayer, n'ira pas à la cour suprême pour la contester et pour déterminer si oui ou non elle est anti-constitutionnelle, parceque c'est la qu'on aurait vu sa sincérité et son amour pour la vérité. C'est le droit de la presse qui est menacé, mais pas le sien. Car quand il fut battu aux élection 1983, la première chose qu'il voulait faire c'est du "challenge" à la cour suprême le voeux de l'électorat qui l'avait fait mordre la poussière. Car la c'était son droit qu'il sentait être lésé. Et c'est cet homme la pour qui cette presse, cette église se rendent ridicules aux yeux de tous. C'est par amour pour cet homme la, qu'ils se battent contre le monstre Jugnauth, pour qui lui, Paul Bérenger, leur sauveur, devienne demain Premier Ministre!

Quand on lui demande pourquoi, alors qu'en neuf mois qu'il était dans le gouverenement il n'a rien fait pour abroger le P.O.A., tout comme l'I.R.A., il dira qu'il ne faut pas s'en prendre à lui, car "en neuf mois que de réalisations. Une loi industrielle profondément démocratique pour remplacer l'I.R.A. a été déposée le 22 Mars 1983. Il suffisait au gouvernement de la traduire dans les faits. Quant au P.O.A., dois-je vous rappeler qu'il relève du Premier Ministre, et que ce dernier n'a rien fait pour l'amender. On comprend mieux pourquoi, et on s'en rend compte également, que les menaces de M. Jugnauth, en janvier 1983, lors de la grève d'UPSEE, qui nous avait révolté, étaient vraies."

Mais il ne dira pas qu'il avait claque la porte, lui et ses onze collègues, ministres du MMM un peu plus d'un an avant qu'il faisait cette déclaration, plus précisément le 23 Mars 1983, un jour après que ce nouveau projet de loi pour remplacer l'I.R.A. fut déposé à l'Assemblée. Pourquoi? Il oublie aussi de faire ressortir que quand lui il était Premier Ministre p.i. pour un jour, alors que le deputy Premier Ministre était encore au pays et qu'il avait insisté pour s'asseoir sur le marocain premier-ministériel que pour un jour de sa vie, il fit matraquer des vingtaines de jeunes dilles, des travailleuses de la Zone Franche qui manifestaient silencieusement, pacifiquement, assise sur des bancs et sur l'herbe devant le bâtiment de l'Hôtel du Gouvernement, à la Place d'Armes, parcequ'elles réclamaient eux aussi de la justice de lui, et réclamaient que leurs droits en tant que travailleurs étaient lésés par le patronat. Il a la mémoire si courte qu'il oublie se vite ses forfaits, mais il se souvient des plus petits détails des incidents ou lui, il fut matraqué par les policiers dela Riot Unit quand il fut syndicaliste et leader (et Secrétaire Générale tout puissant) du MMM, et qu'il fut jeté en prison, et que c'est Anerood Jugnauth qui fut l'homme qui vint le secourir et le défendre! Cette partie là, il a oublié si vite! C'est pas possible! Sûrement! Cela se passait à peine 10 ans de cela en 1973! 1974!

Il dira mille fois que Anerood Jugnauth n'a pas l'étoffe d'un Premier Ministre. Mais ce sont là les matières dont sont fait l'étoffe d'un Premier Ministre désigné qui ne réussit pas à se faire élire, même en troisième et dernière position, pour venir débiter ses nonsenses à l'Assemblée et ailleurs? Comment pourrait-il mener son parti a la victoire? Quelle tragédie que cet homme ne vit pas dans certains autres pays. Pour tout simplement avoir osé tenter deux coups d'états il serait six pieds sous [MISSING TEXT]. Il n'a qu'à voir comment sont trait'es ceux qui tentent derenverser un gouvernement chez notre voisin, Les Seychelles, ou son grand ami, Albert Réné, est Président. Il pourrait [MISSING] pas si loin que ca [MISSING]ique, voir comment on traite ceux qui [MISSING] de renverser [des gouvernements], car l'Ile Maurice, c'est aussi un peu l'Afrique. L'Ile Maurice c'est aussi l'Afrique car membre de l'OUA, et l'Ile Maurice est le seul pays à avoir présidé les conférences de l'OUA à deux reprises! Et il ose dire que Anerood Jugnauth est un homme ddangereux, répressif, et anti-démocratique. Ou'enfin on voit son vrai visage, car les masques sont tombés. La vérité a refait surface. Il dira que le gouvernement est coupable de deux poids et deux mesures, qu'il parle d'un double langage, qu'on ne peut lui faire confiance, que Jugnauth est communaliste, qu'il mène le pays au précipice. Il dira que le gouvernement fait zig-zag et qu'il est rempli de contradictions. Il dit "Pendant que le gouvernement parle de la stabitité politique à l'étranger, que fait-il à Maurice?" Il dit "qu'il, le Premier Ministre limoge," revoque, "son ministre du Plan et du Développement Economique, Sir Satcam Boolell!" Il conclura que "ce gouvernement, donc, n'est pas sérieux."

Boolell fait des d'eclarations irresponsables contre son gouvernement car insatisfait de n'avoir pas été donné de plus amples et grandes responsabilités par A. Jugnauth, car son éxécutif se bat et critique son gouvernement à coeur ouvert et d'enigre tous ceux qui sont au gouvernement. Il est révoqué. Il va seul joindre l'opposition. Aucun des députés travaillistes le suit. Pourquoi? Que voulait-il que Jugnauth fasse avec lui? Quand Boolell n'accepte plus la responsabilité collective ministérielle? L'offrir un grand baiser sans doute!

Bérenger dira "qu'un gouvernement MMM aurait réussi 3, 4, 5 fois plus que ce que fait actuellement celui au pouvoir. Mais il était au pouvoir, pendant 9 mois. Qu'a-t-il fiat? Il se planidra de tous ses collègues. Il passera son temps à faire des mathématiques communales, casteistes, divisera les hindous et "grand nation" et "petit nation," les musulmans en groupes "clair, blanc" contre les "musulmans noirs," il divisera les chrétiens en groupes noires et blancs et dira que les Ti-nations (de "low-castes"), les créoles (noirs) sont avec lui car les plus défavorisés. Il se croyait l'apôtre des défavorisés et voulut renverser le gouvernement à deux reprises avec avoir menacé de démissionner 5, 6, 7 fois sinon plus. Il créera une seule vacance, il démissionnera en temps que ministre des finances et une semaine après reprendra ce poste. Plus de vacances en 9 mois. Il aura accouché toute une série de crises et aura tenté de renverser le gouvernement à deux reprises. Il aura appelé son ami de longue date, Kader Bhayat d'un chien que peut aller se lâcher aileurs. Il aura tenté de faire de la malhonnêteté foncière, en voulant faire expulser le groupe PSM du gouvernement, il aura mis des bâtons dans les roues de l'administration de chaque ministère. Il aura été dans les pays étrangers le plus souvent de tous les ministres du gouvernement et aura vendu le pays aux enchères, et rendu le pays les mains et les pieds liés neo-colonie du FMI et de la PM. Il ira monter à cheval à Bel Ombre. Il vendra les hotels mauriciens aux Sud-Africains et s'achètera 130 arpents de terre à Trianon! Il fera des magouilles chaque jour contre ses propres membres et amis du MMM et contre ese ennemis du PSM. Il feramatraquer les jeunes travailleuses devant l'hôtel du gouvernement le seul jour qu'il sera Premier Ministre p.i. Bien sûr son ami Cassam Uteem avait promis de débarrasser le pays des trafiquants de drogue au lendemain des élections 1982. Mais il ne fera rien pour empêcher ce fiéau tuer des centaines et corrompre des milliers de jeunes. Il fut si sérieux et se donna un tel image de sérieux qu'il comptait zéro plus zéro, multiplié par zéro, et finit par cesser de devenir un héros pour devenir lui même un zéro! Sans doute aucune, avec lui à la tête un gouvernement MMM aurait accomplit des miracles, au pays!

Seul l'espoir fait vivre les imbéciles. Mail quel avenir réserve-t-on pour l'Ile Maurice de demain? L'héritage du passé pèse lourdement sur le présent. Les principes fondamentaux d'égalité, de la justice et de la fraternité, les grands espoirs dont les francais s'étaient imbues, les droits de l'Homme pour lesquels ils se sont battus, ont tous inspiré les mauriciens. De grands penseura Francais, dont Montesquieu, Voltaire et Jean-Jacques rousseau, ont influencé les hommes littéraires mauriciens qui ont à leur tour combatu pour l'affranchissements des esclaves noirs à Maurice. C'est malheureux que les colons francais avaient opt'e sur le maintien de leurs acquis et de leur facon de vivre conservataire, tandis que ce furent les escalves qui furent libérés en 1835 et leurs fils qui ont repris le slogan de la Révolution Française pour finalement se j oindre aux lutteurs de la communauté indomauricienne pour mener au sein du Parti Travailliste depuis 1936, pour bâtir un parti politique qui affranchirait après beaucoup de luttes la classe ouvrière, instaurerait leur droit au suffrage universel, et à l'établissement d'un système démocratique à Maurice qui aboutirait finalement sur la création d'une Ile Maurice indépendante en 1968. Mais comme le disait J.J. Rousseau, les hommes sont nés libres mais ils sont tous en fers. Les mauriciens se verrong prisonniers de leur destin. Ils changèrent des anciens maîtres coloniaux pour d'autres, les nouveaux maîtres qui voulurent s'enrichir davantage en se servant de leur labeur, de leur sang et de leurs sueurs.

André Masson écrira "Dans les Bazars de la Politique Politicienne," un article publié dans le Week-End du 25 Mars 1984, des impressions qu'on ne peut ignorer. Il dira que "La laideur de certaines consciences paie ainsi un oourd tribut à la beauté de la vérité. Le drame est qu'à Maurice on s'arrange avec une "etonnante facilité. Le malheur vient de cette espèce de disposition naturelle à baisser pantalon et à offrir au public, electeurs compris, la partie le moins noble de l'homo Sapiens... Le flash du caméra-men nous a montré récemment plusieurs de ces fesse mathieux qui prenaient leur postérieur pour visage Quels défilés de manequins, cousins germains des marionettes?"

Il dira que "nos apocalypses mauriciennes ne seront pas celles de la frayeur. Elles seront celles de la laideur. Elles auront lieu. C'est invévitable. Vous le saurez quand, de la foule des badauds, sortira un homme sand masque, sans considérations raciales, sans préjugés politiques. Il remettra en cause la vraie valeur humaine, la gragilité des traités, et autres considératons. Il vous rendra alors présent à vous-même, pour vous-mêmes et pour les autres.

Le mieux que nos ayona à faire est de nous préparer à sa venue."

Mais ne faut-il pas oublier que "L'agneau (Jésus) a été immolé dès le commencement même du monde. Il le sera jusqu'à la fin des temps, car Dieu vit un éternel présent. C'est pourquoi les mauriciens ont droit à l'espérance, car guidés par Lui, ils se libèreront du joug de ces faux "mahatmas!"

A la veille de l'an XVI de l'Indépendance, Sir Seewoosagur Ramgoolam, gouverneur-générale de l'Ile Maurice, et le père de la nation mauricienne, dira d'un regard et d'un jugement ferme et critique qu'il "assiste impuissant, à la destruction des pans entiers des structures de l'Etat Providence qu'il avait dressées au cours des quatorze premières années de la libératon du joug coloniale de l'Ile Maurice," et il dira, "Ne touchez pas à l'education secondaire gratuite," et aussi, "Ne touchez-psa à l'Industrie Sucrie mauricienne, car elle est l'épine dorsale de notre économie!" C'est dans cette optique que le Ministre de l'Agriculture, et le gouvernement d'Anerood Jugnauth, créeraient la "Sugar Authority" et auraient des pourparleres avec le secteur bancaire afin que de nouveaux crédits soient accordés aux établissements sucriers qui en avaient besoin pour la modernisaton qui devenait qui devenait absolument nécessaire pour assurer sa survie, et celle de l'Ile Maurice.

Mais l'ancien ministre de l'Agriculture, qui servit les gouvernements de Sir S. Ramgoolam durant des années en cette capacité, devenu ministre du Plan et de Développement Economique dans le gouvernement de l'Alliance MSM/PTr/PMSD, tournera son dos sur ce gouvernement, et fera des déclarations fracassantes qui seront à la base de sa révocation, par Anerood Jugnauth. La rupture de l'Alliance MSM/PTr/PMSD sera comsommée. Le leader du PTr siègera au Parlement sur les sièges de l'Opposition, seul, car ses autres 8 collègues élus sous la bannière de ce parti se désolidariseront de ses déclarations et finiront par former leur propre parti, le RTM, et resteront dans l'Alliance. Le. Dr. Sir S. Ramgoolam dira que "Le Parti Travailliste doit rester dans l'Alliance, " mais Sir S. Boolell dira "Ce n'est ni de ma faute, ni celle du Parti" suite à sa révocation. Il dit avoir été donné "un coup de pied de A. Jugnauth et qu'il n'acceptera pas de telle humiliation."

Le "Comité pour la Défense des Droits Démocratiques" fut crée en Décember 1983 suite au constat fait par un certain nombres de personnes qui se décriront comme "patriotes" et et de "démocrates et par certaines organisations pour dire que la liberté et des droits démocratiques étaient bafoués depuis quelques temps à Maurice. M. Venkatasamy, alors Secrétaire Général du Parti Travailliste énuméra une liste de droits fondamentaux qui devraient être garantis aux Mauriciens. Ce sont (a) droit à la liberté d'expression; (b) droit à l'association; (c) droit à l'information objective; (d) droit à l'éducation; (e) droit à la liberté religieuse et de croyance; (f) droit à la libre circulation; (g) droit au travail; (h) droit à la liberté syndicale; (i) droits civiques; (j) droit à l'égalité et (k) droit à la sécurité.

Les membres e ce Comité furent le MMM, le PTr, l'UDM, Lalit, le FSAn la GWF, la University Academic Staff Association, la MAS, le FPLIM, la Fédération des Associations des Partent-Enseignants de Port-Louis, L'UJDM, et L'UESM. Le Père Henri Souchon, a titre individuel faisait partie également du Comité. Et tandis qu'il n'y a rien à dire contre les divers droits dont ils firent mention et desquels droits ils réclamaient une garantie dans une Ile Maurice libre, ils ne diront pas que la Constitution le fait déja et qui parmi les membres de ce Comité se trouvent certains qui ont systématiquement bafoué ces mêmes droits, tels par exemple, le MMM, le PTr, l'UDM, la GWF, et l'UJDM en particulier. Le rôle joué par le PTr, dont le Secrétaire Général, Mr. Venkatasamy, pour le passage de l'IRA et de la POA, fut décrit par ces autres membres comme étant les lois les plus restrictives à la liberté de l'Homme et des droits qu'il a lui-même dressé la liste.

Ce même Vijay Venkatasamy fut très critique contre la direction du MMM qu'il quitta pour se faire transfuge quand il délaissa le MMM pour se joindre au PTr en 1981-82! Il critiquait le MMM de Bérenger d'un parti dirigé par un dictateur qui n'avait aucun regard pour les droits qu'il a mentionnés dans sa liste. L'UDM fut formé parceque ses membres fondateurs avaient combattu l'indépendance et ils refusèrent de travailler avec le PTr quand le PMSD dirigé par G. Duval se joignit à la coalition gouvernementale PTr/CAM en 1969. Ils voulaient à l'UDM refuser le droit suprème aux mauriciens, en 1968 – celui de l'indépendance! La GWF avait réclamé des "check-offs" de ses membres travailleurs et ses dirigeants avaient empoché la contribution faite par les travailleurs. Quand ces derniers réclamèrent des comptes, car ils voyaient leur Fédération dominée par le MMM de Bérenger, l bkureau central de la Fédération dominée par le MMM de Bérenger, le bureau central de la Fédération disparaissait en flamme dans un incendie mystérieux qui détruirait tous les livres de comptes etc! Le rôle de l'association des journalistes mauriciens et du Comité National de Presse dont M.B. Ramlallah fut président, a déja été longuement discuté. Les rôles de l'église, de son évêque Mgr. Margéot et du Rev. Père H. Souchon le furent eux aussi discutés dans la marge de l'introduction de la Newspapers and Periodicals Amendment Act. C'est ironique que de voir ceux la même qui ont le plus bafoué la démocratie mauricienne et qui ont fait leur pire pour dénier tous ces droits au peuple mauricien, se joindre pour former un comité pour la défense des froits démocratiques! Quelle hypocrisie! Que des gens qui voulurent mener le peuple par le nez!

Cette même semaine vit la célébration à travers l'Ile Maurice de la journée internationale de la femme et le Premier Ministre dira que "La Mauricienne devrait inculquer l'amour de la patrie à ses enfants." La fête de l'Indépendance (la quatorzième) de l'Ile Maurice, le 12 Mars 1983 serait marquée par des évènements qui auraient démontré au peuple mauricien ces "fesse-mathieux" dont parlait André Masson quand il traitait du sujet "Le Bazar de la Politique Politicienne" etc.

La France, terre d'asile, est aujourd'hui devenue prison pour des milliers de francais noirs qui subissent chaque [jour] des discriminations. L'Angleterre sur l'empire de laquelle le soleil ne couchait pas est devenue prison, et le terre infernale pour des milliers d'immigrants, grâce aux agissements des hommes tels que Enoch Powell et les membres de la National

Front que se servent de l'Union Jack impunément pour prêcher la haine racaile. Ces deux pays ont asservi des millions de noirs d'Africue. Entre eux deux, elles controllaient les deux-tiers du monde. Mais pourtant les grand penseurs Anglais et Francais n'one cessé d'enseigner au monde entier les bénéfices de la liberté et des droits de l'Homme. Les 52 pays aujourd'hui membres du Commonwieath Britannique ont basé leur système Parlementaire sur celui des Britanniques. Montesquieu qui fit des études approfondies de la Constitution britannique écrirait sa thèse sur la féfense de froits et exposerait au monde sa théorie de la séparation des pouvoirs de la législature de l'éxécutif et du judiciaire. Voltaire lutterait pour rétablir les droits des sous-privilégies, comme le feront Jean-Jacques rousseau, Swift, Charles Dickens et autres. Aujourd'hui le peuple mauricien se sert de ces lecons apprises des grands maîtres Anglais et Francais pour tenter de rétablir pour eux une place sous le soleil, mais que voit-on? La presse qui est prédomin'emment francaise et de l'expression franciase se sert des enseignements de ces mêmes Maîtres pour tromper le peuple afin d'aider le patronat à maintenir ses acquis et tentent honteusement de se servir des hommes politiques mercenaires et de la mafia, et trompe même l'église à faire son jeu infecte!

On n'a qu'à regarder de près le sort que réservent les grands défenseurs des droits de l'Homme, tels que les Etats Unis, (le United Kingdom) et l'Amérique d'aujourd'hui, en se référant à ce qui s'est passé au Granada, Diégo Garcia, et ailleurs. On n'a au'à ragerder les motagnes de produits laitiers, les lacs de vin, les millions de tonnes de grains secs qui périssent et que les pays du marché commun et autres pays développés préfèrent laisser pourrir, qu'ils jettent dans la mer, chaque année, au lieu de les vendre aux peuples qui meurent de faim, et de la malnutrition, et on n'a qu'à voir combien de milliards ils dépensent chaque année pour proliférer les armes nucléaires et autres, dite pour la défense, pour qu'on puisse se faire une idée du sort qu'ils réservent pour l'humanité de demain!

Comme le disait autretrefois, Jawaharlall Nehru, aux tribunes des Nations Unies en 1960 (en session plénière), il semble que le monde s'en va vers sa propre destruction! Il fit état du fait que les 5 pays dites puissances nucéaires, possédaient alors la capacité nucléaire en quantité suffisante pour détruire le monde entier 1970 fois. Il leur demandait une pertinente question. "Nous n'avons qu'un seul monde. Une fois que vous l'aurez détruit, que comptez vous faire de l'extra-capacité de 1969 fois de détruire le monde. Projetez vous détruire l'Univers aussi par hasard?" Et pourtant aujourd'hui le monde est assis sur un arsenal nucléaire des milliers de fois plus grand, qu'il ne le faisait en 1960. Les pays qui prétendent être les plus grands défenseurs des droits de l'homme, mettent eux-même le monde en plus grand péril! On n'a qu'à voir les armements sophistiqués que ces pays fournissent aux pays tiers-mondistes afin qu'ils s'entre-détruisent pour se demander pourquoi ils veulent s'enrichir à tel point, et maintenir leurs acquis, à un tel prix que de voir des peuples s'entre-déchirer. C'est exactement ce que font ces soi-disants défenseurs des libertés à Maurice!

Alors que ces magouilleurs sèment la haine communale pour diviser le pays en tournant une communauté contre l'autre, le Vice-Premier Ministre, Sir Gäetan Duval, fera un meeting en solo à Plaine Verte, reconnue dans toute l'Ile Maurice comme étant la bastion de la communauté musulmane et il fera un émouvant appel à la communauté musulmane de ne pas s'aliéner contre les autres communautés à Maurice, mais au contraire de venir se reconcilier dans un grand élan pacifique avec eux pour aider à bâtir une vraie nation Mauricienne. Chaque homme a le droit de se racheter. Il dira que dans la période pré-indépendance il croyait du fond de son coeur que si l'Ile Maurice devenait indépendante une majorité hindoue établirait une hégémonie hindoue et que cela aurait été contre les intérêts des communautés minoritaires, mais que 14ans apres il doit accepter que sa crainte était malfondée; et que c'est pourquoi il demande aux musulmans mauriciens de ne pas répéter les mêmes bêtises que lui avait commis à cette époque là. Il dira "Les élections sont encore loin. Dans ma démarche, donc, il n'y a aucune visée électoraliste. C'est un appel qu'un frère, moi, Gaëtan Duval, lance à la communauté musulmane." Il demandera, "Pourquoi devez-vous rester dans l'opposition? Peut-être allez-vous dans l'opposition pour encore quatre ans, 20 ans peut-être. Venez au gouvernement, non pas pour que certaines personnes arrêtent de dire que vous êtes contre nous! Ne pouvez-vous pas faire une demarche pour qu'on puisse marcher, co-opérer ensemble pour que moi qui suis votre ami, je puisse représenter vos intérêts et que vous puissiez participer au développement du pays? Est-ce difficile de réaliser une telle chose? Ce que je fais aujourd'hui, c'est une démarche d'un frère auprès d'autres frères. Il ne faut pas que vous restiez dans une Opposition difficile, stérile et que vous vous consideriez comme des persones aigries, frustrées. S'il n'y a pas de réconciliation, tout le monde en souffrira."

Il accusera le MMM de vouloir déstabiliser le pays à travers des actes délibérés. Ils veulent décourager les investisseurs. Mais ces paroles ne furent pas entendues. Cela se passait le deux Avril 1984.

La Campagne de déstabilisation continua quand même. Les députés du MMM effectuent un "walk-out" de l'Assemblée Législative après que le président de l'Assembl'ee ordonna à l l'ex-ministre des Administrations Régionales, Sylvio Michel de quitter l'hémicycle. Les débats venaient de commencer sur le projet de loi présenté par le ministre Karl Offman. Et Sylvio Michel se mit debout et commencea à parler des soit-disants pressions exercées sur la Commission. Le Premier Ministre intervint pour remarquer que les propos du député étaient hors contexte et n'avaient rien à faire avec les amendements proposées. Le Speaker rappela Sylvio Michel à l'ordre. Le député allait continuer de parler en se foudant du ruling du Speaker. Il fut de nouveau rappelé à l'ordre mais en vain. Finalement il commença à se servir des jurons, et il fut ordonné de quitter l'hémicycle. Ce à quoi tous les membres de l'opposition MMM effectuèrent un "walk-out" se donnant ainsi su spectacle.

Le semaine suivante le Front des Travailleurs Socialistes qui fut autrefois l'Organisation Fraternelle dirigée par Sylvio Michel décide de passer dans l'Opposition. Ses députés, Sylvio Michel et Gaëtan Gungaram siègeront désormais aux côtés du MMM. La déstabilisation avait accentué. Une autre maille a été ajout'e à la longue chaine de manoeuvres de déstabiliser le gouvernement.

Cette fois ci c'est le tour de Gérard Cateaux d'écrire un article intitulé "Lorsque tombent les masques," et il accusera le régime de "pêcher par sa composante hétéroclite." Il dira, "ce qui pourrait expliquer que l'égoisme et l'arrivisme sont le moteur dans les efforts aggressifs qu'il déploie pour checher ses mésententes internes. Comme dirait l'autre, pour un régime aux bois, que faire sinon rechercher des mesures spectulaires pour faire oublier les vrais problèmes auxquels le pays est confronté." On ne pouvait être plus aveugle et borné dans la haine anti-gouvernementale. Un député de l'Assemblée, se sert d'un comportement digne d'un vulgaire voyou, dans l'hémicycle parlementaire, dans la présence d'une centaine, sinon plus de témoins, y compris une bande d'élèves d'un collège secondaire venue voir à l'oeuvre les élus du peuple. Il s'adonne à un spectacle des plus vulgaire et insultante dans l'Assemblée, et Gérard Cateaux lui donne sa bénédiction et accuse le gouvernement d'être d'une composante hétéroclite qui recherche des mesures spectaculaires pour faire oublier les vrais problèmes auxquels le pays est confronté. Voila donc un journaliste qui mérite le palme de l'année pour mésinformer la population. On peut essayer de tromper une personne une fois M. Cateaux. Mais vous devez être vraiment naïf pour croire que vous pourrez tromper tout le monde toutes les fois!

Le 1er Mai est toujours marqué à Maurice, par de grands rassemblements des partis politiques et celui de 1984 fut marqué par une fête du travail ou les trois grands rassemblements tenus par le MSM, le PTr et le MMM l'emportèrent sur ceux tenus par les syndicats. L'Alliance que fut à Quatre Bornes ou le MSM et le PMSD mirent l'accent sur l'émancipation de l'homme, le MMM devrait déclarer que "la vérité a fait surface," tandis que le PTr dira que "la liberté est menacée." L'Alliance mit l'enjeu sur le développement économique du pays et la création d'emploi, dans le cadre de l'industrialisation, de chercher des emplois à l'étranger et d'attirer des investisseurs à Maurice en même temps. L'enterprise mauricienne serait encouragée. L'Alliance apporta un message d'unité, de paix et de la fraternité des travailleurs a qui il doit sa victoire aux élections générales d'Août 1983. Mais le MMM choisira une fois de plus le langage dela confrontation pour dire que "les masques sont tombés, la vérité a éclaté" et ne pourra apporter de contribution positive à l'ambiance de la Fête du Travail. Il stigmatisera l'Alliance gouvernementale et l'accuse de vouloir tourner la fête en ridicule, en appelant le PMSD à déposer une gerbe sur les tombes de Ramparsad Surath et d'Azor Adalaide. Il dira qu'un tel geste de la part du parti "historiquement lié aux capitalistes et dont les agissements des tapeurs dans le passé sont connus de tous équivaut à une insulte a la mémoire" des travailleurs et "de ces lutteurs." Et il fit tout pour décrier et d'insulter le régime et pour tisser la haine comme d'habitude.

Les 1er Mai à Maurice entraient toujours les possibilités de confrontations et de violence verbale qui parfois entraine à la violence physique ou peuvent être blessés plusieurs personnes, et "causer des blessures qui prennent longtemps pour se cicatriser" dira le Mgr. Jean Margéot dans son message à l'occasion de cette fête. Il lança un "appel en faveur de la modération, de la retenue dans les discours, du respect de l'adversaire, du 'fair-play' pour promouvoir la paix sociale," et lui aussi parlera de la nécessité d'avoir à faire face aux conditions économiques difficile, et d'une politique d'austérité, à un budget difficile et dira "nous avons besoin d'attirer les investisseurs et de créer des emplois." Mais ses mots furent vains car le MMM et le PTr choisirent de mettre toutes ces considerations dans la poubelle et feront tout pour créer un climat pronant un éclatement de la paix sociale.

Le PTr dira que la menace pour la liberté est trop grande car la dictature s'installe a Maurice. Il dénoncera la destruction des structures sociales et économiques mises sur place par les travaillistes et accusera le MSM de Jugnauth d'avoir trompe le PTr et le PMSD. Il demandera à Sir Seewoosagur Ramgoolam si son coeur ne saigne pas devant l'enterprise de destruction que mènent ceux qui sont au pouvoir. Il s'élèvera contre Anerood Jugnauth et l'appellera dictateur et accusera SSR de n'avoir en rien empêcher ce dernier dans sa voie ou la dictature s'installe. Il fustigera le gouvernement pour son action qu'il appellera anti-presse car il a fait passer le Newspapers and Periodicals Amendment Act. Il qualifiera l'action du Premier Ministre d'une menace, d'une intimidation que vise a installer dans le pays le règne de la terreur. Le même langage est servi par Sylvio Michel. Le président du FSN dira lui que "la situation économique et sociale n'a pas évolué positivement," et que le 1er Mai n'est pas la fête des partis politiques mais celle des travaillerus et des syndicats, comme si qu'on peut séparer le sort des partis de ceux des travailleurs et des syndicats!

Les travailleurs en sortiront plus confus qu'avant qu'ils ne le fussent. L'objectif etait de semer la confusion et les adversaires de l'Alliance misèrent sur la gullibilité des "ti-dimounes" et tels des marionettes ils furent forcer d'écouter et danser au son de ceux qui font accroire qu'ils travaillent dans l'intérêt des travailleurs. Ils tireont des ficelles et croiront que le peuple qu'ils prient pour des marionettes danserait! Le fair-play en fut emporté par le vent. Mais ceux qui sèment le vent de la haine, ne meurent-ils pas eux de la tempête qu'ils récoltent après. Ceux qui se servent des armes, de l'épée, ne meurent-ils pas eux aussi de l'épée même?

Le Parti Travailliste aidera le MMM à semer le doute, son leader devenant prisonnier de son éxécutif. Le pays ne connaîtra pas de paix dans les années qui suivirent ces évènements, tout comme il ne l'aura connût depuis October 1982 et Mars 1983, tandis que le gouvernement continuera son travail et fera de son meiux pour atteindre les objectifs qu'il s'était donné dans son discours programme et de tenir parole au peuple mauricien. La critique est aisée, l'art est difficile. Gouverner c'est prévoir et dans deux années encore le pays connaîtra une montée en flèche dans sa relance économique et gagnera la bataille malgré tous vents et marées. Les prophéties des marchands le la mort et de l'Apôtre des déstabilisateurs sont tombées dans le noir ou elles demeurent. Mais le processus de la déstabilisation continuera sans répit durant toute la périod Octobre 1982 de nos jours.

Paul Bérenger dira "Tout nous sépare du MSM et qu'il n'y aura aucunement de rapprochement entre son parti et le Parti Travailliste. Il sera très sévère contre la décision du gouvernement de créer une Sugar Authority et de venir en avant avec le projet de l oi qui aboutirait sur sa création, tandis que c'était lui que fut, durant la campagne électorale de Juin 1982, l'instigateur principal sur ce projet. Il promettait partout une "Sugar Authority."

Ce monde serait si beau si tout le monde pratiquait ce qu'ils prêchaient. Paul Bérenger tiendra toute une série de conférences de presse et accusera le gouvernement d'être devenue la honte du pays. Il accusera le Premier Ministre d'être entouré d'une bande de cinq personnes qui représentent "un danger terrible pour l'unité nationale." Et l'éxécutif du parti Travailliste ajoutera du feu à la flamme qui détruira graduellement la fabrique sociale du pays, poussé par une hargne extra-ordinaire, car exclus aux moments pré-électoarles de l'investiture de leur parti, et lancera une série de rassemblements pour discuter le thème "L'Ile Maurice 84: Quelle liberté?" Et pourtant, malgré toutes les randonnés du MMM et du PTr contre le projet de loi visant sur la création d'une "Sugar Authority" recevra l'approbation unanime du parlement mauricien! Ce sera la première loi qui sera formulée par un gouvernement pour centraliser les activités et les objectifs du Secteur Sucrier à Maurice. Tout ce secteur criera que c'est pire que l'étatisation, car comment ose faire une chose pareille un gouvernement dont le plus grand support vient de la masse des travailleurs, surtout ceux qui travaillent dans cette même industrie! Le ministre de l'Agriculture dira que ce projet vise à long terme la participation des travailleurs et du gouvernement dans cette industrie même de l'Ile Maurice afin que chacun puisse apporter sa contribution pour assurer la stabilité dans le pays. L'Industrie Sucrière dira que c'est une "mainmise du gouvernement sur cette industrie." Mais ce sera le projet de loi que fera l'unanimité au parlement. Paul Bérenger et son MMM qui avaient vivement critiqué le décision du gouvernement quand ce dernier projetait de venir avec ce projet de loi, soumit quelques amendements qui seront tous rejetés, mais voteront avec le gouvernement pour la création de la "Sugar Authority," que Bérenger disait était une [honte] pour le gouvernement et pour le ministre qu'il accusait d'avoir baissé pantalon pour plaire aux barons sucriers! Quelle massive contradiction!

Dans un éditorial, Gérard Cateaux écrira dans le Week-End du 10 Juin 1982, que le Ministre des Finances n'a que "48 heures pour convainecre" et dire que ce dernier "viendra nous presenter son projet de budget. S'il n'est pas permis de spéculer sur cet exercise, il demeure que du point de vue économique, le terrain est glissant puisque nous ne sommes pas si sûrs de pouvoir matriser l'avenir malgré toutes les bonnes intentions que nous pouvons avoir. Car il est manifeste que les conditions ne favorisent pas, pour l'immédiat, ce miracle économique que tout le monde souhaite et attend." Il prédira que "le gouvernement fera de nouveaux appels au sacrifice et…d'austérité que nous auront imposés la Banque Mondiale et le Fonds Monétaire International afin que nous puissions assurer le service de nos dettes envers ces organismes." Il dira que "s'il faut imposer des sacrifices, d'abord l'Etat doit se les imposer." Il croira que le gouvernement se servira de trois façons à y parvenir: augmention des impôts, la diminution des dépenses ou la combinaison des deux. Il choisira lui la deuxième, c'est à dire "la diminution des dépenses" et prédira que le ministre des Finances s'en servira de certaines mesures qui freineront les pressions sociales de l'Etat. Il prédira l'abolition de l'éducation gratuite,et l'envlèvement des subsides sur certaines denrées. Toutes ces prédictions furent faussées par le ministre, mais cet éditorial aidera à créer de la panique chez les mauriciens et il aura en vain tenté de soulever la masse contre le gouvernement, surtout en se référrant sur la possibilité que l'éducation gratuite soit annulée. Gérard Cateaux se fera echo des prédictions faites par Paul Bérenger en prévisions de ce budget 1984/85. Bérenger et la presse et tous ceux qui étaient anti-gouvernement avaient prédit que le ministre des Finances ne pourrait pas assenir le situation précaire ou le pays se trouvait. Mais ils eurent tous tort car aucune de leurs prophécies ne se matérialisèrent, quoiqu'ils réussirent à semer des doutes quand à l'efficience du gouvernement.

Les questions parlementaires furent aussi désignées pour faire la même chose, c'est-à-dire pour tenter de créer un climat malsain dans le pays. Le député MMM, M.S. Lallah demandera par exemple, au Premier Ministre, de dire "si la résidence officielle du gouverneur général est pourvue d'installations découte de microphones (hearing or other bugging devices) pour insinuer que le Premier Minsitre faisait surveiller le gouverneur général! Le but était de semer la discorde entre partisans travaillistes et ceux en faveur du régime au pouvoir. Insinuer une chose pareille relève sans doute d'un esprit malade, infecté par les mensonges de Paul Bérenger, qui ferait lui aussi des allégations à l'effet que le Premier Ministre faisait taper les lignes téléphoniques appartenant aux députés de l'Opposition. Il réclamera une Commission d'Enquête sur ce sujet là, et fut surpris quand le Premier Ministre l'accorda cette requête. Le Commissaire Rault fustigerait dans son rapport l'attitude de Paul Bérenger et de ses collègues et conclura que l'accusation était à 100% fausse. Bérenger avait une fois de plus "manipulé" les journaux mauriciens de la presse anti-gouvernement pour faire croire que tel etait les cas. Il ira jusqu'à insulter le juge/commissaire Rault et l'accusera d'impartialité et de favoriser le gouvernement. Ainsi il créera une psychose contre le gouvernement, et le judiciaire, d'une seule pierre! Le député Lee Chong Lem (MMM) demandera le ministre des Finances le montant recueilli au 31 Mai sous les item "Land Development Tax" et "Campements Sites Tax" pour tenter de démontrer comme l'insinuait la presse que cette loi n'était pas nécessaire, car discriminatoire contre les pauvres messieurs qui possédaient des grands campements, surtout au bord de mer. On se demandait alors combien ces revenus ajouteraient aux revenus [fiscaux] du gouvernement!

Pour tenter encore une fois de déstabiliser le gouvernement le Week-End titra un article "La Prison de Beau-Bassin Surpeuplée" pour faire croire que ce gouvernement ne faisait rien pour empêcher les commissions des crimes. Alors que de son côté le ministre du Plan et de Développement Economique annoncera que le Plan Triennal (1984-87) sera rendu public dans un mois, et que l'Ile Maurice "sera le Hong Kong de l'Océan Indien." Il annoncera que son ministère à alloué Rs 600 m pour l'amélioration de la fourniture d'eau à Maurice. Le ministre prévoit une reprise de l'économie avec pour progression de 3,8 et 3,5 du Produit National Brut (P.I.B.) c'est-`a-dire une baisse par rapport aux 4,6 avancé au début de l'année, à la suite des dernières estimations sucrières qui se montent `a 600,000 tonnes contre 650,000 précédemment. Il prevoit aussi une croissance de 9% à 9.9% des investissements globale de la balance des paiements de Rs 160 millions, l'année dernière. Des prévisions qui disent grand quand on prend en considération les projections de la presse et de l'Opposition qui peindront un portrait d'un avenir noire qui attend l'Ile Maurice.

La semaine terminant Dimanche 17 Juin 1984 sera marquée par de nouvelles tentatives de déstabilisation. Le budget fut présenté comme prévu, et fut recu avec enthousiasme par tous les secteurs sauf ceux opposants le régime au pouvoir, aussi comme prévu. Le Week-End écrira dans son numéro du 17 Juin 1984, l'éditorial signé Gérard Cateaux, et cette fois titra ses propos de l'entête "Défendons l'Unité Nationale" en réponse à l'appel fait par le ministre des Finances, Mr. V. Lutchmeenaraidoo. Il dira que dans son discours du Budget ce dernier a émis 4 idées clés, qui pourraient favoriser une amorce de confiance dans notre économie malade. De ces 4 idées-force, celle qui mérite d'être soulignée est celle ou il fait référence à l'Unité Nationale. "In order to succeed we should not allow sectarian or political division to govern our actions. If we look around with an open mind we will have to admit that there are many more things that unite us, as a nation, than there are things which divide us…I would like the nation to understand that there can be no real development if undue energy and time are spent in endless political squabbles. No development if bitterness prevails over common sense and national interest."

En revanche Gérard Cateaux dira qu'il a l'impression que malgré le fait qu'il "y a une année, une année bientôt, depuis que la bataille pour les législatives a pris fin et pourtant nous avons l'impression que cette bataille se poursuit ouvrant la voie à une chasse aux sorcières sans précédent qui met en question non seulement le destin individuel mais aussi l'existence nationale. Les provocations répétées contre l'opposition, les menaces contre les syndicalistes et la presse sont autant de signes qui contredisent ceux qui parlent de solidarité et d'unité nationale." Le leader du MMM donnera une camouflée au ministre des Finances et au gouvernment et dira que l'opposition est alarmée, que la démocratie est en péril. M. Bérenger dira qu'il ne compte pas présenter des excuses au "Deputy speaker" de l'Assemblée Législative suite aux incidents qui eurent l[eu lors de la seance precédente quand Sylvio Michel fut expulsé de l'hémicycle parlementaire et le MMM fit un walk-out. Il continuera à chercher querelle avec le "Deputy Speaker," et Bérenger dira, "Le MMM note avec inqui'etude et indignation que chaque semaine la d'emocratie est un peu plus piétinée." Il accusera le gouvernement de refuser qu'une collecte soit permise pour permettre au journal de son parti de réunir les Rs 250,000 requis pour payer à l'Accountant General suite au passage du Newspapers and Periodicals Amendment Act. Il dira que le budget est venu ajouter à l'atteinte aux droits de l'Opposition parlementaire officielle de faire entendre son point de vue à la radio/télévision nationale," et dira, "Force est de constater que depuis 1983, c'est lorsque Y. Mohamed préside les débats en tant que "Deputy Speaker" qu'il y a eu des mesures contre le MMM, choses qui n'ont jamais eu lieu auparavant." Il reitérera que la Presse est en danger tel qu'elle l'est pour la démocratie parlementaire!

Sir Satcam Boolell proposera un rééchelonnement du paiement de la dette publique et le ministre des Finances ne l'écoutera pas. Il dira "Nous ne sommes pas dans la situaton du Mexique qui a, lui, fait savoir qu'il lui est impossible de rembourser ses emprunts. Nous ne demandons qu'un moratoire pour nous acquitter de nos redevances et cela est parfaitement acceptable." Il accusera le ministre des Finances d'avoir tout simplement fait "un simple exercice de comptabilité," dans le cadre du budget, que d'après lui ne contient rien pour provoquer le relance et la création d'emploie. Il critiquera "la surcharge de 10% des frais douaniers qui provoquera une flambée des prix dans le pays."

Le Week-end dira que des répercussions de la surcharge de 10 des frais douainiers que des augmentations sont imminentes, que l'essence, du gas ménager, du maxout, du pétrole lampant, de l'électricité et de l'eau vont tous devenir désormais plus chers. Il dira que l'industrie agro-alimentaire sera durement pénalisée, que les produits de substitutions (locaux) seront plus chers, et que le coût de la vie augmentera de plus de 3,5%. Il dit que le gouvernement parle de subventions de Rs 72 m mais ne fait aucune référence a l'évolution des prix de ces deux denrées et dira que le gouvernement est condamné à réduire les subsides sur le riz et la farine, car la Banque Mondiale et le Fonds Monétaire International l'exigent. Il prédira une augmentation des tarifs d'électricité, du coût du transport public, etc. et les évènements qui suivirent ce budget leur donnèrent tous tort.

Le syndicats diront ceci:–

Le FTU: "pas de conditions pour la relance économique."

La FPU: "Un budget pour capitalistes."

La GWF: "Le budget 84/85 a un contenu de classe marqué."

La MLC: "Un Budget globalement acceptable."

La Chambre de Commerce et de l'Industrie: "Il est bien orienté."

La Mauritius Employers Federation: "Dans les sens de la continuité pour la relance" et "Bonne incitation pour favoriser les exportations."

Le Front FNAs/O.M.T.: "Le gouvernement se fait le père Noël des Patrons."

La MTPA: "Plusieurs suggestions de la MTPA retenues."

Qui croire de tout ceux-la?

La volonté de donner une chance au pays pour respirer ne faisait pas partie des stratégies de déstablisation des membres de l'Opposition ni de la presse anti-régime. Ils continuèrent sans relent à créer le doute et à tisser la haine anti gouvernement que le peuple avait élu. Les députés de l'opposition ne vinrent en avant avec une seule proposition concrète pour tirer le pays du marasme ou il se trouvait. Au contraire ils voulurent tous que tous les efforts du gouvernement soient voués aux échecs. Etait-ce là le rôle que le peuple leur avait demandé de jouer à l'Ile Maurice?

Le Dimanche du 24 Juin 1984 dira que la semaine qui a écoulé fut marqués par des rebondissements. Le Speaker fera état de "disparaging reflection made against the Chair and the Members of the House." Le Premier Minsitre remerciera le Dr. Raffa pour son aide précieuse aux mauriciens dont les conditions nécessitaient des opérations à coeur ouvert que celui-ci avait fait volontairement. Le Chief Whip du gouvernement en ferait de même, mais quand il retournera la prochaine fois il sera accusé d'avoir voulu se servir des mauriciens pour établir un record mondial et qu'il avait été la cause de décès d'au moins 7 malades, et il réclamera qu'une Commission d'Enquête soit institué sur toute l'affaire. Le Prof. Dr. Raffa ne retournera plus, et ne fera non plus d'autres donations d'équipements. Le MMM aurait vengé du succès du programme du Dr. Raffa et décida que les malades pourraient désormais mourir sans traitement. Paul Bérenger fut suspendu du Parlement sur une motion du Premier Ministre. Le seul autre député qui se fit expulser fut Sookdeo Bissoondayal du 23 novembre au 20 décembre 1948 sur une motion de Jules Koenig. Bérenger refusera de présenter des excuses pour avoir servi d'un langage abusif à l'égard du Deputy Speaker et déposera plutôt une motion de censure contre lui à l'Assemblée. Et il lancera une campagne d'intimidation et de déstablisation à travers le pays, une fois encore. Il ne connait que faire du spectacle et de se rendre en spectacle!

Le Speaker devra rappeler les rédacteurs en chef les provisions de loi concenant l'outrage a l'Assemblée Législative. Le MMM étudiera la possibilité de contester en Cour Suprême la décision prise à l'encontre de son leader, et envisagera de contrer et de contre-carrer le danger pesant sur la démocraite. Quelle hypocrisie, mon Dieu!

Le Speaker fera une déclaration à l'Assemblée sur la conduite déshonorable du Leader de l'Opposition, et dira:– "Honourable members will appreciate the reluctance of the Honourable Leader of the Opposition to co-operate with the Chair in the discharge of its functions. Acting on numerous precedents in the House of Commons and in the Commonwealth Parliements, I rule that the expression used by him and reported in the Press are contemptuous of the Chair and the House." Le Premier Ministre présentera alors une motion que le Vice-Premier Ministre seconds, à l'effet que le leader de l'Opposition fasse l'objet d'un mesure de suspension jusqu'à la fin de la présente session. La motion fut votée. Les bancs de l'Opposition se vidèrent. Seul Sir Satcam Boolell restera. Et le budget fut voté aussi, en deuxième lecture. Le Vice-Premier remerciera Sir Satcam Boolell pour ses propositions constructives. Le MMM déposerait une motion pour contester la décision du Parlement et dira que les députés n'assisteront pas aux travaux parlementaires tant que la motion ne serait pas débattue. Une fois de plus l'atmosphère de la confrontation règnera au pays et depuis juin 1982, l'Ile Maurice aurait connu une série de crises et de confrontation et d'insultes, de la part du leader de l'Opposition et de son parti qui feront tout pour systématiquement bafouer la démocratie et pour ensuite crier au loup et à la dictature de la part du gouvernement. Il aura dit entretemps, en au moins dix occasions que le MMM va maintenant prendre un nouvel élan, que le gouvernement est mal parti, que les masques sont tombés et que la verité a refait surface. Il aura juré des centaines de fois qu'il défendrait les vérités, économiques, sociales et politiques pour continuer dans une campagne de dénigrement, et subversion contre le gouvernement au vu et au su du peuple qu'il prit pour idiot! Et il sera aidé dans cette tâche majeure par la presse anti-régime!

Le Ministre se plaindra du "laisser-aller" et d'ingérence politique à la CWA. Le MMM constatera que le régime est sous l'emprise du PMSD. Jean Claude de l'Estrac s'évertuera à démontrer que le MMM reste le parti qui a des idées…et qui a une vision de l'avenir, et le MMM fera encore une fois une rendonnée de l'Ile en tenant des forume d'explications pour démontrer comment le régime est devenu dictateur, mais escalve du PMSD! et pour revivre les moments de lutte de MMM et da ses militants!

Des champs de cannes sont incendiés et des menaces de mort sout proférées. Le processus de la déstabilisaton continuera des plus belles Le moment sera à l'occasion du 15e Anniversaire du MMM (du 28 au 30 Septembre 1984), et le MMM organisera une série de congrès débats pour se relance encore une fois.

En attendant le gouvernement preparera une série d'activités pour marquer les 150e anniversaires de l'abolition de l'esclavage et l'arrivée des premiers travailleurs indiens sous contrats, qu'on appelle des immigrants indiens engagés, à travers des fêtes culturelles données par des mauriciens et avec le concours des troupes culturelles venent de l'Inde, du Pakistan et de divers pays d'Afrique. On interprètera de facon communale une partie d'un discours prononcé par Kishore Deerpalsing quand Il devait dire que "l'Industrie sucrière et le pays auraient connu une catastrophe économique si la main-d'oeuvre indienne n'avait pas été engagée A LA SUITE DU REFUS DES ESCLAVES D'ALLER TRAVAILLER AUX CHAMPS. On dira que si Malcolm de Chazal avait écrit que "A Maurice on cultive la canne à sucre et…les préjugés," le ministre Deerplasing aurait d'après le Week-End devenue cultivateur des préjugés, car ce qu'il avait dit au sujet des escalves équivalait à une condamnation de sa part, de l'action des esclaves qui venaient d'être libérés d'avoir fait preuve de quelque acte anti-patriotique ou d'indulgence ou de paresse en refusant d'aller travailler aux champs. Le but du Week-End était clair; de semer la haine commuanle une fois encore, car Kishore Deerpalsing avait tout simplement fait ressortir que parceque els esclaves libér'es avaient refusé de retourner travailler aux champs, car les conditions de travail n'avaient nullement amelioré, l'industrie sucrière ne serait pas développée si la main-d'oeuvre d'immigrants indiens engagés n'avait pas été employée. Les sorts de ses travailleurs indiens ne furent nullement meilleurs que ceux des esclaves qui venaient d'être affranchis. Les esclaves devaient rester chez leurs maîtres respectifs après l'abolition de l'esclavage car ils étaient censés y rester pour apprendre un métier quelconque avant qu'ls ne soient laissés à leurs sorts, ce qui ne fut pas le cas en pratique dans bien des cas. C'est bien pourquoi les esclaves refusèrent d'y retourner car ce serait pour eux équivalent de retourner de nouveau à l'esclavage. Si conc on n'avait pas servi les immigrants indiens pour continuer le travail dans le champs de cannes l'industrie sucrière aurait surement connu une catastrophe. Loin de lui d'avoir voulu insulter les mauriciens descendants de ces esclaves, qui sont à part enière des citoyens libres d'une Ile Maurice libre et indépendante. Il ne faut pas dénier aux immigrants indiens leur contribution au développement du secteur sucrier et de l'économie mauricienne. Il faut aussi se souvenir que l'industrie sucrière existait à Maurice grâce aux esclaves noirs et que si les indiens furent importés à Maurice c'était pour travailler les champs de cannes, bien parceque les noirs devenus libres refusèrent d'aller travailler dans les champs. S'ils avaient continue d'y travailler ils auraient renégué leur affranchissement. Vouloir imputer des raisons autres que ce qui ont été mille fois répétées par tous ceux qui ont écrit et étudié l'histoire de l'Ile Maurice, c'est porter des visières communales. Le pays connait pas le jeu communaliste infecte que le Mauricien, parent du Week-End, le Cernéen et l'Express aussi bien que le Week-End lui même ont fait tout pour semer la haine communale à Maurice depuis le début de ce siècle, jusqu'à aujourd'hui. Les ennemis de l'ancienne colonie étaient les barons sucriers eux-mêmes et les colons francais qui avaient refusé d'affranchir les hommes de couleur (donc comme notre ami Gérard Cateaux lui-même) est les esclaves noirs malgré le fait qu'un décret de Napoléon Bonaparte voulut dès l'année 1800 même que ces deux catégories de gens soient afranchis. Peut-être que Gérard Cateaux ne connait pas vraiment l'histoire de son pays. Il était loin d'être l'intention de Kishore Deerpalsing de jeter de blâme sur les esclaves noirs nouvellement affranchis de vouloir retourner aux champs. Si les barons sucriers et autres n'avaient pas considéré les esclaves noirs comme formant partie de leur sceptel, dont ils pouvaient se disposer comme bon leur semblait, les noirs n'auraient pas refuser de retourner travailler leurs champs de cannes et les indiens ne seraient pas importés pour travailler ces champs là.

Et si Gérard Cateaux n'était pas si bonr'e, si complexé par la psychose de peur que lui-même et Paul Bérenger et d'autres avaient pour le régime de Jugnauth, un descendant de ces immigrants indiens, de peur qu'il n'asseoit son hégémonie hindoue au pays, il aurait sans nul doute compris le message que Deerpalsingh voulait faire passer, sans l'imputer des motifs ultérieurs, et il ne tenterait pas de raviver la peur de l'hégémoine hindoue dont ses pareils avaient craint pour mener leur campagne anti-indépendance de leur propre pays. Tandis que l'Ile Maurice est aujourt'hui libérée du joug colonial, ce sont les Gérards Cateaux, et ses pareils qui pronaient que l'Ile Maurice restât attachée aux jupes des colonisateurs britanniques, et donc perpetuer l'état d'un nouveau, néo-esclavagisme à perpétuité. Mais c'est malheureux que l'Ile Maurice compte parmi ses fils des gens tels que Gérard Cateaux et Paul Bérenger et tant d'autres qui veulent satisfaire leur ambition démésurée sur le cadavre de l'unité mauricienne en semant la haine communale pour déchirer cette mère patrie en lambeaux.

Les détracteurs de l'Alliance semeraient des rumeurs à l'effet que l'Alliance était menacée par d'éclatement, et le Premier Ministre devait faire le point pour dire que tel n'était certainement pas le cas, et que tous les membres de son gouvernement étaient solidaires, avec les uns et les autres au sein de l'Alliance. Mais il était évident que la campagne intensive de semer le doute au sein des membres de l'Alliance a du avoir un certain effet sur certains membres car les détracteurs tels que Subash Gobin et Jean Claude de l'Estrac n'ont pas obtenu le titre de magouilleurs pour rien. Après tout leur patron n'est autre que Bérenger lui-même, celui qui pour protéger la vérité avait accusé le père de la nation de meurtre, de complicité de meurtre, d'etre l'instigateur de l'incendie chez Le Mauricien dans le cas Sheik Hossen, quand il (Bérenger) jurait sur la tête de son fils, devant l'auguste Assemblée Législative, pour dire qu'il disait que la vérité, pour être prouvé le grand magouilleur et menteur de siècle lui même après. Autant que l'auteur de cet ouvrage le sâche il n'a pas encore présenté ses excuses au defunt père de la nation mauricienne.

C'est malheureux qu'on a affaires à des gens qui ne s'arrêteront pour rien pour satisfaire leur soif du pouvoir et pour occuper les marocain premier-ministériel du pays. Mais que de bassesses n'auraient-ils pas commises entretemps?

Le leader du Parti Travailliste dira que, "Pour nous, tous les parlementaires qui sont restés au gouvernement, alors que l'éxécutif avait décidé que le Parti Travailliste devait passer à l'Opposition, et qui ont été, de par leur geste, expulsés du Parti, en Février dernier, pour nous ils sont irrécupérables. Ils ne sont plus rien pour nous? Il se r'eferrait a ceux qui avaient formé le RTM après s'être dissociés des déclarations contre le gouvernement alors qu'il était encore ministre de ce même gouvernement. Il n'était pas du tout en faveur de leur réintégration au parti travailliste. La Presse et l'opposition sèmeraient la pagaille en annonçant que le prix du pain augmenterait, alors que le ministre Kader Bhayat dirait qu'il n'y a aucune raison pour augmenter le prix du pain. Il stigmatisera des journalistes et l'opposition pour semer la peur pour rien chez le peuple mauricien.

Et alors que le gouvernement faisait de son mieux pour fêter l'affranchissement des esclaves et l'arrivée des immigrants indiens, comme l'a fait le parti travailliste depuis sa création en tant que parti politique, né des fils des ex-esclaves et des ex-immigrants engagés, pour leur redonner leur place dans l'histoire du pays en reconnaissance pour leur contribution au développement du pays à travers de longues années de lutte, débouchant sur l'indépendance du pays et après pour bâtir une Ile Maurice meilleure, Sir Satcam qualifera du terme "tamassas" l'organisation de fêtes religieuses hindoues à Maurice. Il dira que l'idée de célébrer le divali avec le concours des artistes indiens et autres était une farce pour redorer le bali.son communal du MSM et du régime au pouvoir. Il dira que l'Ile Maurice s'est fait otage du grand continent Indien!

Dimanche 14 Octobre 1984. La parole est à Sir Satcam Boolell. Des émissaires du Parti MSM ont rencontre "Sir Satcam Boolell en vue de le convaincre de réintégrer le gouvernement, en même temps que deux ex-parlementaires travaillistes . Ils ont tout tenté pour fléchir la volonté du leader du Parti Travailliste afin qu'il se joigne de nouveau, à l'équipe au pouvoir,"

le Week-End en premier page de son édition du 14 Octobre, 1984. citera Sir Satcam et dira: "parceque JE VEUX DETRUIRE CE GOUVERNEMENT QUI TRAVAILLE CONTRE L'INTERET DU PAYS," et "que ceux qui ont trahi et abandonné le Parti Travailliste pour des faveurs ministérielles et autres en paient les conséquences, vis-à-vis du pays et des partisans travaillistes." (Le majuscules sont de l'auteur de cette ouvrage). On ne peut être plus destructeur que cela. Cet homme là respirait et vivait la haine!

Qui dit que le régime est totalitaire, vindictif, et dictateur? Celui que fut invité par des émissaires pour rejoindre ses amis? Celui qui n''etait pas prêt à pardonner ceux qui avaient abandonné le parti, (non qui l'avaient abondonné, lui. Sir Satcam Boolell, à moins qu'il ne soit le Parti Travailliste lui-même, en personne?) qui avait lui-même abandonné le Parti Travailliste pour former le MPM, son propre parti en 1982 pour faire du chantage auprès de Sir Seewoosagur Ramgoolam, le leader du Parti Travailliste d'alors, afin qu'il puisse bénéficier des faveurs du leadership du Parti Travailliste quand le vrai leader devint gouverneur générale? Est-ce Sir S. Boolell ou son éxécutif, dont les membres abandonnèrent le Parti Travailliste pour former "Les Forces Vives" ou "Young Labour" pour encore exercer des pressions sur le Dr. Sir Seewoosagur Ramgoolam, père de la nation? Pourtant ce dernier les pardonnait tous dans un grand élan de fraternité!

Qu'airaient fait Sir S. Boolell et son éxécutif et les young labours si Sir S. Ramgoolam ne leur avait pas pardonné? De quel parti travailliste deviendrait-il, Sir S. Boolell, leader pour faire de telles déclarations? La vie est vraiment dure quand un pays doit se contenter d'être bafoué chaque jour par des leaders de sa trempe ou de celui de son confrere, Paul Bérenger. James Burty David accusera le MSM d'avoir voulu semer la division dans l'équipe travailliste à la veille de son congrès en envoyant des émissaires (ou un émissaire?) pour demander à Sir Satcam de réintégrer le gouvernement. Il accusera le MSM de vouloir faire une mainmise sur le parti travailliste. Il dira que des *"irréductibles travaillistes"* firent rempart pour empêcher cette main-mise sur l'appareil du parti par le MSM. Il dira "Il faut absolument que les marchands d'arrière-boutique arrivent à comprendre que le Parti Travailliste n'est pas à vendre." De quel Parti Travailliste partait-il? De celui qu'il avait abandonné pour former "les forces vives," celui des transfuges MMM dirigé par Vijay Venkatasamy, celui de Suresh Moorba, le Young Labour, ou celui de Sir Satcam Boolell qui forma le MPM? Il réclamera "des hommes et des femmes dont la loyauté ne peut être mise à l'encan" pour que l'Ile Maurice connaisse une atmosphère saine, plus honnête, etc.…." Mais qui sont'ils ces "irréductibles travaillistes" qui firent "rempart" pour empêcher la main-mise du MSM sur l'appareil du Parti Travailliste? Ces mêmes hommes qui avaient vendu autrefois leurs collègues du MMM pour des postes de Secrétaire Parlementaire (pas même pour un fauteuil ministériel) – les fameux transfuges, tel les Venkatasamy, Jundoosing, Augustave, Ramphul, Coonjan? A quel prix s'étaient-ils vendu à l'encan à l'époque pour devenir ceux dont la loyauté ne peut être mise à l'encan?

La dernière séance parlementaire qui eut lieu le Vendredi, Décembre 1984 avant que les vacances parlementaires ne débutent pour reprendre les travaux en 3 mois, c'est-à-dire le 19 Mars 1985 sera elle aussi marquée par une atmosphère houleuse, et pourtant elle avait commencé dans la détente. Cette séance fut encore une fois marquée par un walkout de l'Opposition MMM et du leader du FTS, Sylvio Michel, en signe de protestation contre l'inclusion tardive et sans préavis d'une motion du Premier Ministre, Anerood Jugnauth, proposant l'institution d'un Select Committee pour étudier les moyens d'enrayer le problème de la drogue dans le pays. Un autre incident a abouti à l'expulsion du leader du MMM, Paul Bérenger, du Parlement par le Deputy-Speaker. Pourtant c'est ce même Bérenger qui, lors d'un meeting, tenu le 30 Novembre 1984, appelait la proposition du Ministre Glover qu'une Select Committee soit institué pour étudier les moyens d'enrayer le problème de la drogue dans le pays, comme une motion de blâme contre le gouvernement, et fut très sévère à l'égard du Premier Ministre. Il lui demanderait d'abandonner son poste s'il ne peut pas, ou s'il est incapable d'assumer ces fonctions. (Voir Week-End du 2.12.84, page 3, 2^{iéme} collonne). Et quand le Premier Ministre, lui-même propose la motion, il cherche querelle et se fait expulser du parlement afin de se faire passer pour un victime. Il avait dit dans ce même meeting que tout le monde sait d'ou viennent les drogues à Maurice et comment ils viennent. Mais une fois encore il ne déposera pas devant la Commission Rault sur la drogue, ne participera-t-il aux travaux de Select Committee institué par le Parlement. Aucun de ses collégues membres du MMM ne le firent pas, mais au moins deux députés membres du MMM, en l'occurrence Osman Gendoo et Bashir Khodabux parraineraient l'épouse du plus grand trafiquant de drogue a Maurice, - le surnommé "La Tête." De quelle vérité parle-t-il? A-t-il lui aussi fabriqué des faussetés et manipulé les informations qu'il dit avoir pour prouver qu'il sait d'ou et comment vient la drogue à Maurice? Voila comment Bérenger, son MMM, et ses frères complices de la Presse manipuleront l'opinion publique!

Les évènements qui auront marqué toute la période de Juin 1982 à Décembre 1984, feront une catalogue de manoeuvre les uns les plus astuces que les autres de la part de l'Opposition et de ceux qui se disaient autrefois amis du régime Jugnauth avant que les masques furent arrachés de leur visage, et de la Presse partisanale, anti-gouvernement, dans le seul but de déstabiliser le pays, de décourager les investisseurs, afin de mener à l'échec tout le dur travail qu'entreprenait le gouvernement pour remettre l'économie du pays sur les rails, pour combattre le chômage et pour bâtir de meilleurs lendemains pour les enfants mauriciens. Et ils ont fait ca uniquement pour satisfaire leur ambition alors que les évènements des années écoulées]ont clairement démontré combien ils sont hypocrites et anti-pays. Voilà donc ces hommes qui disent encore qu'ils travaillent uniquement pour le peuple, pour le petit peuple, afin qu'ils ne soient pas exploités par le patronat. Voila le vrai visage de ceux qui voulaient remplacer la lutte de race par celle de la lutte de classe. Voila ceux qui voulaient mobiliser les travailleurs pour combattre le patronat depuis qu'ils formèrent le Mouvement Militant Mauricien en 1970.

Pendant 15 années ils ont déjoué le peuple, ils ont trompé le peuple et l'ont fait croire qu'ils avaient à coeur leurs intérêts. Parmi eux se trouvent aujourd'hui les nouveaux riches, protecteurs des marchands de la mort, les trafiquants de drogues, alors qu'ils crient, comme ils l'ont fait plusieurs fois sur la tête de leurs enfants, qu'ils vivent uniquement pour bâtir une meilleure Ile Maurice, ou il ferait bon vivre. Bon pour qui, car manifestement pas pour le peuple. Ils se sont crée un paradis pour eux-mêmes, alors que pour le peuple c'est unitquement la misère qu'ils ont apporté. Voici les sauveurs de la démocratie, les lutteurs contre la tyrannie d'Anerood Jugnauth qu'ils disent n'a pas l'étoffe d'un Premier Ministre!

Comment seront les années 1985 et 1986 pour l'Ile Maurice? Rien de nouveau mais du pire à venir chaque jour, chaque semaine, chaque mois. Les mêmes magouilles, les mêmes accusations, les mêmes nouveaux départs, les mêmes gestes, les mêmes manipulations par les mêmes personnes. Anerood Jugnauth montrera encore une fois, plusieurs fois qu'il est le seul homme capable de tirer le pays du marasme où les ennemis du peuple l'aurait jeté à travers leurs actions irresponsables et très réfléchies, commises délibérément pour saboter les efforts du gouvernement, uniquement pour pousser le pays vers des élections anticipées afin qu'ils puissent continuer à diviser le peuple pour mieux régner, pour préserver leurs acquis, en déniant au peuple les leurs. Le bilan du gouvernement durant toute la période allant du 12 Juin 1982 jusqu'à la fin de 85 et de 86 aura été impéccable, mais entretemps ils auront réussi à déstabiliser le pays et à tourner les choses de façon qu'un gouvernement qui avait une majorité de 48 contre 22, finira par ne pouvoir compter que sur 24 voix à l'assemblée et soit forcé vers des élections générales anticipées entre Août 1987 et Octobre 1987, tandis que d'après les termes de la Constitution, le pays irait qux urnes en Août 1988, malgré le fait que l'Ile Maurice jouit d'une stabilité sans précédent dans son histoire sur tous les plans sauf dans le domaine de la moralité politique.

Anerood Jugnauth dira en Janvier 1985; et dira qu'il y a des "Personnes ki réfuse reconnaître ce progrès là, et zotte necque passe la peinture noir lors tout." Pendant tout le long 1984 zotte fine sème le doute parmi la population,… zotte fine sème le découragement et zotte finne essayé blesse nou stabilité. Zotte ti oulé créer des divisions parmi le peuple mauricien…zotte ti cherche à tout prix pou empêhe nous démarrage industriel…zotte ti essaye faire perdi confiance dans ou même et dans nous pays…ca poignée dimoune la passe zotte létemps dire qui mo gouvernement pas pou dire plus qui 2, 3 ou 4 mois…zotte invente tout qualité zistoire pour faire croire qui tel ministre contre tel ministre, …zotte oulé joué ène dimoune contre l'autre. ' Il dira, "zotte pas pou réussi dans zotte travail machiavélique car le peuple conne zotte bien."

Il dira, "Ca pays là li pou nous tous. Li pas pou enne section population seulement."

Mais malheureusement sa prédiction aussi semble ne pouvoir se réaliser car la stabilité du pays a été mis en danger par certains hommes aussi corrompus que ceux qui ont toujours joué avec la destinée du pays pour assurer leurs gains personnels, mais cette fois ci de l'intérieur même du gouvernement de l'Alliance. La nature aussi conspirera contre le bienêtre du pays et enverra cyclones sur cyclones, et le gouvernement déclarera la guerre contre l'érosion du sol, et contre les sècheresses. Il déclarera la guerre contre le chômage et gagnera sa partie, contre la stagnation de l'économie, contre l'inflation et gagnera encore sa partie.

Mais il échouera dans la têche de garder autour de lui une équipe solide et sincère. Certain de ses hommes la vendra aux enchères cette Ile Maurice malheureuse. Ces fils du sol entasseront la honte sur honte et forceront le pays à baisser les yeux, car ces fils du sol, députés élus par son peuple pour les représenter finiront largement à dépasser le peu qui resteront sincère jusqu'au bout.

Certains feront de la dissidence, d'autre du black-mail, et d'autres encore s'impliqueront dans le trafic de la drogue et finiront par salir le nom du pays et à déstabiliser son gouvernement avec le concours des pays étrangers et de la mafia de la drogue, des contrebandiers, et le gouvernement devra sévir contre eux en quil il devrait avoir le plus de confiance, sa force policière, et la fonction publique où certains se sont laissés corrompre et manipuler par les ennemis du peuple. Le catalogue des évènements de ces deux années 1985 et 1986 est révélation d'une mentalit'e pourrie qui sévit à Maurice. L'Ile Maurice est vraiment malade et devra être sauvée mais comment? De quoi demain sera fait se demande-t-on? Et avec raison.

Tandis que le Premier Ministre se pr'epare pour assainir la situation économique et sociale au pays, Paul Bérenger dira que "1985 pourrait être une année – tournante" et que son parti se prépare pour une offensive généralisée. Les grands thèmes de ce parti seront l'Unité Nationale, Démocratie, Emploi, Prix, Corruption et Relations Extérieures. Chedumbrum Pillay dira que "L'Ile Maurice doit s'industrialiser ou…périr!" La commission d'enquête sur la fraude et la corruption sera présidée par l'ancien juge Harilall Goburdhun. Des allégations seront faites contre certaines ministres, mais après dépositions du MMM, ne seront pas retenues contre eux. Les ministres mis en cause seront Sir Gaëtan Duval, V. Lutchmeenaraidoo, Chedumbrum Pillay, Anil Gayan, Armoogum Parsooramen et le Dr. Rohit Beedassy. Le MMM tentera de déstabiliser le gouvernement dès le début même de l'année en s'attaquant à ces six ministres et en leur accusant de fraude et de corruptions, et réclamera leur démission.

Le Monseigneur Margéot fera appel à l'unité pour combattre les formes d'esclavages du monde moderne et fustigera le gouvernement pour industrialiser l'Ile Maurice outre-mesure, tandis que ce dernier fait tout pour créer de l'emploi et pour diversifier l'économie du pays. Et pourtant on avait tant critiqué le gouvernement pour ne pas vouloir faire assez pour les chômeurs à Maurice et réclamait des emplois qui hausseraient leur dignité himaine. Pour une fois la Zone Franche qui fut établie 15 ans de cela en 1970, connait une relance spectaculaire, et en 2 ans les initiatives du gouvernement feront de la zone franche un succès sans pareil. Les revenues provenant de l'exportation des produits de cette zone dépasseront ceux de l'Industrie Sucrière, qui prendra deuxième position.

Le MMM porposera une loi obligeant la déclaration des avoirs par les élus du peuple, et dira non à Sir Satcam Boolell qui voulut à tout prix faire une alliance électorale avec le MMM et pour les élections municipales qui devaient avoir lieu en Décembre 1985 et pour les élections générales dues en Août 1988. Il dira qu'il faut une "Alliance pour les élections municipales et législatives, ou rien." Le MMM critiquera le juge Goburdhun d'avoir été partial dans son rapport sur le Commission d'Enquête sur la fraude et la corruption. La maison du juge sera l'objet d'une attaque. Sir Satcam Boolell dira que son projet d'alliance avec le MMM visait à "un regroupement des partis de l'Opposition en vue de dégager une plate-forme commune en vue de gouverner ensemble." Le Week-End du 17 Février 1985 accusera le gouvernement et le patronat d'avoir créé une "Zone Sufrans" et tentera de soulever les travailleurs contre leurs employeurs en vue de déstabiliser ce secteur qui permet la création de l;emploi pour les chômeurs mauriciens, et le mot d'ordre lancé par le MMM fut "Discréditer la Zone Franche."

[L'Année] 1985 sera marquée par trois grands anniversaires, celui du MMM, du Parti Travailliste et d'Emmanuel Anquetil. Le MMM fêtait lses 15e anniversaire, le Parti Travailliste ses 50e et c'était le centenaire d'Anquetil, grand tribun travailliste. Elle sera aussi marque par les 15e anniversaires de la Zone Franche, par des élections municipales et par la mort du gouverneur général, père de la nation mauricienne, Sir S. Ramgoolam le 16 Décembre 1985. Mais la fin de l'année announcer a la nouvelle spectaculaire de l'arrestation de 4 députés à Amsterdam pour possession de 21 kilos d'héroïne. Ajoute à la grande série de manoeuvres destabilisateurs, la nouvelle de leur arrestation créera le dégoût, à l'Ile Maurice, pour le politicien queise croit tout permis. Mais il y a aussi d'autres évènements qui tenteront de donner aux mauriciens un peu d'espoir. La guerre des langues, les municipales, envenimeront quand même l'atmosphère du pays par une remontée du communalisme.

L'année 1986 sera l'ann'ee de la drogue et de ses répercussions. Des dissensions au sein du gouvernement déchireront les fabrics de l'alliance et on verra l'institution de la Commission d'Enquête sur la drogue. Les plus grands évènements de cette année 1986 auront ete la démission des ministres et de Harish Boodoo, jusqu'alors l'homme fort du régime au pouvoir. Des accusations et des contre-accusations de part et d'autres ont poussé aux deux démissions de l'Assemblée Législative, des députés Harish Boodoo et de L. Ramsawok. Les actualités sur le trafic de la drogue auront toute fois dominé tous les évènments à Maurice, et c'est le combat que mène le Premier Ministre contre la mafia qui attirera le plus d'attention. Début 1987 ne fut pas brillant en perspectives pour le pays et son gouvernement. On a gagné la bataille de l'économie, du chomage et de sous-développements, mais tout le monde ressent qu'il y a une malaise extraordinaire qui règne dans le pays.

La confiance est devenue un mot qui attire des soupçons de partout. Tant on a bafou'e le peuple mauricien, que ce peuple en a eu marre des magouilles. Le peuple a perdu confiance dans les politiciens qui paradent leurs faiblesses pour les jeux, pour les courses et pour le trafic des drogues et des conspirations politiques qui visent tous à instaurer un règne de terreur à Maurice. Le Mauricien se sent aujourd'hui, plus vuln'erable que jamais aux caprices des politiciens opportunistes et magouilleurs. Les problèmes auxquels le gouvernement doit faire face ont déjà été longuement étudiés dans les pages précédentes. On ira aux troisièmes élections générales depuis celles qui eurent lieu le 11 Juin 1982 comprises. Seul les magouilleurs auraient bénéficié, le peuple demeurera les éternels perdants!

Chapitre 10

HARISH BOODOO – "L'HOMME QUI ROULE"

Harish Boodoo est un homme à multiples faces. Il a été tant de choses tant de fois mais le vrai Boodoo fut cornu par très peu de personnes. Il a changé de peaux [tant] de fois que le vrai Boodoo a toujours été caché sous ses diverses déguisements.

Il a été (1) Leader du Seva Sivir, mais cette organisation devint trop petit pour lui et il devait se dissocier peu après qu'il fut élu député du Parti Travailliste en tant que depute de la circnscription No. 13 (Rivière des Anguilles/Souillac). Il obtint l'investiture du Labour en se servant des membres du Seva Sivir, pour ensuite les délaisser. (2) Il fut le grand ami de Kher Jagatsingh pendant quelques temps mais convoitait en même temps le poste que tenait Jagatsingh au Parti Travailliste en tant que Secrétaire Général du parti. Quand il ne réussit pas à se faire élire à ce poste il devint le plus grand ennemi de ce dernier, et jurera de le faire disparaître de la scène politique, et consacrera beaucoup d'énergie pour arriver à cette fin. Il fera la guerre ouverte de la contestation et demandera une commission d'enquête sur Jagatsingh, Walter, Daby et Badry.

(3) Il fut le confident et l'enfant gâte du Premier Ministre qui lui donna l'investiture de son parti pour qu'il puisse devenir député travailliste en 1976, mais il se tournera contre ce même Dr. Ramgoolam et l'appellera "vieux chicot" et voudra l'abbatre comme on fait envoyer "une vache stérile chez le boucher" parce que le leader du Parti Travailliste refusera de se laisser dicter par lui. Il intensifiera le mouvement de la contestation et forcera la main au Dr. Ramgoolam et obtiendra la Commission Glover et réussira à pousser Daby et Badry, trouvés coupables sur plusieurs comptes de fraude et de corruption, à démissioner en tant que ministres. Le Dr. Ramgoolam refusera une commission d'enquête sur Jagatsingh et Walter. Alors il se prendra au numéro deux du parti, Veerasamy Ringadoo, et voudra se defaire de lui pour isoler le Dr. Ramgoolam de ses proches amis de parti d'une seule pierre. Il réussit en premier temps à rassembler autour de lui 16 membres du parti travailliste mais 13 de ces contestateurs le quitteront pour regagner les rangs [autour] du D. Ramgoolam, et Boodoo restera qu'avec deux de ses amis, le Dr. R. Beedassy et Radha Gungoosing. Il est chuchoté que Boodoo est l'homme de Satcam Boolell. Ces trois députés travaillistes à l'Assemblée Législative mais avec le MMM de Paul Bérenger. Il sera expulsé du Parti Travailliste avec ses deux amis Beedassy et Gungoosing, et voudront disaient-ils "redonner à la politique ses lettres de noblesse." Il voudra "spiritualiser la politique" et sera accueilli

par le peuple mauricien comme "l'homme qui représente une bouffée d'air frais dans la politique mauricienne." Il prendra son bâton de pèlerin et fera le tour de l'Ile Maurice et galvanisera le peuple autour de lui. Il fondera avec d'autres amis qu'il réussit à convaincre de la nécessité de nettoyer la scène politique mauricienne de ces hommes corrompus du régime, le Parti Socialiste Mauricien le 10 Sepembre du 1979.

(4) En tant que leader du PSM il se servira de ses amis à travers l'île, et de ses amis, membres du PSM pour doter le parti d'une structure solide dans le but de consolider sa position. Il sera le héros de l'Ile Maurice et sera appelé "L'Homme de l'Année par l'Express, journal du Dr. Philippe Forget, dont le fils aidait à la formtion du Parti Socialiste Mauricien. C'est Pipo, Philippe Forget junior, qui aidera à la redaction du fameux "Document de Reflexion" lancé par le PSM en 1979. Il ne tolèra aucune divergence de vue au PSM. Quiconque osera critiquer sa façon de faire sera mis à la porte, ou à l'écart, ou pire sera ostracié au sein du parti même, jusqu'à qu'il ne décide de quitter le parti de son propre chef. Il s'entourera de ses amis proches Beedassy, Gungoosing, Deerpalsing, Yusuf Maudarbaccus, Jocelyn Seenyen, Kailash Ruhee et le bureau politique du parti constitiué par ces hommes, dicteront une alliance électorale avec le MMM contre le Parti Travailliste et ses alliés, le Comité d'action Musulman. Tous ceux qui opposèrent cette manoeuvre furent marginalisés. La majorité des membres du PSM n'avaient pas le choix. Ils ne pouvaient pas se joindre au Parti Travailliste (qui était manifestement pollué par certaines têtes notoires et corrompues.). Ils ne voulaient pas s'adhérer au MM.M non plus, parce-qu'ils étaient des anciens travaillistes qui ne partageaient pas les même points du vue que tenait le MMM. Pour barrer la route au Parti Travailliste que était devenu "ossifié" et qui ne voulait pas entendre parler du tout de reforme, il fallait à tout prix une alliance avec le MMM. Il n'y avait pas d'autre alternatif.

Si on divisait les votes de l'opposition, le Parti Travalliste reviendrait au pouvoir . Le peuple aussi fut convaincu de ce fait. L'électorat mauricien aussi n'avait pas le choix.

(5) Harish Boodoo deviendra l'architecte de l'Allaince MMM/PSM et s'assurera le poste de vice-premier ministre et deux ministères, au sein d'une alliance anti-travailliste, dans un éventuel gouvernement MMM/PSM. Il sera donné au PSM 5 ministères, et 18 "tickets" contre 42 au MMM qui était déjà le plus grand parti du pays. Harish Boodoo se servit de ses collègues du PSM pour devenir le vice-premier ministre, et du MMM pour barrer la route au Parti Travailliste. Quand le gouvernement 60-0 fut formé suite aux élections du 11 Juin 1982, on le salua à travers le pays comme le "Sauveur de l'Ile Maurice."

(6) Le gouvernement MMM/PSM naître dans la dissension. Paul Bérenger s'était servi de Jugnauth pour obtenir de la légitimité auprés de la communauté indo-mauricienne, mais surtout auprès de la communauté hindoue. Boodoo se servit de Paul Bérenger pour obtenir le support de la communauté "Population Générale." Boodoo s'était mis dans la tête le bût de se defaire de Paul Bérenger après les élections de Juin 1982, ne sachant pas que Paul Bérenger aussi avait décidé de se servir de Boodoo et de son PSM pour gagner les élections et puis dese défaire d'eux. Bérenger et quelques uns de ses amis du MMM voulurent que le PSM ne soit pas donné les 5 ministères, et que le poste de vice-premier minsitre ne serait

pas donné à Boodoo, mais Anerood Jugnauth ne voulut pas faire cela.

Le peuple serait déçu, car il dirait que l'Alliance était une farce et n'aurait plus confiance dans son leadership.

(7) Boodoo devint Vice-Premier Ministre, ministre de l'information et ministre des Co-opératives. Rohit Beedassy devint ministre des travaux. Jocelyn Seenyen deving ministre de la Santé. Kishore Deerpalsing devint ministre de l'Agriculture. Kailash Ruhee devint ministre du Plan et de l'Economie. Parsooramen ne figurait nil part dans leur plan, et quand il protesta qu'on l'avait sacrifié au sein du bureau politique, on le nomma Président du Public Accounts Committee. Le poste de Chief Whip fut donné à Radha Gungoosingh. Boodoo voulut se défaire de Paul Bérenger en premier temps. Et une bagarre s'éclata entre ces deux protagonistes de longue date, amenés au sein d'une même alliance que par néces-sité politique. Boodoo jurera qu'il finira Paul Bérenger qui était pour lui son cible principal à détruire.

(8) Il se consolida, en attendant le moment propice, et quand Paul Bérenger s'opposa au projet de la "M.B.C. Bill" et que la situation se dégrada dans les relations Bérenger/Bhayat, Boodoo mit sa machine de destruction en marche. Il réussira à se faire passer pour une victime innocente de la machination de Bérenger. Mail il n'était pas aussi innocent que ça! Bérenger démissionna en tant que Ministre des Finances et quand il perdit face devant le public mauricien il regagna les rangs du gouvernement. Les relations Boodoo/Bérenger se détérioreront au fil des mois et Bérenger tentera de faire son attentât de palais pour prendre l'appareil du gouvernement entre ses mains, et d'un coup se défaire de Boodoo, du PSM et d'Anerood Jugnauth. Il démissionnera du gouvernement avec 11 autres minis-tres et 15 députés du MMM pour causer une scission au sein du MMM. Avec 27 députés à l'assemblée de son côté, avec l'aide de Jocelyn Seenyen et de Kailash Ruhee, il avait déjà 29 députés en tout. Les deux députés de l'O.P.R. se range - raient sans doute à ses côtés. Il pouvait donc compter sur 31 députés déjà. Il fit ses calculs et se dit que l'Assemblée ne comptait que 66 députés. Le Speaker de l'Assemblée, Alan Ganoo, était avec lui et il pour-rait compter sur son "casting vote." Il disposait donc de 32 voix à l'assemblée déjà. Avec le casting vote du Speaker, il ne lui fallait que 3 autres députés pour obtenir la majorité dans l'Assemblée Législative. Il deviendrait sûrement Premier Ministre. Il réussit d'acheter le support du député PSM, Uttam Jawaheer, qui quitta le PSM, comme l'avaient fait Jocelyn Seenyen et Kailash Ruhee avant lui, et alla se joindre au MMM. Bérenger avait déjà 32 députés en tout et à sa disposition le casting vote du Speaker, donc 33 voix à l'Assemblée. Il ne lui manquait qu'un seul de plus. Il essays d'en acheter le soutien d'au moins d'un député qui se trouvait aux côtés de Boodoo et de Jugnauth, qui eux avaient maintenant 15 députés PSM et 15 députés ex-MMM. Si seulement Bérenger pouvait obtenir le support des 4 membres de l'opposition, dont 2 députés nommés du PMSD et 2 députés du Parti Travailliste! Mais eux, ils avaient juré de ne pas travailler avec lui. Donc la seule chose qu'il pouvait faire était d'acheter un député soit du PSM ou soit du groupe ex-MMM, pro-Jugnauth. Le pays se tenait en haleine entretemps. Les trente députés du tandem PSM et pro-Jugnauth, aidé par les 4 membres de l'Opposition réussirent à tenir tête au groupe pro-

Bérenger, et gouvernerait le pays jusqu'aux élections du 21 Août 1983.

Boodoo avait réussi son coup. Il avait d'un seul coup réussi de se défaire de Paul Bérenger et il pouvait maintenant parler en égal avec le Premier Ministre, Anerood Jugnauth. Il fera le va et vient chez le Dr. S. Ramgoolam pour obtenir le support des 2 députés travaillistes. Il négociera avec Gaëtan Duval pour que Nicole François et lui-même aident le tandem Boodoo-Jugnauth et réussira à les convaincre. Mais le grand danger se trouvait au sein de son propre parti. Il s'y trouvait un homme qui avait réussi à faire pression sur lui pour qu'il soit nommé candidat du PSM, et il avait été voir Paul Bérenger, le principal négociateur du MMM. Ce dernier avait insisté que cet homme là soit donné l'investiture du parti. Si maintenant il pouvait faire du chantage avec Boodoo et Jugnauth, il maintiendrait la carte qui déciderait du sort du gouvernment de Jugnauth. Il laissa planer des rumeurs à l'effet que s'il ne fut nommé Ministre.,il irait joindre Berenger La situation fut sauvée. C'est encore Boodoo qui fut la personne à faire [nommer] cet homme ministre. Il devint le confident de Jugnauth. Et il devint l'organisateur du MSM, nouveau parti fondé par Jugnauth après que Boodoo dissoulut le PSM pour intégrer le MSM. C'est ainsi qu'il deviendra l'architect de l'Alliance MSM/PTr, alliance à laquelle se joindra le PMSD de Duval durant les derniers jours de la campagne électorale d'Août 1983.

(9) Boodoo, en tant que l'architecte de l'Alliance réussit à grouper sur la même plate-forme électorale le Parti Travailliste du Dr. Ramgoolam qu'il avait jurè de détruire avant les élections du 11 Juin 1982, et le PMSD de Duval avec le MSM. Dans un grand élan patriotique le Dr. Ramgoolam et le pardonna ses excès d'autrefois, car lui aussi voulait barrer la route à Paul Bérenger. C'est ainsi que Boodoo se servit du Dr. Ramgoolam et de la popularité personnelle dont il jouissait pour construire une équipe PTr/MSM pour confronter le MMM dirige par Bérenger durant les élections générales d'Août 1983. Le Dr. Ramgoolam sera projété comme le futur Président de la République Mauricienne , au cas ou cette alliance gagnerait les élections. Boodoo se servit de Kader Bhayat, un des grands protagonistes de Bérenger, pour tenter d'attirer les votes de la communauté musulamane vers l'alliance. Kader Bhayat deviendrait le vice-premier ministre si l'Alliance gagerait les élections. Les résultats de ces élections prouvèrent à Paul Bérenger la maturité de l'électorat mauricien, qui ne le pardonna pas ses excès et sa façon de faire. Il ne réussit pas à se faire élire, et devra venir à l'Assemblée Législative en tant que député nommé d'après les termes du système de "best loser." L'Alliance obtinedra finalement une majorité de 49 contre 21 à l'Assemblée. Et Boodoo sera l'homme fort au sein du gouvernement. Il devient le Chief-Whip, et le bras droit du Premier Ministre. Il sera la personne qui aura la responsabilité d'ancrer le MSM dans toutes les régions du pays. Mais il n'en fera pas autant. Il mènera le MSM vers une défaite totale aux élections municipales de Décembre 1985, et Jugnauth réalisera qu'il a été déjoué par Boodoo. Boodoo dira que le Premier Minsitre a été injuste envers lui et que ce n'est pas lui, mais le Premier Ministre lui-même qui fut responsable de la défaite du parti. C'est alors que Anerood Jugnauth prit l'appareil du parti entre ses mains, et Boodoo ne fut pas content.

(10) Boodoo voyagera dans le même avion que les 4 députés qui se firent arrêtés pour

possession de 21 kilos d'héroïne, de Maurice à Bombay en Décembre 1985, juste après les élections municipales, et il assistera aux fêtes de la centenaire du Congress 'I,' mais regagnera l'Ile Maurice immediatement après les nouvelles de l'arrestation des 4 députés à Amsterdam. Il enverra un mémorandum contenant 20 demandes au Premier Ministre et demandera qu'on lui nomme ministre de l'Intérieur pour qu'il puisse défaire le pays du problème aigue de la drogue. Il réclamera les têtes de plusieurs personnalités et le Premier Ministre ne se laissera pas dicter par Boodoo. Ses démaraches firent boomerang sur lui. Il avait menacé de soumettre sa démission de toutes les instances du MSM et en tant que Chief-Whip et avait écrit au Premier Ministre une lettre dans laquelle il lui avait dit que si ce dernier n'avait pas accepté de lui accorder ses vingt demandes, le premier pourrait considérer qu'il avait démissionné de toutes ses fonctions et du parti et du gouvernement. Le Premier Ministre fut donné un délai de quelques jours seulement et ce délai expirerait le 7 Janvier 1986. Il décida d'agir sans tarder et fit annoncer qu'aux termes de sa lettre le délai du 7 Janvier dépassé, Boodoo avait démissionné de ses fonctions de Chief-Whip et de toutes les instances du parti. Boodoo insiste qu'il n'a pas démissionné. Le Premier Ministre maintient le contraire et Boodoo jurera de se défaire de lui. Il réclamera sa démission en tant que chef du parti, mais insistera qu'il peut rester en tant que Premier Minsitre jusqu'aux prochaines élections quand on le remplacera par quelqu'un d'autre.

Boodoo dira qu'il avait averti le Premier Ministre, quelques jours avant l'arrestation des 4 députés à Amsterdam que ces derniers étaient impliqués dans le trafic de la drogue, mais que le Premier Ministre n'a rien fait pour leur empêcher, et que donc c'est le Premier Ministre que est responsable de la pourriture de la société mauricienne. Le Dr. S. Ramgoolam qui était devenu Gouverneur Général décéda en Decembre 1985. Il l'avait accusé semblablement dans le passe et disait que le Dr. Ramgoolam soutirait des corrompus quand il était premier ministre, et il avait contesté l'autorité de ce dernier dans les années 1977 à 1982. Il accuse cette fois Anerood Jugnauth de ces mêmes crimes Il réclamera l'institution des commissions d'enquêtes sur certains ministres, sur la "Public Service Commission," la LGSC et sur la drogue. Il réclamera plusieurs têtes mais le Premier Ministre le tiendra tête. Il accepters finalement qu'une commission d'enquête soit instituée sur la LGSC et une autre sur la drogue.

Boodoo sera le témoin principale dans cette commission et impliquera toute une série de personnalités politiques dont Ramsawok, Poonith, Amba Chinien entre autres. Il réclamera la démission des 4 députés arrêtés à Amsterdam de l'Assemblée. Il sera joint par 7 ministres dissidents qui ont démissionné depuis le 4 Janvier 1986, et de 4 députés dissidents. Les ministres Kader Bhayat, Kailash Purryag, Anil Gayan et C. Pillay avaient démissionné le 4 Janvier 1986. Les ministres R. Beedassy, Kishore Deerpasling et Rashid Soobader démissionnèrent en Mai 1986. Le groupe des dissidents compte aujourd'hui 10 membres: les députés Gungoosingh, Candahoo, Molaye, Goodoory sont avec eux, mais Purryag est resté à l'écart étant retourné aux côtés de Satcam Boolell qui avait été révoqué en 1984 com me ministre du Plan et de l'Econimie. Yusuf Mohamed aussi s'était joint aux rangs travaillistes, et donc restant avec Boolell hors du gouvernement. Ils réclamèrent tous le retour de Boolell et sa réintégraion au cabinet ministériel. Boolell retournera seul au gouvernement. Ceux qui réclamaient son retour disent qu'il leur à trahi.

Boodoo a été accusé lors d'une session de la commission d'enquête sur la drogue d'avoir lui-même été impliqué dans ce trafic, et il a soumis sa démission en tant que député et provoque ainsi une élection partielle. Le député Ramsahok a aussi démissionné parès avoir concédé au commissaire Rault, président de la commission sur la drogue, qu'il n'avait pas délcaré tous ses avoirs et qu'il avait oublié de faire état d'un compte bancaire où il avait un montant de $26,000 (vingt-six mille dollars américains). Il provoque lui aussi une autre élections partielle.

Le gouvernement qui est maintenant minoritaire aura à tenir des élections générales dans les mois qui veinnent. L'Assemblée pourra être dissoût en Mars 1987 et les élections tenues entre Août et Octobre prochain.

Boodoo insiste que le Dr. Nuvin Ramgoolam devienne le leader du parti Travailliste, au moins en tant que Président de ce parti. Il jure que ce dernier peut seul redonner un souffle nouveau à la politique mauricienne. Boolell lui a offert le poste de Président et de "deputy leader." Le tout sera décidé durant le congrès des Travaillistes qui doit être tenu le 14 Février 1987. Boodoo a tenté un retour vers le Parti Travailliste mais eux, ils ne veulent pas de lui. Il insiste qu'il a un rôle à jouer dans les prochaines élections et que la seule personne qu'il aidera est le Dr. Nuvin Ramgoolam. L'aile qui veut que ce dernier devienne le leader du parti Travailliste veut aussi une alliance avec le MMM.

Boolell veut une alliance avec le MSM et le PMSD, pas avec le MMM. Même si Nuvin Ramgoolam est nommé Président du Parti Travailliste, et "vice-leader" du Parti Travailliste, et si une alliance est négociée avec le MSM, Boodoo aidera-t-il cette alliance que dirige Anerood Jugnauth? Car si Nuvin Ramgoolam accepte ces deux postes et s'il va aux côtés de Boolell faire une alliance avec le MSM de Jugnauth, Boodoo n'aura pas de place au sein du Parti Travailliste ni au MSM. Il semblerait donc que Boodoo sera cette fois ci responsable d'une autre cassure au sein du Parti Travailliste. Un groupe fidèle à Nuvin Ramgoolam, aidé par Boodoo ira sans doute vers une alliance avec le MMM. Les dissidents ont formé un nouveau parti politique, le Parti Socialiste. Ils ne veulent pas une alliance avec le MSM de Juganuth. Mais Paul Bérenger fera-t-il une fois ne plus une alliance dictée par ce même Harish Boodoo qui avait juré de le détruire? Si ce groupe de dissidents, donc le Parti Socialiste sont pro – une alliance avec le MMM et si le groupe N. Ramgoolam aidé par Boodoo se joignent à eux, une alliance avec le MMM pourrait ne pas se faire. Dans ce casc, parcequ'il est douteux si le fils du Dr. Ramgoolam qui peut capitaliser sur la popularité dont joissait son père, voudrait une alliance avec le MMM de Bérenger, car son père a toujours combattu Bérenger! Dans cette tournure des choses il se pourrait très bien que cette aile pro – N. Ramgoolam et Boodoo? Se marginalisent, car ils ne pourront pas faire d'alliance ni avec Bérenger ni avec Jugnauth. Le Parti Socialiste pourrait ne pas dans ce cas faire une alliance avec le MMM mais avec le groupe de N. Ramgoolam et de Boodoo.

Jugnauth sortirait de cette situation et vainqeur et l'homme fort du pays. Boodoo serait alors d'un apport négligeable. Il serait forcé de se retirer de la politique. Il reste à voir ce que le Parti Travailliste fera. Le pays attend le dénouement d'un drame cornélien.

L'avenir seul dira ce qui va se passer. Le peuple désavouera-t-il Boodoo une fois pour toute ou non? Le Parti Travailliste, donnera-t-il une bouffée d'oxygen à Boodoo pour le permettre de détruire le pays finalement? L'avenir seul le dira!

Boodoo sans béquilles n'est rien. Boolell sans le MSM et le PMSD, n'est rien. Gaëtan Duval sans le MSM n'est rien. Le peuple a déjà désavoué Paul Bérenger maintes fois, et il admit que son 'caractère' est tel qu'il ne pourra jamais changer. C'est Boodoo et Juganuth qui l'avaient garanti en Juin 1982. Le MMM sans Bérenger n'est rien. Seul Anerood Jugnauth et son MSM agissent comme moteur de l'Alliance. Anerood Jugnauth pourrait choisir une équipe solide et sortir de ce pétrin l'homme fort du pays. Mais pourra-t-il le faire sans Boolell et Duval? Il a dirigé le pays sans Boolell entre Avril 1984 et Août 1986. Il dirige le pays sans Boodoo depuis Janvier 1986. Que peut Duval seul contre Jugnauth. Il a dit qu'il se retirera de la politique si les élections se tiennent avant le Festival de la mer. Les élections auront lieu avant ce festival.

Jugnauth ne peut compter que sur lui seul et sur ses hommes, mais qui sont-ils?

Et si cela se passe, les prochaines élections verront une lutte entre 3 blocs. Le MMM, le MSM/PTr (pro-Boolell) et le PMSD, plus un troisième bloc fait du Groupe Nuvin Ramgoolam/Boodoo/Parti Socialiste. Les votes Travaillistes seraient divisés, s'il se joindrait au MSM, l'autre le combattrait et l'apport de ce parti serait presque nul à l'alliance dirigée par Jugnauth. Ce qui voudrait dire une lutte directe entre le MSM/PMSD et le MMM. Dans ce cas précis le MMM gagnera les élections sansproblèmes. Et Boodoo sera une fois de plus responsable de l'éclatement de ce gouvernement et de sa défaite. Il a fait autant avec le Gouvernement dirigé par le Dr. ramgoolam, il a fait autant avec le gouvernement 60-0 dirigé par A. Jugnauth, et il l'a fait jusqu'ici avec le gouvernement présent dirigé par A. Jugnauth. Boodoo a perdu beaucoup de sa popularité et tente à travers d'autres magouilles un retour sur le terrain politique.

C'est une optique que le Dr. N. Ramgoolam ne pourra pas accommoder. Il se peut que le Parti Travailliste se réunisse autour du tandem Boolell/N. Ramgoolam mais sans Boodoo; qu'ils fassent une alliance avec le MSM et le PMSD. Le Parti Socialiste ferait alors une alliance avec le MMM. Ce serait alors une lutte de deux blocs, MMM/Parti Socialiste et MSM/PTr/PMSD. Dans ce cas précis il se peut bien que l'alliance dirigée par Jugnauth remporta les élections car son bilan économique est irréprochable. Il a aussi haussé sa popularité à cause de son "stand" sur la question de la drogue.[147]

---

147 Malheureusement pour H. Boodoo, le Dr. N. Ramgoolam ne manifesta aucun désir de faire de la politique a la Boodoo et resta a l'écart. Le Secrétaire Générale du parti travailliste, Anil Baichoo, et 24 autres membres de l'Exécutif de ce parti démissionnèrent et formèrent le MTD, pour ensuite s'allier au MMM. Anil Gayan, le leader du Parti Socialiste fut boudé par le MMM qui ne voulut aucun accord électoral avec lui, et il finit par se retirer de la course. Aucun des dissidents MSM n'y sont non plus, avec l'exception de Raj Molaye qui a obtenu l'investiture de l'Union MMM/MTD/FTS, s'étant joint au MTD. Les rêves de Boodoo se virent volatisés et il décidera finalement de quitter l'Ile pour se rendre en Inde et pour y demeurer durant toute la campagne électorale. Ce que Boodoo ne voulait pas surtout s'est enfin matérialisé: Une Alliance MSM/PTr/PMSD et la plate-forme électorale de 1983 est reconstituée. Ce sera donc une fois de plus une lutte entre le MMM de Bérenger et son Union avec le MTD et le FTS, et l'Alliance MSM/PTr/PMSD dont le MSM, dirigé par Jugnauth, sera le moteur.

Chapitre 11

LA PRESSE À L'ILE MAURICE

La presse mauricienne a une très longue histoire. Elle est l'une des plus anciennes du monde. Le premier journal fut lancé en janvier 1773 par la "Société Lambert et Cie" ayant alors pour titre, "*Annonces, Affiches et avis divers pour les colonies des Iles de France et de Bourbon,*" et ses premiers animateurs furent Nicolas Lambert et Francois Bollé; il allait durer 17 ans. De nombreux journaux firent leur apparition entre 1773 et 1900 mais quelques uns seulement durèrent plus de trois ans. Ils furent presque tous forcés de cesser de paraitre faute d'argent.

La "*Gazette de l'Isle de France*" de Nicolas Bollé dura 9 ans, "*Le Journal de Maurice*" 7 ans "*La Sentinelle*" 16 ans, "*Le Progrès Colonial,*" d'Evenor Hitié 32 ans. Le Cernéen est le seul journal qui ait survecu durant plus d'un siècle et demi; il vit le jour el 14 F'evrier, 1832, crée par Adrien d'Epinay. Ce journal célébra son 150ᵉ anniversaire en 1982, et ayant marqué l'histoire de Maurice par sa contribution remarquable pendant toutes ces années, disparut peu après cet anniversaire.

"*Le Mauricien,*" fondé en 1908, fut racheté par Raoul Rivet en 1922. Celui-ci dirigea ce quotidien jusqu'à sa mort en 1957. Il fut ensuite dirigé par Marcel Cabon de 1957 1959, André Masson de 1959 à 1970, Yves Ravat de 1971 à 1973. Aujourd'hui le rédacteur-en-Chef de ce journal est Pierre Benoit; ce journal parait en offset sur 8 pages. Comme "*le Cernéen*" il diviendra l'organe conservateur et le porte-parole de l'Industrie Sucrière et du secteur privé.

"*L'Advance*" fondé en 1939 par le Parti Travailliste fut dirigé par Anauth Beejadhur et puis par Marcel Cabon et Jehan Zuel. Il sera le porte-parole du Parti Travailliste et sera étroitement associé avec le Dr. Ramgoolam. Il disparaîtra en 1985 pour des raisons financières, non sans avoir marqué l'histoire de l'émancipation politique des travailleurs mauriciens.

"*L'Express*" fondé en 1963 par "La Sentinelle Ltée," eut pour premier rédacteur-en-chef Guy Balancy a qui succéda le Dr. Philippe Forget en 1965. Il a pour directeur Edgar Adolphe et pour Rédacteur-en-chef, Yvan Martial. Ce journal est présenté en offset sur 12 pages. Il est pro-travailliste durant ses premières années mais épousera peu à epu des tendances d'opposition pro-MMM (Mouvement Militant Mauricien). Ce journal a joué un grand rôle dans la dissémination de nouvelles d'actualités et dans la formation de l'opinion publique à Maurice.

"*The Nation*," devenu de nos jours "*The New Nation*," fut fondé en 1970 par "The Independent Publiations Ltd;" son président est Sir Satcam Boolell. Il fut tout d'abord dirigé par Mme. Ursule Ramdanee, puis par Prakash Ramlallah. Après la mort de ce dernier la direction de ce journal fut confiee à Jugdish Joypaul. Subash Gobin devint son rédacteur-en-chef jusqu'au jour où il se joignit au "*Militant*," organe du MMM. Ce journal a toujours été non seulement pro-travailliste mais aussi pro-Boolelliste. C'est un quotidien qui est imprimé sur 4 pages. Il a un tirage assez limité.

"*Le Socialiste*," fondé par le Parti Socialiste Mauricien en 1982, est un des plus récents. Il avait eu pour directeur Karl Offman qui fut succédé par Jehan Zuel. Depuis sa naissance, son rédacteur-en-chef fut Vedi Ballah. Ce journal d'abord anti-travailliste et organe du gouvernement MMM/PSM deviendra l'outil de Harish Boodoo et adoptera une attitude anti-gouvernementale à outrance, depuis la démission de ce dernier de l'assemblée en Janvier 1986. Il parait sur 4 pages quotidiennement. Son propriétaire est "Le Socialiste Ltd," mais il est administré par ses travailleurs depuis quelque temps.

Un grand nombre de magazines apécialisés qui furent autrefois publiés a Maurice ont disparu pour faire place à de nouveaux venus. L'Ile Maurice fut l'un ces premières pays à lancer un journal essentiellement féminin. Fondé en 1822 par Joseph Vallet il l'appelait "Annales des modes, des spectacles, et de littérature récréative dédiés aux dames," mais disparaitrait trois mois après.

Il y a eu grand nombre de rèvues satiriques hebdomadaires souvent aux titres farfelus dont "*Le Roquet*," "*Le Piment*," "*Le Bambara*," "*L'Abeille*," "*Les Mouches Jaunes*," "*La feuille de raquette*," "*Le Fonks*," "*Le Cholérique Satirique*," "*Le Latin*," "*Le Voleur Mauricien*." La dernière des ces publications parut en 1887, et l'Ile Maurice n'eut pas de journal satirique d'importance jusqu'au lancement de "*Le Défi*" en 1986. Il y eut aussi des revues littéraires, des revues de religion, et même des revues exclusivement consacrées aux finances, et au judiciaire.

Le "*Peuple Mauricien*" qui deviendra ensuite "*L'Advance*" fut lancé par Emmanuel Anquetil et paraissait deux fois par semaine. Le Dr. Millien avait fondé "*L'Oeuvre*." Ces deux furent des revues politiques.

Jaynarain Roy créa le "*Janata*" en 1946. Marcel Masson, "*La Vérité*," Sookdeo Bissoondoyal le "*Zamana*" le 18 juin 1948. "*Le Travailliste*" fut lancé par Wilfrid l'Etand, et B. Ramlallah lança en 1954 le "*Mauritius Times*." Joseph Coralie lança "*L'Epée*" en 1956, journal des travaillistes indépendants.

La presse mauricienne se politisa de plus en plus par suite des développements politiques des années qui précédèrent les élections générales de 1959, de 1963 et de 1967. Le PMSD (Parti Mauricien Social Démocrate) reprit "*L'Action*" et les autres journaux s'alignèrent nettement aux côtés des partis et prêchèrent "pour" ou "contre" l'Indépendance. "*L'Express*" devint un des journaux les plus influents dand les années 1967 et suivantes. L'hebdomadaire, "*Week-End*" occupera aussi une place importante dans la presse mauricienne, et battra tous les records en tirage peu après son lancement.

La Presse en couleur fut introduite à Maurice par "*Advance*" et "*Le Mauricien*." Les journalistes deviendront plus professionnels, plusieurs ayant bénéficié de bourses pour l'étude des méthodes modernes employées par la presse internationale, avec le but d'améliorer le niveau de service aux lecteurs. On verra paraître des éditions spéciales et des éditiond de "stop presse-éclair" suivant de quelques minutes les événements importants.

"*Le Mauricien*" introduisait à Maurice l'impression des journaux offset et la qualité d'impression et de présentation des journaux mauriciens s'améliorera au fil des années. Cette innovation fut importée à Maurice en décembre 1978. Bon nombre de journaux mauriciens paraissent en offset aujourd'hui.

Près de 70,000 journaux sont imprimés et mis en vente chaque jour et près de 90,000 exempliares se vendent chaque dimanche. La presse mauricienne emploie plus d'un millier de personnes directement et plusieurs centaines indirectement. La nette amélioration du niveua d'éducation durant les dernières années (environ 96% de léttrés en 1986) a aid'e à augmenter la lecture des journaux à Maurice.

Presque toutes ces publications sont exclusivement en français quoique la plupart contiennent aussi des articles écrits en anglais. Le "*Janata*" est un hebdomadaire en hindi; il y a également des journaux en Ourdou et en Chinois.

L'Association des journalistes mauriciens (l'AJM) est très active à Maurice et attache beaucoup d'importance à la défense des intérêts des journalistes et défend assidûment la liberté de la presse. Les journalistes mauriciens se sont joints aux maintes organisations internationales et font usage des services offert par les grandes agences dont "*Reuter*" et "*L'Agence France Presse*" en particulier. Le gouvernement a signé plusieurs protocoles avec diverses agences et se propose de lancer une agence de presse nationale pour mettre au service de la presse mauricienne des facilit'es dont elle ne jouit pas pleinement.

Tandis que la plupart des journaux à Maurice maintiennent un haut niveau d'éthique professionnelle, certains, lancés par des journalistes mercenaires à la solde de partis réactionnaires visent à déstabiliser le pays ont fait que la presse mauricienne est souvent tenu responsable de désinformation. Avec la politisation à outrance de la presse à Maurice la censure volontaire n'a pas toujours joue et souvent le gouvernement a dû intervenir par le biais de la législation pour mettre fin aux certains excès de la part d'un groupe de journalistes au compte de certains patrons politiques. Plusieurs journaux ont fait banque-route suite aux procès en diffamation, et finalement il y a eu un grand affrontement entre la presse et le gouvernement.

Tout en ayant pour vocation d'éveiller la curiosité et la reflexion du publique comme aussi de donner à cette pensée une certaine direction, le journaliste doit pouvoir présenter à ses lecteurs un certain nombre de données qui leur permettrait d'y voir plus clair. La presse s'octroie le droit d'être le porte-parole de l'opinion publique, voire le formateur de son opinion. La presse se défend des attaques en accusant des politiciens dont elle dit qu'ils "sont étrangement en mal d'arguments politiques" quand ces derniers l'accusent de mener une campagne de désinformation. Elle dit que les politiciens veulent "se reserver la monopole du jugement" et que c'est pourquoi ils s'attaquent avec "une rare violence" à une section de la presse. La presse accuse les politiciens d'avoir, depuis 1969, lancé contre elle des attaques pénibles voire même des attaques "hystériques" et explique cette attitude par le fait que ces politiciens, incapables d'expliquer leur propre échec font de la presse leur bouc émissaire.

Selon les journalistes la notion de "presse indépendante" souffre du fait que les politiciens ne font guère de différence entre "indépendance" et "objectivité" comme d'ailleurs ils confondent ces deux conceptions avec celle de "neutralité." Selon les politiciens la presse devrait relever toutes les contradictions des politiciens sans la moindre commetaire. "Qu'on se permette le moindrement de les remettre en question, et l'on est aussitôt voué aux gémonies, manacé de toutes les rigueurs possibles, quand ce n'est pas des foudres du pouvoir." Et quelqu'un dira, "Je trouve qu'un pays qui commence à agresser ses journalistes est un pays qui n'est plus libre, et cela me fait peur..." Mais pour leur part les journalistes ne manquent pas, en revanche, d'agresser de toutes les façons leurs adversaires politiques. Il faudra donc trouver un équilibre entre ces deux poles d'opinions.

L'un des journalistes américains responsables de la sortie en grand jour "du scandle du Watergate" dira que cela aurait été impossible en France, et un autre s'exprimait sur le scandale portant sur les "documents Carter" dira: "Les journalistes ont en carte blanche pour int'erroger tous les témoins; les fonctionnaires ,prennent la fuite de`s qu'ils voient arriver les journalistes."

Il est souvent question de la violence dans l'information. Notons qu'aux termes de l'article 38 de la loi sur la presse et modifiée par le décret du 29 juillet 1939:

"Est interdite, sous peine d'amende, toute publication par tout moyen de photographes, gravures, desseins, portraits, ayant pour objet la représentation de tout ou partie des circonstances de crimes et délits contre les personnes."

Pourtant, cette loi demeure inappliquée car inapplicable. L'appliques équivaut à restaurer la censure arbitraite. Or la Déclaration des Droits de l'Homme et ls constitutions des pays démocratiques garantissent la liberté de la presse. L'Ile Maurice le garantit également. Certains affirment que "si le monde est méchant, haineux, les médias ne peuvent le restituer en rose et calme. La présence de la violence dans les moyens d'expression et de communication est un indice révélateur de sa fréquence dans la vie réelle."[148]

La violence, même verbale apporte la peur, la souffrance et même la cruaut'e et la folie." Elle ne peut pas ne pas nous toucher, nous remuer et provoquer des réactions dans le profondeurs de notre psychisme. C'est pourquoi il faut la dénoncer. Seuls les pays totalitaires empêchent à la presse de jouire son véritable rôle. Aux Etats Unis, par exemple, la presse est totalement libre, mais faut-il que cette liberté soit tempér'ee par un sentiment de responsabilité. Si les opinions publi'ees font la pressere agir, dans l'intérêt de tous, il n'y a en cela rien de nauvais, car les dirigeants pourront aussi mesurer l'impact de leurs décisions. Les critiques objectives sont très souvent celles qui rendent les plus grands services, et c'est à cela qu'il faut tendre. Mais faut-il aussi se rendre compte qu'on ne change jamais rien, si ce n'est soi-même pour commencer, comme disait Alain Gordon Gentil. Jean-Jacques Rousseau aussi demandait que les hommes devraient se comprendre dans leurs ressemblances comme dans leurs différends. Montesquieu dira dans le préface de "*L'Esprit des*

---

148 Cf. Edouard Bonnefour, *Sauver l'Hunamite*, Edition Flammanion, 1975. **Op.Cit. Preface.**

Lois": "Je croirai le plus heureux des mortels, si je pouvais faire que les hommes puissent se guérir de leurs préjugés." Si la presse mauricienne veut changer le société mauricienne qu'elle ait elle même avant tous une vision qui corresponde à celle du peuple. Il faut qu'elle se connaisse elle-même, car elle est aussi mauricienne. Et ce n'est pas en semant le mal du communalisme et de l'intolérance sociale et en prenant parti de ceux qui ne veulent pas à tout prix l'émancipation de la classe oruvière qu'elle réussira à aider à bâtir un pays exemplaire où chacun serait fier de vivre et où il ferait bon vivre. La liberté de la presse ne pourra devenir une réalité que si cette liberté n'est pas abusée et que si on parle en terme de devoir et non seulement des droits car l'Ile Maurice est un pays responsable.

Les journalistes de 35 pays s'étaient réunis en France à Tallores, en octobre 1983 pour conclure que "Toute tentative d'un gouvernement d'imposer un code de conduite à la presse libre nuit à sa liberté." Ils diront que "La press libre," est une "balise contre les abus du pouvoir." Ils l'étaient des journlistes de 35 pays des cinq continents. Il diront qu'une presse libre fait une contribution vitale aux causes de l'humanité.

Les journalistes diront qu'aucune imposition d'un code de conduite ne saurait empêcher la presse de s'exprimer en toute liberté. Une des résolutions lit aussi: "La révolution de la communication devrait continuer sans harcèlement dans la mesure où il est reconnue que là où la presse et libre, c'est le peuple qui est libre."

Ils constatèrent qu'il n'existe aucune nation au monde où les citoyens ne voudraient jouir d'une presse libre, car nulle part, le peuple est si sous-développé pour ne pouvoir bénéficier d'une presse libre. Ils réclamèrent que les raisons avancées pour restreindre la presse, telles "la souveraineté nationale" ou "la souveraineté de l'information" n'étaient pas valables. Ils voulurent que l'importance de la presse libre fut reconnue et que l'indépendance du bureau des médias appartenant à l'Etat devrait être encouragée, et que le traitement de informations provenant des pays en voie de développement devrait être amélioré.

Il est clair que la presse libre doit pouvoir dénoncer les abus du pouvoir. Le droit de savoir, d'informer et d'être informé est un droit fondamental de l'homme. Le devoir de la presse est de servir ce droit du peuple. Censurer un reportage libre et ouvert, c'est nier la participation du peuple dans les décisions qui effectent sa destinée. Mais quand la presse se réclame être le 4e pouvoir, que la critiquera quand elle est elle même en train d'abuser de son pouvoir, sans risque d'être condamnée pour l'avoir fait. Selon les participants de la conférence de Tallores, tenter de spécifier le droit et sous quelle condition ce droit devrait s'exercer est, en elle-même une restriction à un droit universel. Mais quelle organisation, quelle société survivra-t-elle, là où chacun ferait ce que bon lui semblait sans prendre soin des susceptibilités qu'une liberté illimitée pourrait offenser? Tout n'est que l'ordre dans la nature, car la nature, elle aussi, a besoin de respecter ses lis. Sinon elle risque de s'éclabousser. Si la société doit se soumettre aux lis qui r'égissert dans le pays, la presse qui est et qui doit être au service de ce même peuple ne doit-elle pas se soumettre à ces mêmes lois? Ou serait le pays si chacus venait faire ses propres lois au nom de la liberté absolue telle qu'il l'envisagerait? Si le pouvoir tend à corrompre, n'est il pas aussi vrai que tout pouvoir absolu tend aussi à corrompre absolument? Si c'est vrai pour les hommes qui nous gouvernent pourquoi le cas serait différent dans les cas de la presse? Il y a manifestement de très sérieuses leçons à tirer des résolutions adoptées par les journalistes à Talloires.

A l'Ile Maurice on a tendance à une émotivité excessive qui est motivée parfois par des sentiments de race, de classe, de caste, de religion. Phillippe Forget disait dans l'Express du 18 octobre 1983 à propos du budget: "Deux mesures mesquines et qui n'ont aucun effet positif, ni financier, ni social et qui sont étrangères à la restructuration économique, sont les taxes sur les campements et les chassés. La satisfaction qu'en retire la majorité a des racines dans le sub-conscient collectif mauricien." Ajoutons que minime que soit l'apport financier de ces deux mesures fiscales sur ceux qui ont le moyen de se payer le luxe d'un campement et des chassés des milliers d'arpents, les revenus ainsi abtenus par le fisc du pays aident à diminuer les misères des plus défavorisées.

Qui croirait que le peuple mauricien est si évolué qu'il est capable de peser le sens des paroles et des écrits, des faits, des actes? Qui dirait que le peuple mauricien peut toujours résister les efforst de ceux qui tentent de diviser la nation pour régner et pour sauvegarder leurs acquis? En effet il y a de la sagesse dans cet ancien proverbe mauricien qui dit qu'il faut tourner sa langue sept fois dans la bouche avant de parler ou d'écrire.

"Si la politique divise les Mauriciens, les catastrophes les rapprochent, c'est un fait… curieux" dir Peirre Benoît.

Le *Père Souchon* devait faire de graves allégations aux lendemains de la fête de Manashivaratri, à l'effet que "la liberté religieuse est menacée" à Maurice. Il interprètera la décision gouvernmentale de hausser par 24% les taxes sur le papier journal comme une atteinte à la liberté de la presse car il dit "il y a une idée machiavélique derrière l'imposition de cette taxe puisqu'elle est doublée de l'autorisation obligatoire de gouvernement pour toute augmentation des prix des journaux." Il dira que "toutes les libertés sont interdépendantes et que quand une liberté est attaquée, c'est "LA LIBERTE" qui est en danger. Je suis très inquiet pour la liberté de la presse."

L'Evêque de Port-Louis, monseigneur Margéot, s'est lui aussi rangé aux côtés de la presse mauricienne en butte à un projet de lui qu'il jugeat comme une menace à la liberté d'expression, au nom de la défense de ce bien le plus précieux qu'il possède, celui de la liberté. Il dira que "s'il arrive qu'un projet de loi s'attaque à un bien fondamental de l'Homme, la mission religieuse de l'Eglise exige qu'elle s'y oppose."

Toute la première semaine d'avril 1984 sera pour les journalistes mauriciens, une semaine pénible et mouvementée. 43 journalistes seront poursuivis aux termes de la POA (le *Public Order Act*) car ils avaient obstrué le traffic en manifestant sur la rue devant l'Assemblée Législative, à Port-Louis. Ils protestaient contre la présentation au Parlement, du "*Newspapers and Periodicals (Amendment Bill)*," projet de loi portant sur une garantie (de l'ordre d'un demi million de roupies) à être fournie suite aux minifestations contre la décision du gouvernement d'augmenter non seulement les taxes sur le papier journal par 24% mais aussi de controler le prix des journaux, qui selon les journalistes étaient une atteinte à la liberté de la presse, et donc de leurs propres libertés. Ils diront que si le gouvernement applique cette loi, la plupart des journaux mauriciens disparaîtront et cela voudra aussi dire la perte de l'emploi de leur personnel. Parmi les détenus se trouvaient 4 femmes journalistes. Ces arrestations provoqueront une detérioration sérieuse dans les relations press-gouvernement, relations qui avaient déjà ête tendues depuis aussez longtemps. Les journalistes qui avaient été jusque là témoins des évenements deviendront eux-mêmes les auteurs, et feront des chroniques à la une. Ils seront libérés sur parole, et devront se présenter au tribunal.[149]

Jamais avait-on vu un tel rassemblement des journalistes de différentes tendances d'opinion démontrer un tel élan de solidarité à Maurice. Si seulement ils pouvaient démontrer cette même solidarité quand il s'agaissait de défendre les droits des pauvres, et pour défendre (au lieu de semer la haine communale et politique) l'unité du peuple mauricien, combien cela aura été préférable. Mais ils étaient la uniquement pour se défendre. C'était leur gagne-pain qui était menacé par un gouvernement qui voulait controler les prix des journaux et les excès commis par certains juornalistes. Les grands absents durant ces manifestations et les défenseurs de régime furent les journalistes du "*Socialiste*" et ceux de la Presse parlée, donc ceux qui sont de la *MBC/TV* et *La Radio*. Seul le "*Socialiste*" prendra parti pour le gouvernement contre ses collègues et défendra les points de vue du gouvernement.

Jamais avant n'avait-on vu une presse si politisée et exploitée par les politiciens de l'opposition. Sir Satcam Boolell qui avait été révoqué du gouvernement, Paul Cheong Long, Mme. S. Cziffra, Sooresh Moorba et plusieurs autres avocats iront à leur secours. On pouvait constater quels vrais intérêts étaient menacés par le gouvernement. Tous ces journaux dont les membres journalistes avaient declenché la manifestation devant l'Assemblée qui furent arrêtés appartenaient aux rangs de l'opposition et avaient déclaré la guerre en faveur de Paul Bérenger, mais le peuple mauricien ne se laissa pas embourber et avait mené l'Alliance (que les agissements de certains mettraient en danger) aux victoires électorales lors des consultations populaires du 21 Août 1983. Et ce même Bérenger n'avait pu se faire élire. Il allait devenir leur grand défenseur.

Le Premier Ministre reçut une délégaion de la presse mauricienne et il leur fit une concession. Il réduirait la garantie réclamée de Rs 250,000 au lieu de Rs 500,000. Il leur accorda une prolongation du delai pour le versement de cette garantie et fixa le nouveau delai au 1er Juillet 1984, mais la presse n'accepta pas, car elle était contre le principe même de telles lois. Si elle acceptait, dira-t-elle, le risque que la presse disparaisse totalement avec la liberté d'expression était trop grand. Elle décidera de faire campagne pour sensibiliser l'opinion publique, et elle créera un Comité National de la Presse, qui sera doté d'un éxécutif. (Les membres seront M.B. Ramallah (Pr'esident), Rev. R. Cerveaux, Dr. P. Forget, Sir Kher Jagatsing,[150] Jean Claude de L'Estrac et Lindsay Rivière). Ils rencontreront le Premier Ministre qui offrira la création d'un "Press Council" pour aider à trancher le litige "Presse-Gouvernement." Jamais les relations presse-gouvernement n'ont été aussi tendues durant plus de 2 siècles de l'histoire de la presse mauricienne.

---

149 De la 3ième division à Port-Louis.
150 Il mourut en 1985.

L'Eglise Catholique prendra position contre la décision du gouvernement de faire voter ce projet de loi, à travers les déclarations faites par Mgr. Jean Margéot.[151] Il dira qu'il n'a pas empiété sur le pouvoir temporel (c'est à dire la politique). Il soutiendra que l'Eglise l'oblige à se soucier de l'Homme et de son épanouissement total dans toutes les sphères de la vie, et s'il arrive qu'un projet de loi s'attaque à un bien fondamental de l'Homme, la mission religieuse exige qu'elle s'y oppose." Il mettra les parlementaires devant leur conscience. "Qu'ils tiennent compte de la gravité de l'enjeu," dira-t-il.[152]

Le Projet de Loi sera quand même présenté à l'Assemblée Législative avec quelques amendements: Le 'Newspapers and Periodicals Act" ramènera la garantie exigée à Rs 25,000. Les publications religieuses, culturelles et littéraires seront exemptées à la discrétion du ministre.

Le dépôt pourrait prendre la forme de "cash," la souscription d'un "bond" de la part de l'éditeur et de l'imprimeur soutenus par deux garants qui auront abtenu l'aval du Premier Ministre, et une garantie offerte par une banque ou compagnie d'assurance incorporée à Maurice. L'Amendment contiendra une autre provision. Le Commissaire de Police aura le droit de mettre des scéllés sur une imprimerie ou autre équipement d'un journal qui ne s'acquitterait pas de la fourniture d'une garantie comme requise par cette loi. Ceux qui auront enfreint les dispositions faisant obligation de paiement seront passibles à des peines ne dépassant pas Rs 5,000. Le tribunal pourra ordonner la confiscation de l'imprimerie ou autre équipement de celui trouvé coupable. Ce projet de loi sera voté par la majorité du gouvernement, et deviendra avec l'assentiment du Gouverneur Général, la Loi qui régit désormais pour la presse du pays. La loi fut votée sans voix dissidente du côté du gouvernement face à une opposition, MMM et PTr unie pour un jour. *Regis Finette* sera absent de l'hémycycle parlementaire au moment du vote sur ce projet de loi, et dira qu'il a dû se soumettre au consigne de l'Evêque de Port-Loius, Mgr. J. Margéot. Ce projet sera voté et le gouvernement mauricien sera condamné par l'Organisation de la presse mondiale. Mais le gouvernement tiendra bon.

"*L'Advance*" qui fut menacé de fermeture pendant près d'un mois cesse de paraître. Il fut une des plus anciennes publications de l'Ile Maurice. 34 employés seront licenciés. Elle aurait fêté son 44ème anniversaire cette année là. Il disparaîtra le Jeudi 19 avril 1984.

Le "Comité National de la Presse" lancera une série de forums d'information avec pour thème: "Quand il n'y aura plus de journaux, quelle liberté?"

A l'occasion de la Fête du Travail à Maurice,[153] les partis politiques et les syndicate tiendront des rassemblements séparés dans divers endroits de l'île. L'Alliance MSM/PMSD parlera de "la lutte pour l'emancipation de l'homme," et le Premier Ministre dira que cette lutte "continuera." Le Parti Travailliste dirigé par Sir Satcam Boolell traitera du thème "La Liberté Menacée," et le MMM de Paul Bérenger teindra son rassemblement "sous le signe de la vérité et de la liberté" et ce dernier dira que "Les masques sont tombés, la vérité a

---

151 L'Evêque de Port-Louis.
152 Cf. *Weekend* du 8 avril 1983, **Op.Cit.** p.5.
153 Le 1ᵉʳ mai 1984.

éclaté." Dans le forum que tiendra le Comité National de la Presse à *Goodlands* il dira que leur but est de lancer "un débat professionnel, sans motivation politique."

M.B. Ramlallah[154] dira qu'il faut à tout prix préserver, deux choses dans une démocratie, la presse et l'opposition. Il fournira les chiffres sur les procès de diffamation par des journalistes. Il dira que "Pour 10 cas de diffamations par des journalistes, l'on compte durant le période 1982-83 pas moins de 3 cas de politiciens ayant diffamé d'autres politiciens." Et il tentera de prouver que "les diffamateurs se trouvent surtout dans le rangs des politiciens."

Subash Gobin qui s'est présenté comme le journaliste d'un parti, (Le MMM), dira que toutes les tendances doivent pouvoir s'exprimer. Et c'est ce même Subash Gobin qui se décrit comme un "expert dans la sémence de la division" qui, durant toute la période deupis 21 Août 1983 et après, a fait tout pour déstabiliser le gouvernement du pays à travers ses mensonges quotidiens imprimés dans son journal, "*Le Nouveau Militant!*" Il réclamera la protection des petits journaux. Son journal a tant de fois cesser de paraître et a fait banqueroute, et a changé de nom pour être relancé précisément pour le nombre de procès de diffamations intentés contre lui dans le passé.

Philippe Forget soulignera la disproportion entre 500 employés de presse que le gouvernement tient à protéger par cette loi, contre les risques de 200,000 autres employés du secteur privé d'être licenciés. Les chiffres parlent d'eux mêmes. La création d'emploi n'a jamais été plus grande dans l'histoire mauricienne qu'il ne l'a été sous le gouvernement de l'Alliance. Il n'y a pas eu de licenciement de 20,000 travailleurs comme prédit par Phillippe Forget. C'est lui qui a été licencié par son propre journal quelque temps après!

Lindsay Rivière demandera à l'assistance: "Quels fils de l'Ile Maurice pourront d'esormais fonder un journal, cela malgré l'enthousiasme et le talent qui montent chez les jeunes?"

Kher Jagatsing dénoncera le gouvernement pour la pratique d'une politique de confrontation contre la presse alors qu'il devait adopter une politique de dialogue. Dans les semaine qui suivirent de débat-forum une autre publication "Nuvo Lizur" cessera de paraître, fauché par la "*Newspapers and Periodicals Ordinance.*"

"*Le Socialiste*" deviendra le cible privilégié des attaques de tous les partis pour se servir d'un langage grossier à l'égard des autres journalistes. "Depuis plusieurs mois déjà." Le Socialiste "fait honte à la presse mauricienne et au pays. Desservant ainsi la cause du gouvernement." Déplore l'escalade grossière dans le gangage que se permettent depuis peu certains journalistes quand ils s'affrontent dans les polémiques," dira un membre du public mauricien. Un autre dira que "Ce n'est pas la première fois que "Le Socialiste" s'attaque à l'intégrité des personnes et je me demande vraiment si ce journal a le droit de paraître car ses propos sont pleins de haine, et au lieu d'informer, il ne fait que dénigrer." Et un autre dira, "Il ne semble pas qu'on puisse aller vers une reconciliation nationale, puisque la haine et les injures habitent toujours beaucoup de personnes. Ce n'est sûrement pas de cette façon qu'on arrivera au résultat rêvé."

Certainement pas! "Où va l'Ile Maurice? Quel avenir nous réserve-t-elle?" s'écrieront

---

154 Rédacteur-en-Chef du "*Mauritius Times.*"

d'autres, et pour cause.

Le Socialiste, dans son édition du 8 mai 1984 avait traité un de ses adversaires en l'appellant "Fils de Chienne." Et les mamans, les femmes surtout furent dégoutées du train que prenait la dispute entre confrères de la presse qui étaient soit pour ou contre le *"Newspapers and Periodicals Ordinance."*

Le public mauricien qui lira les divers journaux partisans qui ont existé depuis l'ère moderne de la presse à Maurice, et surtout à partir de 1948 constateront que l'usage d'un tel langage n'est pas un ph'enomène nouveau. Depuis que les journaux se sont cantonnés dans la politique mauricienne et se sont li'es aux partis politiques de différentes tendances on a vu une remontée extra-ordinaire de la violence dans la presse mauricienne. Il paierait sans doute à la presse de maintenir son ind'ependance vis à vis des partis et de liasser le peuple tirer leurs propres conclusions à partir des faits. Cette presse indépendante aurait rehaussé chaque jour son prestige. Mais peut-être ne comprendra-t-elle pas cette vérité! Qui Condamnait NMU pour ses propos jugés si raciste et divisionistes publiés dans le Cernéen durant les années 50 à Maurice? Si les politiciens ont été responsables de la dégénération des mesurs, n'est-il pas également vrai que des membres de la presse mauricienne ont aidé dans ce processus de déstabilisation et dans la création de ce climat si rempli d'amertume que nous témoignons aujourd'hui? Ne sont'ils pas nombreux les hommes de la presse mauricienne de nos jours qui furent et qui sont eux-mêmes des politiciens qui avaient diffamé et qui continuent à diffamer depuis 40 ans ou plus?

Et pourtant il n'y avait pas de *"Newapapers and Periodicals Ordinance"* pendant tout ce temps là. Pourquoi donc la situation est-elle devenue aussi malsaine? Parcequ'il n'a existé aucun controle sur la presse qui a jalousement tenté de sauvegarder sa liberté? Dire qu'elle veut qu'on l'appelle le 4e pouvoir?

Mr. B. Ramlallah, rédacteur du *"Mauritius Times,"* et président de surcroit du 'Comité Nationale de Presse' écrira à M. Gérard Cateaux, Rédacteur en chef de l'hebdomadaire *"Week-End"* et dira dans sa lettre datée 19 mai 1984 ce qui suit:–

"My dear Colleague,

I was depressed to read the wording used by *"Le Socialiste"* against you, Rivière and Masson. It is indeed reprehensible! You have done [sic] through a gruelling and disgusting experience.

Whatsoever smears his colleagues or even the humblest citizen with foul language should be condemned…as well as pitied.

With the projected setting up of a Press Council, I hope irresponsible journalists will be restrained from writing stories that are below standard and in a disgusting language.

It would be ideal if the Mautitian journalist's "Code of Conduct" should be based on what the learned editor of Manchester Gaurdian, C.P. Scott, wrote in the centenary issue of the paper on March 5 1921:

"A newspaper is an institution; it reflects and influences the life of a whole community; it may affect even wider destinies. It plays on the minds and consciences of men. It may educate, stimulate, assist or it may do the opposite. It has, therefore, a moral as well as a material existence, and its character and influence are in the main determined by the balance of these forces.

It may make a profit or power its first object, or it may conceive itself as fulfilling a higher and more exacting function."

Yours Sincerely,

B. Ramlallah."

Le procès intenté contre des 44 journalistes qui avaient fait leur "sit-in" devant l'Hôtel du Gouvernement devaient comparaître en cour le 28 juin 1984. Ils seront inculpés sous le Public Order Act (POA). Un fait divers. Les 43 journalistes qui furent arrêtés en même temps que B. Ramlallah ont tous eu a fournir de caution, alors que lui ne l'a pas été. Pourquoi? Quand il fera ressortir à l'appel des noms que le sien n'a pas été appelé, il sera rappelé à l'ordre par le magistrat de "rester tranquille." Un des avocats de la défence fera état de l'inconvenience dont les journalistes sous cautions ont du endurer car incapable de se déplacer vers l'étranger. Mme. Shirin Aumeerauddy Cziffra dira qu'aucune raison inhérente au renvoi de l'audience n'a été donnée par la poursuite.

Le gouvernement émit une communiqué le Vendredi 25 mai 1984 pour annoncer la création du comité conjoint gouvernenemt/presse qui sera présidé par l'ancien chef-juge Sir Maurice Rault. Ce comité aura les attributions suivantes:

(a) "Etudier et faire des recommandations au gouvernement ce qui concerne les relations qui devraient exister entre la presse et le gouvernement.

(b) Tenant compte des devoirs inséperables du gouvernement qui sont

(i) de préserver la liberté de presse,

(ii) de protéger le public contre les diffamations publiés dans les journaux, étudier les mayens d'atteindre ses objectifs et faire des recommandations au gouvernement."

Le Comité National de Presse fut invité à nommer ses représentants (plus de 3 si nécessaire) pour étudier les attributions de Comité Conjoint.

Trois principes énoncés dans "Lettre à un jeune ami" (27.5.84, Week End) méritent d'être mentionnés!

1. Le droit à la liberté d'expression (ce qui ne sous-entend pas le droit d'insulter et de calomnier autrui).

2. Le droit de Critique pour avertir après examen des faits, si cels s'avère nécessaire.

3. L'Information et les nouvelles officielles (qui ne doivent pas être déformées). Le devoir d'informer et de maintenir le dailogue entre élus et mandants et la presse devra être un devoir.

"Le journaliste averti joue son rôle qui est celui d'un homme voué à la vérité, à l'ouverture, au diologue. La presse tente ainsi de corriger les fautes, de signaler les dangers en publiant ce qu'elle sait – quelque sévère qu'en puissent être les termes. Le bas journalisme, c'est celui qui déforme, insulte, exagère et fait appel à ce chancre déformant qu'est la haine."

La presse a existé à Maurice deupis plus de 210 ans déjà.[155] Si elle a survécu toutes ces longues années c'est que dans l'ensemble elle n'a pu être si mauvaise. Cette presse devra se rassenir, et mettre de l'ordre dans sa maison.

Si toute société qui se respecte et oui garantit à travers la constitution de son pays les droits fondamentaux des hommes a besoin, dans toutes démocraties, d'avoir recours aux élus de peuple pour assurer la protection de ces mêmes droits et pour assurer que ces droits ne sont pas lésés, et requiert que ces élus du peuple légifèrent dans l'intérêt du peuple, comment se fait-il qu'une presse qui se respecte s'octroie le droit de pouvoir seul déterminer son code de conduite, en niant aux élus du peuple le droit de la controler à travers des lois votées démocratiquement à l'Assemblée Législative? Cette presse semble se sentir au dessus de toutes les institutions du pays, y compris ses lois. Garde au peuple qui doit être baillonné chaque jour par une presse aussi irresponsable! Si les lois qui sont passées ne reflètent pas l'opinion du peuple, les législateurs seront tenus à rendre compte au peuple quand les prochaines consultations se tiendront dans le pays, et le peuple pourra reverser le gouvernement qui aurait toléré l'irresponsabilité!

Si les tribunaux existent c'est pour appliquer les lois faites par les élus du peuple, et non par la presse qui a tendance de dégénérer. Si le "Newspapers and Periodicals Ordinance" est une atteinte aux droits fondamentaux de l'Homme qui sont garantis par la Constitution du pays pourquoi la presse mauricienne en demande-t-elle pas à la cour spurême de décider si oui ou non cette loi est constitutionnelle? Car il existe cette loi suprême dans le pays. L'Ile Maurice n'est pas dénudée d'une constitution!

Ce n'est surtout pas en traitant les uns d'"imbéciles" et d'autres de "fils de chienne" ou par d'autres insultes qu'on réussira d'avoir une presse libre et digne d'être appelée UNE PRESSE RESPONSABLE!

Ce sont là bien des question que le peuple pacifique de cette île paradis devra se poser! A moins que c'est Satan qui conduit vraiment le bal. La sagesse réclame que les lois soient respectées par tous les mauriciens y compris les messieurs de la presse, sans faire de distinction telle que le fit M.B. Ramlallah dans sa lettre adressée à M. Gérard Cateaux dont mention a été faite – distinction que se lit comme suit:–

"...whosoever smears *his colleagues* OR EVEN THE HUMBLEST CITIZEN...etc." Les majuseules sont de l'auteur de cet ouvrage. Qui dit que les membres de la presse sont plus élevés que les "humblest citizens?" C'est bien cette attitude de la presse qui mérite un examen sérieux. De qui dérivent-ils, ces messieurs de la presse, ce pouvoir absolu sur tout le monde dans cette Ile Maurice qui appartient à tout son peuple? Que la presse mauricienne cesse de paternaliser et concentre surtout sur l'accomplissement pur et simple de son devoir, et elle se garantira une place sous le soleil pour l'éternité!

Aussi longtemps que cette press dira ce que M. C.P. Scott dont M.B. Ramlallah a fait mention dira dans le dernier paragraphe, "It may make profit or power its first object..." ;a [resse ,airocoemme sera vouée à la faillite totale et a sa propre perte. Que la presse mau-

---

155   214 ans en tout.

ricienne ne se voue pas au suicide. L'Ile Maurice a besoin de tous ses citoyens pour aider à bâtir des lendemains meilleurs.

Pour démontrer son bon sens et sa sincérité ainsi que son esprit de dialogue le premier ministre a réduit la garantie exigée de Rs 500,000 à Rs 250,000. Il a exempté de toutes les mesures que frappe le reste de la presse mauricienne les journaux aux caractères religieux ou littéraires. Il a offert d'instituer un comité lequel se pencherait sur les problèmes presse-gouvernement. Qu'ont fait et la presse et l'Eglise? Elles n'ont pas bougé toutes les deux. Est-ce là l'esprit de dialogue qu'on devrait attendre du Mgr. Margéot? Ce ne sont pas les droits de la presse et donc les droits le l'Homme par déduction que étaient menacés par le gouvernement. Ce sont les droits d'un gouvernement légitime qui sont garantis par la constitution du pays qui'etaient menacés par la presse et par leurs patrons. Est-ce que l'Eglise ne lui dicte pas son action quand c'est le droit d'un gouvernement élu par une majorité écrasante est baffoué par la presse?

La Presse et l'Eglise semblent avoir été servies par les ennemis du peuple pour aider le MMM de Paul Bérenger et autres dans leurs efforts qui ne visent qu'à déstabiliser le gouvernement à des fins personnelles. Le Comité de Presse National réclamera la révocation pure et simple du "*Newspapers and Periodicals Ordinance*" en ensuite du "*Newspapers and Periodicals (Amendment) Act.*" Les travaux du comité presse-gouvernement, présidé par Sir Maurice Rault poursuivra ses travaux à un rhythme soutenu. Les principales séances marquées par (a) la déposition de Lindsay Rivière, qui au nom de la presse nationale présente un mémoire où sont résumés les position du CNP, (b) par la réponse du gouvernement à ces accusations et au document du CNP, (c) par les observations du CNP suite à l'intervention du gouvernement sur la nécessité de ce projet de loi. D'autres témoins viendront déposer. Le président du Comité devait constater qu'une atmosphère saine avait régné lors des travaux de ce comité. Il dira "La volonté déclarée des deux côtés de ne pas se figer dans des conflits passé, mais d'établir les indispensables structures de dialogue que nous achemineront vers une meilleure compréhension." Il déclarera aussi qui "il valait mieux éviter de dire qu'il est dans le nature des choses que les relations entre le gouvernement et la presse soient conflictuelles. Il n'y a là nulle fatalité. Plutôt que conflictuelles il vaux mieux dire que ces relations sont dialectiques. Le gouvernement pase sa thèse, et la presse lui oppose l'anti-thèse: de leur interaction va surgir le synthèse qui intègre à un plus haut niveau ce que thèse et anti-thèse contenaient de meilleur."

Expliquant pourquoi le CNP opposeront veuent la révocation de cette loi, M. Lindsay Rivière énumèrera les points suivants:–

    (a) Cette loi va à l'encontre de l'esprit de la constitution nationale car elle impose un préalable financier à l'exercice d'un droit fondamental du citoyen, notamment le droit à la liberté d'expression par écrit, et le droit d'obtenir et de diffuser d'information.

    (b) Des journaux sont menacés de mort en consequence de la décision gouvernementale, leur seul tort étant de ne pas être suffisamment fortunés pour fournir les garanties réclamées. Cette situation est jugée extrèmement grave pour la presse et pour le pays.

(c) Cette loi est discriminatoire à l'égard de la presse car la diffamation n'est pas le seul fait des journaux.

(d) Cette loi est inacceptable en ce qu'elle anticipe un délit encore non-commis.

(e) Cette loi est également discriminatoire en ce sous que la presse est le seul secteur d'activité économique à Maurice qui se voit dans l'obligation de fournir une garantie financière pour couvrir la "severance allowance" a être éventeullement payée aux travailleurs licenciés en cas de fermeture.

(f) La nouvelle loi va à l'encontre des moyens de presse entre les mains d'un petit groupe alors que la complexité de notre société multiraciale, multi-religieuse, et multi-culturelle nous pousse en direction d'une démocratisation toujours plus grande de l'édition.

(g) Tout en n'apportant rien de positif à notre société le *Newspapers and Periodicals (Amendment) Act* met au péril le cadre démocratique dans lequel la presse fonctionne depuis plusieurs années et ce dans le respect de la loi du pays. Il dira aussi que c'était ridicule de tenter de discriminer entre journaux religieux, culturels car de telles différences n'existent pas.

Or le CNP voudrait voir l'Etat jouer un rôle neutre vis-à-vis de la presse comme c'est le cas en Grande Bretagne.

Les points de vue de gouvernement furent énoncés par Bhinod Bacha, qui dira que:

(a) la nouvelle loi sur la presse n'est pas une "inacceptable atteinte à la presse ni à ses libertés,"

(b) que ce n'est pas l'intention du gouvernement de "frapper toute la presse,"

(c) que le gouvernement n'est pas responsable de la rupture totale de communication entre le pouvoir et une large section de la presse,

(d) et que le gouvernement n'est pas animé de sinitres intentions à l'égard de la presse.

Il dira que l'optique du gouvernement a toujours été celui de préserver l'intérêt national dans l'intérêt supérieur de la nation. Le gouvernement doit veiller à ce que des citoyens sont protégés contre des attaques injustes faites par des gens irresponsables, et de caractère diffamatoire. Le gouvernement est motivé par les soucis de protéger et d'assurer les droits des individus pour s'assurer que les dommages pourraient être payés.

Il dira que si les relations presse-gouvernement sont tendues c'est parceque "les tentatives systématiques, persistantes et étudiées de la presse en général visant à détruire les personalités, d'entrer dans leur vie privée et à déformer les faits en sont responsables. Les politiciens doivent avoir une vie publique transparente mais aussi des droits comme tout le monde. Comme des individus, ils doivent avoir droit à une protection pour ce qu'ils ont de plus précieux: leur vie privée et leur droit de vivre une vie privée."

Il faudra retourner au mémoire présenté par Lindsay Rivière au nom du CNP et se référer à ses points de vues pour voir si c'est vrai que cette loi représente une atteinte à la liberté de la presse. Nulle part dans le projet de loi il est fait mention que la presse ne doit pas exercer ces droits. En ce qui concerne la question ayant trait aux diffamations et que le gouvernement anticipe un délit non commis, il est clair que ce sont ces diffamations surtout commises dans le passé récent qui ont dicté au gouvernement cette nécessité, car nombreux furent le cas où des journaux avaient imprimé des articles au caractère hautement diffamatoire mais que se [declaraient] banqueroute pour éviter de payer les dommages [octroyés] par le cour de justice quand ils furent condamnés à les payer, pour rouvrir leurs portes sous d'autres noms. *Le Militant*, par exemple, en a fait à plusieurs reprises. Toutes le lois qui sont passées à l'Assemblée Législative mauricienne et dans les autres parlements du monde le sont pour surtout mettre frein à des abus futurs, car ils ont été commis dans le passé. Les lois sont là non seulement pour mettre fin aux abus et aux crimes passés, car de telles lois seraient inutiles si elles n'existent pas au moment ou un acte repr'ehensible fut commis, cet acte ne constitue pas un délit criminel. Il le devient parceque la loi est introduite à cette fin pour empêcher que de tels actes ne soient commis dans l'avenir.

Sans les lois les cours de justices n'auraient pas pu les appliquer pour déterminer si oui ou non l'accusé dans un cas criminel est coupable. C'est la prévoyance de nos ancêtres qui furent guidés par leurs sagesses qui nous ont donné tant de lois sur lesquelles reposent la continuité de notre survie en tant que peuple. Sinon comment les tribunaux auraient pu interpréter ces lois pour juger quiconque accuée d'un crime? Il n'existe pas une seule loi que ait été légiférée dans le passé, qui c'est aujourd'hui, et qui le sera demain. Si ces journaux ont pu déjouer les décisions des cours de justice dans le passé et s'ils ont pu réussir à éviter les paiements des dommages auxquels ils furent condamnés c'est précisément parceque des lois telles que le "*Newspapers and Periodicals (Amendment) Bill*" n'existaent pas. C'est cette lacune qui est à la base de la nécessité du gouvernement de venir légiférer dans ce sens, afin de protéger les futurs victimes, aux mains d'une presse qui s'est prouvée capable de diffamer et d'échapper aux consequences de leurs actes criminals. L'argument Lindsay Rivière ne tient pas debout. Sinon, toutes les lois de tous les pays seraient anti-constitutionnelles car des crimes qui pourraient être commis dans l'avenir.

Il est inutile de plaider de la pauvreté et d'insuffisance monétaire pour dire que la nouvelle loi va à l'encontre des moyens de la presse, car les compagnies qui gèrent la plupart de grands journaux dont "*Le Mauricien*" et "*l'Express*" ne sont pas aussi pauvres qu'on voudrait faire accroire. Ils sont tous des journaux qui appartiennent à des personnes ou des groupes qui ne sont pas si pauvres que ça. Si par exemple "*Le Nouveau Militant*," journal du MMM, était vraiment incapable de trouver l'argent nécessaire ce parti n'aurait pas dépensé des millions lors des dernières élections. Ni Paul Bérenger ni de l'Estrac et consorts sont incapables de fournir une garantie banquaire et deux cautionnaires. Se ces journaux étaient vraiment insolvable car si pauvres, ils ne pourraient durer. Certes, il y a certains journaux qui auront peut-être à cesser de paraître car leur qualité ne leur permettra pas d'attirer des lecteurs même s'ils sont distribués gratuitement.

La presse mauricienne ne peut fonctionner comme une entreprise privée et ne vouloir que réaliser des profits. Comme le disait bien *M. C.P. Scott*, la presse peut "*make profit*" ou peut avoir *"Power as its first object,"* mais cette presse peut aussi s'octroyer un rôle plus noble.

La presse mauricienne ne peut pas penser uniquement au profit, ou uniquement au pouvoir car elle nierait alors sa raison d'être même. Réclamer que la complexité de notre société multiraciale et multi-religieuse pousse la presse en direction d'une démocratisation toujours plus grande de l'édition relève de la pure fantaisie. Voudrait-elle, cette presse qui réclame que ses droits ne soient pas touchés, aller dans le sens contraire, donc en direction "anti-démocratique" si elle ne peut realiser de profit ou satisfaire sa soif du pouvoir. Combien de fois le gouvernement n'a-t-il pas octroyé une semaine ou plus de boni de fin d'année, et combien ne sont-il avoir refusé d'en payer sous prétexte d'être des patrons pauvres, alors qu'ils accordent des bonis princiers à leur état major?

La presse mauricienne attend les mêmes privilèges qu'octroie le gouvernement Anglais à sa presse. Qui sont ces pauvres qui controlent la presse britannique? La démocratisation n'est pas synonyme de la pauvreté et n'engendre pas la pauvreté nécessairement. Sinon ne reclamons pas l'établissement de la démocratie à Maurice! C'est bien cette diversité qui est la grande richesse mauricienne, et pas la cause de [l'appauvrissement] de la presse.

Certes quand l'objectif est primairement l'obtention du pouvoir, là c'est différent! Le 4ème pouvoir doit maintenir ses acquis, et doit pouvoir controler le gouvernement qu'il vondrait neutraliser, à moins que cette presse partisane veut aussi remplacer son parti favori au gouvernement! Qu de louangesn' avait pas versé la presse mauricienne sur Paul Bérenger et son MMM, quand ce même Bérenger voulait se défaire de PSM de l'Alliance MMM/PSM, quand ce dernier avait voulu renverser le gouvernement d'Anerood Jugnauth en Octobre 1982 et Mars 1983, et durant toute la période préc'edant les élections générales d'Août 1983? Est-ce là, la démocratie qu'elle prone? Expliquez aux peuple mauricien pourquoi tous ceux qui se disent antagonistes politiques de ce gouvernement ont couru pour vous défendre! Alors seul tout ce que fait le MMM est bon, et tout ce que fait le gouvernement de Jugnauth ne l'est pas! Et vous voulez quand même qu'il vous protège et vous aide à plétiner les droits de vos travailleurs et leur nier la garantie d'une *"severance allowance"* quand vous leur licenciez!

L'objectif de toute formation politique est d'assumer un jour le pouvoir. Certains le font en passant par les voies démocratiques, d'autres comme le MMM de Bérenger par la fenêtre, élection ou pas. Ne l'a-t-il pas dit lui-même qu'il prendrait le pouvoir à Maurice avec ou sans élections? N'a-t-il pas à plusieurs reprises voulu se débarasser d'Anerood Jugnauth qui fut pl'ebicité par l'électorat en tant que Premier Ministre du changement?

Comment prétendre que cette presse fonctionne dans le respect de la loi du pays alors que cette même presse fait les louanges de celui qui n'a jamais témoigné du respect pour [quiconque], pas même pour le Parlement mauricien. Qui de cette presse a oublié] le langage outrancier dont se sert Bérenger, dans lequel camp cette presse a aveuglément bascule, et dans l'hémicycle de cette auguste Assemblée qui est le symbole de "To pé crié, to pé faire tapage pou anrien. Cotte to ti été ça 9 mois qui to ti ministre la? To ti pé dormi?" (Vous qui criez et faites tant de bruit, où étiez-vous ces neuf mois que vous étiez ministre? Vous dormiez?). Et il osait insulter le première dame de la sorte en pleine assemblée législative, au vu et au su de cette presse qui ne broncha pas afin de le condamner pour ces propos tenus contre le Premier Ministre du pays et son epouse! Où était cette presse qui se réclame le droit de défendre les droits fondamentaux de l'homme? Le peuple ne lui pardonna pas pour ses excès en Août 1983 quand il ne réussit pas a se faire élire, et il devait entrer dans l'Assemblée d'apres *Yousuf Mohamed*: "tel un imposteur!" Et il est leader du parti avec qui la presse s'est liée pour acquérir le pouvoit!

Ce même bérenger traitera quelques mois plus tard Yousuf Mohamed de *"bachiara"* et ce dernier le suspendra de cette même Assemblée pour avoir osé l'ppeler par un tel nom! Il fera tout pour discréditer cette Assemblée et s'attaquera au président de l'Assemblée, Ajay Daby, et déposera deux motions de blàme contre lui et plusieurs motions de blàme contre le Premier Ministre et son gouvernement en vain. Lui et son parti ont toujours été battus par une majorité parlementaire. Il dira les mêmes bêtises et ses paroles seront reproduites comme si c'étaient des paroles venues de l'Evangile par la presse qui se dit soucieuse de protéger et de défendre les droits garantis par la Constitution! La presse aidera à chaque fois cette opposition ignoble et son leader à calomnier le Premier Ministre et ses hommes sans réserve aucune. L'Eglise ne s'y mèlera jamais ni les condamnera de leurs excès verbaux remplis de haines et de violence qui furent et qui sont chaque jour débités par eux! La conscience de l'Eglises ne dictèrent pas ã Monseigneur Margéot sa conduite envers ce gouvernement et son chef, Aneerood Jugnauth, car lui il n'appartient pas à cette Eglise! Lui, il n'appartiert pas au parti auquel s'est voué corps et âme cette presse qui dit que son destin est menacé par le gouvernement, et que la loi que Aneerood Jugnauth a fait voter à l'Assemblée est une menace à sa survie en tant de protecteurs patentés des droits fondamentaux de l'Homme.

Cette presse dira que cette loi n'a apporté rien de positif à la société. Elle doit être aveugle ou insensée au point qu'elle ne mérite plus d'exister, si ce qu'elle dit est vrai, car elle se condamne par ses propres propos et attutides, aussi bien que par ses actions journalières qui font honte à ce pauple de l'Ile Maurice.

Si le Premier Minsitre et son gouvernement veulent mettre de l'ordre là où il n'y a que du désorder, la Constitution leur donne ce droit, leur garrantit ce droit.

Finalement le Speaker de l'Assemblée Legislative devait rappeler aux rédacteurs en chef des journaux mauriciens les provisions de loi concernant l'outrage à l'Assemblée Législative sont contenus dans un arrêté (2) prévoit que toute personne qui commet un outrage sera passible d'un emprisonnement ne dépassant pas trois mois ou une amende n'excédant pas Rs 1000, au cas où elle serait trouvée coupable. La copie des provisions de lois remises aux rédacteurs en chef précisera qu'une déclaration ne sera pas considérée diffamatoire qu'à condition quelle soit condamnable selon l'arrêté 288 du Code Criminel du pays.[156]

---

156   Le Gouvernement a depuis assoupli les lois concernant la presse. Les taxes sur le "Papier Journal" ont été reduites, et il semblerait que les journaux a Maurice se verraient donc financièrement plus à l'aise. Le rôle négatif de la presse a quelque peu diminué, quioqu'elle soit redevenue bien plus politisée durant la campagne électorale menant aux élections du 30 Août 1987, et s'est servie des tactiques de désinformation a outrance en faveur de l'Opposition MMM. On attend a ce qu'elle assume pleinement ses responsabilités et soit à la mesure de l'attente du peuple.

Conclusion

LE GRAND PERDANT

DANS le processus de déstabilisation qui a duré depuis la période pré-indépendance jusqu'à aujourd'hui il n'y a eu qu'un seul grand perdant. Le peuple mauricien a vécu à travers près de vingt années d'instabilités politiques à cause des mercenaires qui ont joué directement dans le mains de ceux qui n'ont jamais voulu l'indépendance en premier lieu, car ils ne voulaient pas que leurs acquis soient menacés. Ceux qui ont vendu leur peuple se sont enrichis davantages et on a vu un pourrissement des moeurs tel qu'on a jamais vu jadis. Pas un seul gouvernement de l'ile Maurice n'a pu empêcher ce processus, car il y a toujours eu au sein de chaque gouvernement qui dirigé le pays depuis 1967 et durant les 19 années post-indépendance, des mercenaires qui se sont infiltrés pour assurer que ce mefait ne se fasse pas.

L'Ile Maurice a souffert d'une manque de leadership extraordinaire durant toute cette période. Obtenir l'indépendance était une chose, la maintenir fut toute autre chose. Il y a eu un tel pourrissement dans la politique mauricienne qu'il y a eu un grand manque de candidats vraiment capables a venir de l'avant, de peur de se salir Les parents déconseillent leurs enfants éduqués de faire de la politique, car disent-ils, la politique est devenue trop malpropre à Maurice. Que ceux qui ont le pouvoir en main sont tellement puissants et tellement corrompus est évident. Mais s'ils sont invincibles car trop puissants, c'est autre chose, Il y a eu bien des médiocres qui ont fait leurs entrées dans la scène politique mauricienne mais rien ne dit que cela doit se poursiuvre tout le temps.

Même si le Premier Ministre décide de ne pas dissoudre l'Assemblée mais de présenter un budget, il était destiné à perdre, car en minorité à l'Assemblée Législative. Selon les données il n'arauit que 24 voix pour le budget contre 44 voix de l'Opposition de tous les autres membres anti-Jugnauth. Il serait forcé de démissionner et de déclarer des élections générales dans un délai maximal de 3 mois. Sans budget il ne pourrait tenir au dela du mois d'October 1987.

Bérenger pourrait former un gouvernement alternatif aujourd'hui s'il réussit à grouper les 10 dissidents avec ses 21 à l'Assemblée plus les 2 membres de L'O.F et de l'O.P.R. qui sont déja avec lui. Dans une telle éventualité il aurait une majorité de 33 membres contre 24 pro-Jugnauth. Il se pourrait bien que Y. Mohamed se joigne au groupe Bérengiste, pour faire son nombre accroître à 34 membres. Dans ce cas Kailash Purryag regagnerait les côtés de Boolell, et les pro-Jugnauth pourraient atteindre le chiffre de 25 députés. Les huit députés présumés trafiquants de drogues (dont les 3 indépendants et les 5 qui n'auraient pas de tickets) seraient laissés sur la touche. Les élections partielles deviendraient inévitables. Le MSM pourrait les remporter, et donc augmenter son nombre de eux, donc a 27 députés. Si alors Jugnauth voulait continuer à vivre avec les 8 qui sont d'une façon ou d'une autre impliqués avec le trafic de la drogue, il aurait 35 députés, et disposerait de 36 voix à l'Assemblée avec le casting vote du Speaker. Il pourrait gouverner jusqu'à la fin de son mandat. Il pourrait faire passer son budget, il pourrait attendre la publication du rapport des différents commissions d'enquêtes. On pourrait même raccommoder et rapprocher les 10 dissidents au MSM et l'Alliance quand ils auraient vu que leur apport à Bérenger a été inutile. En attendant Jugnauth acceptait de se défaire des 8 députés trafiquants il assurerait le retour des 10 dissidents. Il aurait 34 députés pro-Jugnauth. Les élus des élections partielles, lui donneraient 36 députés. Il choisit de dissoudre l'Assemblée.

Il n'y a pas un seul parti politique à Maurice où ne se pratique pas le castéisme et le communalisme, ni le favoritisme et la "protection des montagnes." Il n'y a pas un seul parti qui ne s'est pas vu se casser en plusieurs groupes opposants l'un l'autre. Les magouilleurs qui ont sévi dans ces partis sont tous connus par le peuple de l'Ile Maurice. L'heure du renouveau a sonné. Il faut que l'Ile Maurice cesse de se laisser diviser en groupes communautaires et que le peuple cesse de faire le jeu divisionniste des magouilleurs politiques. Le peuple doit savoir qui de tous ceux qu'ils ont choisi dans le passé pour le représenter à l'Assemblée Législative ont travaillé dans leur intérêt et qui sont ceux qui leur ont trahis. Il faudra que le peuple mauricien mette une fin à cette fausseté que le pays est condamné à vivre sous les griffes des gens malpropres pour de bon. Seule l'unité du peuple pourra donner naissance à un parti politique vraiment maucicien. Un parti ou chaque personne qui sera présenté devant le peuple devra avoir un passé prouvé. Ces gens devront s'engager à mener conjointement une lutte pour nettoyer le pays du fléau de la drogue, de la corruption et du népotisme. Ils auront à représenter chaque mauricien sans se concerner de la commauté individuelle qu'ils appartiennent. Ils devront être Mauriciens pour représenter le peuple Mauricien. Tant que le peuple continuera à se laisser diviser et tant qu'il tolèrera ceux qui s'en servent des tactics divisionnistes, et qu'il se laissera baffouer par eux, le pays sera condamné à vivre en déstabilisation perpétuelle.

C'est uniquement sur cette "peur," cette "crainte" qu'ils ont, que ces détracteurs, ces magouilleurs ont toujours joué, et ont réussi à déstabiliser le pays pendant tout ce temps là. Le petit peuple a eu peur de grands gorilles au gros bras employés par cette petite poignée de gens qui ont tout à perdre si ce peuple arrive à connaître sa vraie puissance, et ils ont fait tout pour créer et pour perpétuer cette crainte dans leur subconscient. Il faudra que ce peuple se lève d'un seul élan pour faire face à eux.

Se le peuple réagit et réagit à temps il pourra une fois pour toute se débarrasser de ces parasites qui vivent sur leur sang et sur les cadavres de leurs proches. Mais comment le peuple trouvera-t-il ces gens en qui il pourra faire confiance? D'où viendront ces gens là? La réponse est nette et claire. Ils sont là déjà. Ils vivent au beau milieu de ce même peuple.

C'est à eux de cesser d'avoir peur et de venir en avant et de se faire connaître. Ils devront sortir des trous où ils se sont enfoncé la tête pendant tout ce temps. Le pays ne manque pas des hommes intègres et capables de reprendre la relève, de guider sur la bonne route la destinée du pays.

Il n'existe pas un seul parti politique à Maurice aujourd'hui où il n'y a pas grand nombre d'opportunistes et ceux qui veulent s'enrichir sur le dos du peuple.

Il suffit qu'il y ait une volonté au sein de la société mauricienne pour qu'on mette frein aux activités de cette poignée d'hommes corrompus pour redonner au pays son souffle. Il a besoin d'une grande bouffée d'air frais certainement, mais pas comme celle que Boodoo lui a donnée. L'Ile Maurice croyait vraiment dans la personne d'Harish Boodoo. L'Ile Maurice qui en avait eu marre des agissements des mercenaires a trop vite fait confiance en lui. Il n'a pas vecu ce qu'il avait prêché. Il a faitle contraire. Les slogans "Sincérité, mérito-cratie, et la liberté" que scandait le peuple mauricien, et "Ene sèle lepep éne sèle nasion" que chantaient les mauriciens n'étaient pas des mots sans apport. Ces principes fondamentaux qui doivent exister pour assurer la survie du pepule mauricien tiennent encore vrais pour aujourd'hui et pour demain, comme ils l'étaient hier. Le pays devra trouver des gens en qui il pourra vraiment faire confiance s'il veut préserver son existence. Le pays ne manque pas des gens valables. C'est là que les gens du pays devront chercher. Les problèmes dont ce pays a souffert ne sont pas typiquement mauriciens de nature. Tous les pays devenus nouvellement indépendants en ont souffert de même. C'est la mentalité coloniale de diviser pour régner qu'il faut oublier. Ce que le peuple mauricien a le plus besoin, c'est un change-ment de mentalité. Il faut que ce peuple cesse d'avoir peur, et cesse de vivre dans un esprit affaibli par un complexe d'infériorité. Le peuple mauricien doit apprendre à dire un grand non à cette poignée de magouilleurs et d'opportunistes qui ont jusqu'ici mené le pays vers un précipice sans fond. Le peuple mauricien est un peuple éclairé, un peuple éduqué, un peuple qui n'a pas peur du travail, et a déjà démontré son excellence dans tant de domaines. C'est à ce peuple qu'il revient la responsabilité de se servir de son droit de vote pour dire "non" à ces détracteurs et "oui" à ceux qui ont l'intérêt du pays vraiment à coeur. Si ce peuple refuse de prendre sa destinée en main, il sera l'éternel tondu, et l'histoire ne le pardonnera jamais.

On dit que l'Ile Maurice est condamné à avoir un gouvernement d'alliance, et des gou-vernements de coalition parcequ'on a jamais eu un gouvernement dirigé par un seul parti politique. Si tel a été le cas c'est parceque le peuple mauricien s'est laissé diviser en commu-nautés, et qu'il a accepté de jouer entre les mains des gens qui ont intérêt à faire de telles divisions pour qu'ils puissent continuer à maintenir et à faire accroître leurs acquis. Le peuple connait très bien que ces gens là sont. Mais il a vécu dans la peur. La peur d'être mis à la porte au travail. La peur de ne plus pouvoir subvenir aux besoins de leur famille. Ils ont peur des retombées politiques après les élections.

Tout peuple mérite le gouvernement qu'il a. Les députés que ce peuple enverra à l'Assemblée devront pouvoir refléter la volonté et la pensée du peuple. Le Parlement devra être tel un grand mirroir qui reflète cette volonté. Les lois qui sont introduits dans le pays doivent refléter les véritables voeux du peuple. C'est seulement en mettant le peur de côté que le peuple mauricien pourra choisir ceux qui méritent le respect. Si l'électorat mauricien se laisse acheter, se laisse manipuler par des considérations communales et s'il se laisse intimidé par les gros bras qu'emploient certains politiciens magouilleurs, il méritera et héritera un autre gouvernement instable et vivra dans la peur continuelle.

Si on pouvait créer un parti politique qui répondrait à ces qualités requises, le peuple mauricien ne serait plus condamné a vivre tel qu'il a fait durant ces vingt dernières années. Dans toute l'Ile Maurice d'aujourd'hui, il n'y a qu'un seulhomme qui a osé lever la tête pour combattre "la mafia" financée par cette poignée d'énergumènes. Dans toute l'histoire mauricienne de la période post-indépendant un seul homme a réussi à mettre sous écrous grand nombre de ces ennemis de la société mauricienne. Et cet homme, malgré toutes ses faiblesses a été formé dans l'école de l'adversité. Il a été maintes fois trahi et par tant de personnes, et ce depuis qu'il est devenu premier ministre. Tous ceux qui l'ont trahi depuis Juin 1982 sont connus de tous.

Anerood Jugnauth a démontré sa sincérité et son courage au peuple mauricien. Ni Boolell, ni Duval, ni Bérenger, les chefs des autres partis politiques qui sévissent à Maurice ont démontré une volonté de se débarrasser de "la mafia" à Maurice. Ni le Parti Travailliste de Boolell, ni le PMSD de Duval, ni même le MMM de Paul Béenger se sont manifestés devant la Commission d'Enquête sur la drogue, pour des raisong qu'ils connaissent eux-mêmes. Harish Boodoo s'est servi de la commission d'enquête pour se venger sur Anerood Jugnauth parceque ce dernier n'a pas accepté de se laisser dicter par lui. L'opposition n'a rien à reprocher à Anerood Jugnauth sur son bilan économique. Le pays n'a jamais fait si bien.

Mais Anerood Jugnauth seul, que pourra-t-il faire. Pas tous ceux qui sont à ses côtés même aujourd'hui lui sont fidèles. Il ne peut pas faire confiance en tous, car il y en a parmi, ceux qui sont aussi opportunistes et qui sont connus de tous, tout comme ceux en qui il peut faire confiance sont aussi connus. Il s'avère donc nécessaire de faire une analyse de l'entourage d'Anerood Jugnauth pour voir qui ils sont. Valeur du jour il n'avait que 16 membres du MSM à l'Assemblée, y compris Anerood Jugnauth. Avec le départ de son dernier dissident, Dr. D. Bundhun, il n'eut d'autres choix que de dissoudre l'Assemblée et de rappeler le peuple aux urnes.

Bibliographie

Adam, L.

Les Indiens négros-aryen et Maleo-aryen. (Maison-neuve, Paris, 1883).

Allen, Richard Blair

Créoles, Indian Immigrants and restructuring of Society and economy in Mauritius. (1767-1887) – (P.Hd. Thesis – University of Illinois et Urbana – Champaign 1983, 293 p).

Antelme, H

Sous le ciel de l'isle de france. (Jaure et compagnie, Paris, 1923).

Archives of Mauritius

Annual Report of the Archives Department for the year 1984. (No. 11 of 1985).

Ardyll, R.H.

A School Geography of Mauritius. (Mauritius Government Press, Port Louis, 1945).

Austin, H.C.M.

Sea fights and corsairs of the Indian Ocean. (Government Press, Port Louis, 1935).

Avezac, M. d'

Iles de l'Afrique. (Firmis Didot Frères, Paris, 1848).

Barnwell, P.J.

Visits and Despatches (1508-1948) (Standard Printing Establishment, Port Louis, 1948).

Barnwell, P.J. and Toussaint, A.

A Short History of Mauritius. (Londres, 1949).

Barquissau, R.

Les Isles. (Editions Bernard Grasset, Paris, 1941).

Beejadhur, Annauth

Les Indiens à l'Ile Maurice. (Port Louis, La Typographie Moderne, 1935 – 126 p).

Benedict, B.

Indians in a Plural Society. (H.M. Stationery Office, London 1961).

Billard, A.

Voyages aux Colonies Occidentales. (Libraririe Francaise de Ladvocat, Paris, 1882).

[Bissoon], Yal, S.

A Concis History of Mauritius. (Bharatiya Vidya Shawan, Bombay, 1963).

Bissoondoyal, U.	Indians Overseas: The Mauritian Experience (1834-1984). (A 150th Anniversary Publication, Moka. Mahatma Gandhi Institute Press, 1984. 438 pages).
Bonaparte, Prince, R.	Le Premier Etablissement des Néerlandais à Maurice. (Georges Chamerta, Paris. 1890).
Bonnemaison, J.	Historique de Madagascar. (J.A. Lescamela, Tarbes, 1894).
Bougainville, L.A. de	Voyage Autour du Monde. (Maurice Dreyfus Editeur, Paris).
Burgh-Edwardes, S.B. de	L'Histoire de l'Ile Maurice. (East & West Ltd., Londres).
Cabon, M.	Biographie de Ramgoolam. (Les Editions Mauriciennes, Port Louis, 1963).
Carrie, P.	L'Ile Maurice. Masson & [ie]. Paris, 1919).
Charoux, Clément	Guide Illustré de l'Ile Maurice. (Port Louis, General Printing and Stationery Co. Ltd. 1936).
Collectif de Militants	Anerood Jugnauth – Le Premier Ministre du Changement. (Une Publication du Nouveau Militant, 1982). – Une Biographie.
Corpeillier, A. de	Robert Surcouf. (Librairie Gedalge, Paris, 1950).
Crepin, P.	Mahé de Labourdonnais. (Edition Ernest Leroux, Paris, 1950).
Decctter, N.	Géographie de Maurice et de ses Dépendances. (imprimerie Ingelbrecht & Cie., Port Louis, 1891).
Desmarais, N.	Le Français à l'Ile Maurice: Dictionnaire des termes Mauriciens. (Imprimerie Commerciale, Port Louis, 1969).
De Smith, S.A.	Report of the Consitiutional Commissioner. (Sessional Paper No. 2 of 1965).
Eve, Tristan	Report of the Mauritius Electoral Boundary Commission. (Sessional Paper No. 1, 1958).
Flemyng, Rev. P.F.	Mauritius or Isle de France. (OUP, 1857), England.
Gallois, M.E.	La France dans l'Océan Indien. (Imprimerie M.R. Leroy, Paris).

Genin, E.	Nadascar, les Iles Comores, Maurice, La Réunion, etc. (Librairei Générale de Vulgarisation, Paris).
Guilloteaux, E.	La Réunion et l'Ile Maurice, Nossibé et les Comores. (Perrin & Cie., Paris, 1920).
Hazareesingh, K	A History of Indians in Mauritius. Port Louis, The General Printing Establishment, 1950 (220 pages).
Hein, R.	Le naufrage du Saint Géran. (La légende de Paul et Virginie).
Herchenroder, M. & Others	Report of the Committee on Population (1953-54) – 55 pages. Sessional Paper No. 4, 1955.
Hooper, Charles Arthur	Report of the Commission of Enquiry into unrest on Sugar Estates in Mauritius (1937). Mauritius, Government Press 1938. (XXIII) 253 p.
Ingrams, W.H.	A School History of Mauritius. (Macmillan & Co. Ltd., Londres, 1944).
International	Mauritius Directory – 1983 Mauritius Directory – 1986 (P.P.L. Editions).
Janicot, C.	Madagascar, Comores, Reunion, Ile Maurice (Les Guides Bleus). Librairis Hachette, Paris, 1955).
Leblond, M.	Les Iles Soeurs ou Le Paradis Retrouvé. Edition Alsatia, Paris (1946).
Lenoir, P.	Ile Maurice – (Guide Touristique). Fernand Nathan, Imprimée par Polleria, 1983.
Lougnon, A.	Mahé de Labourdonnais; Mémoire des Iles de France et de Bourbon. (Imprimerie Douhet, Saint Denis, La Réunion, 1937).
Malim, M.	Island of the Swan. (The Travel Book Club, Londres, 1953).
Mannick, A.R.	Mauritius, The Development of a Plural Society. (Spokesman, Nottingham, England – 1979).
Maurice 81 Maurice 83	L'Almanach Moderne des Années '80. Publié par Lyndsay Rivière. (Lemwee Graphics, Port-Louis).
Mauricien, Le	Elections 82 (Le Guide du Mauricien). Publié par Le Mauricien Ltd., Port-Louis, 1982.

Mauritius, Central Statistics Office   Natality and Fertility in Mauritius – 1825-1955 (1956) – 58 pages.

Mauritius, Central Statistics Office   1962 Population Census of Mauritius and its Dependencies – Vol I & II. Processed 1964, 141 pages.

Mauritius Legislative Assembly   Report of the Select Committee on the Excision of the Chagos Archipelago. (No. 2 of 1983, June 1983).

Mauritius Meteorological Services   Climate of Mauritius. (15 Nov. 1974).

Mauritius Meteorologica Department   The tropical cyclone: its nature and habits. The Govt. Printer, 1964 (12 pages).

Meade, J.E.   The Economic and Social Structure of Mauritius. (Methuen & Co. Ltd., Londres, 1961).

Meade, J.E.   Mauritius, A case Study in Malthusian Economics. Economic Journal, (September, 1961).

Ministry of Communications   1. Annual Report I   (30.6.1970)

....II   (30.6.1971)

.... III   (30.6.1973)

.... IV   (30.6.1974)

2.I .Technical Reports – CSP, 1975/76 Cyclone Season of the South West Indian Ocean (1975-76).
....II   ditto   1976-77

.... III   ditto   1977-78

.... IV   ditto   1978-79

Moody, S. and Others   Report of the Commission of Enquiry into the disturbances which occurred in the North of Mauritius in 1943. London, n.d. (81 p).

Mukherji, S.B.   The Indentured System in Mauritius. Calcutta, K.L. Kumhopadhyay, 1965.

Napal, D.	1. Constitutional Development in Mauritius. Despatch No. 699 of the 5th December 1960 and No. 565 of the 27th July 1961 from the Secretary of State to the Governor, 7 p. Sessional Paper No. 5 of 1961.
	2. Les Constitutions de l'Ile Maurice. (the Mauritius Printing Co. Ltd., Port Louis, 1962).
Noel, Karl	La Condition Matérelle des Esclaves à l'Ile de France. Période Francaise (1715-1810) Revue d'Histoire des Colonies, XL, 3e. &4 e. trimestre, 1954 – pp 304-313.
Pluchon, Pierre	La Route de Esclaves, négriers et bois d'ébène au XVIIIe. Siècle. Paris, Hachette, 1980, (312 p).
Prentout, H.	L'Ile de France sous [Pagaen]. (1803-1810). Librairie Hachette, Paris, 1901.
Pridham, Charles	A historical, political and Statistical Account of Mauritius and its Dependencies. London, W.H. and L. Collingridge, 1914, 465 pp. with illustrations and maps.
Rassool, S.H.A.	Ile Maurice (Creuset de l'Océan Indien). Fernand Nathan, Paris, 1965.
Rauville, H. de	L'Ile de France Contemporaine. (La Nouvelle Librairie Nationale, Paris, 1908).
Raynal, Abbé	L'Anticolonialism au XVIIIe Siècle. (Presses Universitaires de France, Paris, 1951).
Report on Mauritius	Report on Mauritius – 1967. (Mauritius Printing Co. Ltd., Printed September 1968).
Saint-Pierre, B. de	Voyage à l'Ile de France, à l'Isle de Bourbon, au Cap de Bonne Espérance etc. (Imprimerie de la Société typographique Reuchatel, 1773). Paul Et Virginie. L. Curmer, Paris 1838
Sornay, Pierre de	Ilse de France – Ils Maurice. Port Louis, The General Printing and Stationery Cy. Ltd. – 1950 La Canne à Sucre à l'Ile Maurice. Paris Challamell, 1920, VIII, 677p.
Swinden, J.P.	Local Gouvernment in Mauritius. (Mauritius Government Press, 1946).

Titmus, R.M., Abel Smith, B. (& T. Lynes)	Social Policies and Population Growth in Mauritius. (Sessional Paper No. 6 of 1960), The Thanet Press, Margate, 1960.
Toussaint, Dr. A.	Histoire de l'Ils Maurice et Port Louis – Une Cite Tropicale de l'Ile Maurice. Paris, Presses Universitaires de France (1966 & 1971). Port Louis, Deux Siècles d'Histoire 1735-1935. La Tpyographie Moderne, Port Louis, 1936. Histoire de l'Océan Indien. (Presses Universitaires de France Paris, 1960). Les Missions d'Adrien d'Epinay (1830-1834). (The Government Printing and Stationery Co. Ltd., Port Louis, 1946). Select Bibliography of Mauritius, Port Louis, The Standard Printing and Stationery Establishment, 1951.
d'Unienville, Alix	Les Mascareignes, Vieille France en Mer Indienne. (Albin Michel, Paris, 1954).
d'Unienville, A.M. baron	Statistique de l'Ile Maurice, et ses Dépendances. (Gustave Barba – Libraire, Paris, 1838).
d'Unienville, N. de	L'Ile Maurice et sa Civilisation. (G. Durassié & Cie, Paris, 1940). L'Ile Menacée. (The General Printing and Stationery Cy. Ltd., Port Louis, 1954).
d'Unienville, Raymond	Les Mirages des Iles – Article sur l'oeuvre de à Toussaint. (Prosi No. 111 – Avril 1978).
Varma, N.M.	The Struggle of Dr. Ramgoolam. The Government Printing & Stationery Co. Ltd., Port Louis, 1975.
Visdelou-Guimbeau, G. de	La Découverte des Ilse Mascareignes. The Government Printing & Stationery Co. Ltd., Port -Louis, 1848.

Appendices

LISTE DES OUVRAGES PUBLIÉS PAR L'AUTEUR

Essays
1. On Diego Garcia.
2. The Beast Rides out.

Articles
1. Trade Prefernces and the People of the Less Developed Countries.
2. Freedom Alone is Not Enough.
3. The Signs of Our Time.
4. Cry Not, Mother Mauritius.
5. Will the Miseries of Our People Ever End?
6. Towards the 1983-83 Budget.
7. Whither Now?
8. Did You Ever See the Reason for Crying?
9. The Sellers of Doom are at It Again.
10. The Lunacy of It All.
11. The Insanities of Paul Raymond Berenger, and the Nouveau Militant.
12. Berenger, His MMM and Their Sell-out.
13. The Volte-face of Paul Berenger.
14. What Happened to "Ene sel lepep, ene sel Nasyon?"
15. The MMM and Their Press.
16. Berenger, the Man versus the Beast.
17. Paul Berenger, his friends and their Contradictions.
18. The MMM of Paul, the Turncoats and the Transfuges.
19. Solange Jauffret, Who are You trying to Kid?
20. The Divisionists verses the Rassembleurs.
21. The New Breed of Politiciens.
22. What do We do with the Pests?
23. The Beginning of the End for the MMM.
24. The Fate of Mauritian Workers.
25. The Name of the Game.
26. Anticipation.
27. The Public Opinion Manager's Failure.

28. The Accursed of Mauritian Politics OR Les Damnés de la Politique Mauricienne.
29. What's New in the Campaign
30. The Men with the Poisoned Pen.
31. Time and Tide Wait for No One.
32. The Con of the Century.
33. The MMM Hard-Hit Parade.
34. If They Want to Sell Themselves, Let Them!
35. The Hypocrites are Still at It.
36. The Hyenas are Beginning to Show their Teeth.
37. The Vagaries of the Nouveau Militant.
38. Where have the "Tartuffes" gone?
39. The Travesties of the Nouveau Militant.

Speeches
1. On Film Censorship.
2. On Industrial Relations.
3. On Canot.
4. On the Mauritius Broadcasting Corporation.
5. On Minimum Wage.
6. On the State of the Economy of Mauritius.
7. On the 1982-82 Budget.

Les "Essays" et les "Articles" ont été publiés dans le quotidien "Le Socialiste" durant les années 1982 et 1983. Les "Speeches" furent prononcés à l'Assemblée Législative durant les années 1982 et 1983.

(Footnotes)
1   Elles furent les premières élections générales tenues à Maurice sous l'administration coloniale britannique.
2   Le nombre de circonscriptions est ramené de neuf a cinq, et l'Assemblée consistera de 19 membres élus et 10 membres nommés.
3   L'Ile Maurice est découpée en 20 circonscriptions, chacune élisant 3 députés. Rodrigues deviendra désormais ls 21ème circonscription et élira 2 députés à l'Assemblée Législative.
4   L'auteur de cet ouvrage.
5   Il fut revoqué le 11 Mai 1987 et n'est plus membre du MSM depuis. Ce qui réduit au 15 les députés et Ministres, membres du MSM.
6   Ce chiffre est donc ramené a 23.